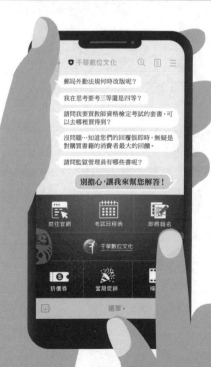

金融市場常識與職業道德測驗

◆證照適用性及舉辦目的

金管會為強化從事金融相關工作者之金融市場常識與職業道德觀念，規定自95年8月1日起，參加13種金融從業人員資格測驗之應試者，須加考本項測驗方能登錄從事該類業務，本測驗為進入金融界之最低門檻。

◆適用對象

95年8月1日前參加13種金融從業人員測驗之任一測驗合格之從業人員，於初次登錄或重新登錄時可不必加考「金融市場常識與職業道德」測驗，惟該從業人員於95年8月1日後如欲報名另一種金融從業人員資格測驗時，則必須加考「金融市場常識與職業道德」，本項測驗適用於現行13種金融從業人員資格測驗之應試者。

範圍涵蓋：

一、證券商業務人員

二、證券商高級業務人員

三、證券投資分析人員

四、期貨商業務員

五、期貨交易分析人員

六、投信投顧業務員

七、股務人員

八、票券商業務人員

九、信託業業務人員

十、銀行具有業務或交易核准權限之各級主管(銀行內控與內稽測驗)

十一、人身保險業務員

十二、財產保險業務員

十三、投資型保險商品業務員

◆報名費用及方式

一、費用為新台幣250元整

二、一律採網路報名方式

◆測驗內容及方式(筆試)

一、測驗內容(本項測驗題庫已公告於本院網站,可自行免費下載)

金融市場常識(50%)	金融市場從業人員職業道德(50%)
1. 金融體系　2. 證券期貨市場 3. 銀行實務　4. 信託實務 5. 貨幣市場實務 6. 保險實務　7. 金融科技 8. 普惠金融　9. 金融詐騙 10. ESG	1. 業務推廣與招攬 2. 受託執行業務 3. 告知義務與通知 4. 誠實信用原則 5. 有關利益衝突 6. 保密原則 7. 遵守法律規範與自律

二、測驗方式

測驗題目	100題4選1單選選擇題
測驗時間	60分鐘

◆合格標準與有效期限

一、本測驗合格標準為70分

二、本證照有效期限為5年

～以上資訊僅供參考,詳情請上金融研訓院網站(http://www.tabf.org.tw)查詢～

千華數位文化股份有限公司

■新北市中和區中山路三段136巷10弄17號

■TEL: 02-22289070　FAX: 02-22289076

目次

Part 2　職業道德

第一章　業務推廣與招攬

編寫特色

為強化金融證照之專業性與公信力，檢討並整合各種專業測驗之考試科目，使測驗與工作職掌所需之專業技能相符，並提昇金融從業人員金融市場常識與職業道德，金融監督管理委員會決議，現行13種金融從業人員資格測驗之應考人，自95年8月1日起正式加考共同科目「金融市場常識與職業道德」。

鑑於金融市場變化迅速，為使測驗內容更符合實務需求，及配合現行法規制度增修，各測驗單位爰就「金融市場常識與職業道德」測驗題庫進行全面檢視修訂，「金融市場常識與職業道德」測驗新版題庫開始適用日為111年7月1日起。

新版題庫共計1,119題，其中金融常識504題，職業道德615題。測驗內容包含金融市場常識（金融體系、證券期貨市場、銀行實務、信託實務、貨幣市場實務、保險實務、金融科技、普惠金融、金融詐騙與ESG相關領域）及金融市場從業人員職業道德（業務推廣與招攬、受託執行業務、告知義務與通知、誠實信用原則、有關利益衝突、保密原則、遵守法律規範與自律二部分，各佔50%。

為使考生在最短時間內記憶吸收，千華特聘專人精心編輯此書，全書以金融研訓院公布之必考題庫為原則，將必考題庫依其測驗方式及內容細心重新整理分類。

本書以讀者便於對照查看為考量，**全書之題號均保留原始題庫之題號**，無有遺漏。

金融常識部分予以解說並加以簡要的圖表說明，一看就懂。職業道德部分為精要之重點整理，輔以幽默俏皮的圖畫讓您心領神會。

為使讀者得到最新、最正確的資訊，千華金融編輯小組隨時掌握最新資訊，依金研院題庫的變動而調整內容，確保讀者權益。

善用本書，必能勇奪高分，榮登金榜！

千華祝您金榜題名！

編者　謹識

Part 1
金融市場常識

第一章 金融體系

1-1 基本觀念

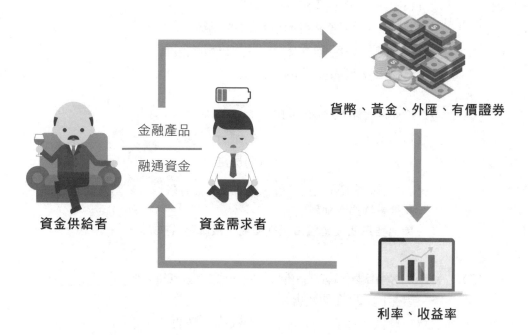

金融市場主要功能	(1) 提供金融工具交易的場所。	
	(2) 擔任資金需求者與供給者的橋樑。	
	(3) 促進投資活動的效率。	
	(4) 降低交易成本。	
金融市場工具	貨幣市場工具	短期國債、大額可轉讓存單、商業票據、銀行承兌匯票、回購協議和其他貨幣市場工具構成。

金融市場工具	資本市場工具	股票、債券、證券投資基金。
	衍生性金融商品	期貨、選擇權、遠期契約、金融交換。
金融市場的參與	發行市場	企業事業單位、政府部門、金融機構。
	流通市場	經紀商、交易商、投資者。

(4) 1 下列何者不是金融市場的主要功能？
(1)提供金融工具交易的場所
(2)擔任資金需求者與供給者的橋梁
(3)促進投資活動的效率，提升經濟發展
(4)提供交易者投機的場所。

(4) 2 下列何者不是金融市場交易的工具？
(1)商業本票　　　　(2)銀行存款
(3)股票　　　　　　(4)房地產。

> **解析** 金融市場，指**具有一定規模的資金融通**、**貨幣借貸**和**買賣有價證券的活動和場所**。
> **房地產無法在金融市場裡交易**，**故本題(4)為非**。

(3) 3 當金融市場管理的品質較佳時，企業發行的成本會 _____ ，金融工具的流動性會 _____ 。
(1)較低，較低　　　(2)較高，較低
(3)較低，較高　　　(4)較高，較高。

(4) 4 當企業需要資金來進行投資，最好不要用下列何種方式尋求融通？
(1)向銀行借錢　　　(2)發行股票
(3)發行債券　　　　(4)向地下錢莊借錢。

> **解析** 企業為資金的需求者，應透過發行股票或債券以募集資金。**地下錢莊借錢非法律規範之金融工具**，最好不要用此方式尋求融通，故本題應選(4)。

(3) 5 下列何者不是近年來國內主管機關管理金融市場的發展方向？
(1)減少法規的限制
(2)鼓勵金融創新
(3)對國外資金進行更嚴格的限制與管理
(4)加強國際金融的流通。

> **解析** 金管會於105年5月17日發布「金融產業發展政策白皮書」，說明透過金融產業現況與影響金融發展關鍵趨勢的分析，提出八項主軸策略；
> 一、金融帶動產業創新轉型。
> 二、推動數位化金融。
> 三、發展資產管理業務布局亞太。
> 四、推動高齡化金融創新。
> 五、擴大金融進口替代。
> 六、強化差異化監理。
> 七、維護金融消費者權益。
> 八、推動金融稅制合理化。
> 故本題選項(3)為非。

(2) 6 在金融市場中主管機關訂定法律規範的目的在於：
(1)增加政府的收入
(2)促進金融市場健全發展與有效經營
(3)增加金融機構的進入障礙
(4)提高金融機構的經營成本。

(4) 35 下列何者非屬於金融體系的一環？
(1)銀行　　　　　　(2)臺灣證券交易所
(3)公司債　　　　　(4)飾金買賣。

> **解析** **飾金買賣**並非屬資金需求供給而進行交易之金融交易，此**交易不需要經過金融市場**，因此非屬金融體系的一環，故本題(4)為非。

(3) **38** 下列何者不屬於衍生性金融商品？
(1)股票選擇權　　　　(2)債券期貨
(3)組合式股票基金　　(4)利率交換合約。

> **解析** 衍生性金融商品係指其價值由利率、匯率、股價、指數、商品或其他利益及其組合等所衍生之交易契約。衍生性金融商品有**遠期契約**、**期貨契約**、**交換契約**及**選擇權契約**等四種。
> 組合式股票基金的主要功能是將大眾投資者的小額資金集中起來，以股票為投資對象的投資基金，**是投資基金的主要種類**。故本題(3)為非。

(2) **39** 下列何者不是金融市場所提供的主要功能？
(1)提供公司融資的管道　　(2)提供投機的環境
(3)提供避險的管道　　　　(4)促進經濟的發展。

> **解析** 投機是指貨幣所有者以其所持有的貨幣購入非貨幣資產，然後在未來將購得的非貨幣資產再次轉換為貨幣資產，以賺取較低的購入價格和較高的出售價格之間的利潤，即差價。投機存在風險，如同賭博，並非增加資產的可靠方法。
> **投機並非為金融市場主要功能**，故本題應選(2)。

(4) **40** 有關資金融通之描述，下列何者正確？
(1)是指在經濟運行過程中，資金供求雙方運用各種金融工具調節資金盈餘的活動
(2)是所有金融交易活動的總稱
(3)分為直接融資和間接融資兩種
(4)以上皆是。

(4) 53 金融市場的功能，包括下列何者？

(1)調度資金供需，提高資金分配效率

(2)減少尋求訊息成本，降低交易之不確定性

(3)作為中央銀行貨幣政策的參考

(4)以上皆是。

(4) 54 下列何者為我國證券交易法所稱有價證券？

(1)政府債券　　　　　(2)公司股票

(3)公司債券　　　　　(4)以上皆是。

(4) 95 下列何者為不正確的理財行為？

(1)建立自己的財務目標並排列順序，以收入的生活支出節餘部分進行

(2)有自律的能力，能依訂定的承受目標損益採取退場行動

(3)慎選金融機構及有資格的理財人員

(4)投資以後不再過問，未做定期的收益檢視。

(1) | **98** 下列敘述何者錯誤？
(1)利率下跌對股市較為不利
(2)當物價明顯上漲時，政府通常會採用緊縮性的貨幣政策
(3)當新台幣升值時，對我國之出口商較為不利
(4)當景氣對策信號為藍燈時，代表景氣衰退。

> **解析** 利率下跌，則債券價格上升，即購買債券相對變貴，故人們會轉而持有股票，**資金會從債券市場流入股權市場**，<u>故對股市較有利</u>，(1)錯誤。

(4) | **103** 下列何者是金融從業人員正確之倫理觀念？
(1)遵守金融法規及自律規範之規定
(2)自己之報酬應與正當營業活動之收益有關聯性
(3)為客戶服務應善盡專業者之注意義務
(4)以上皆是。

1-2 金融市場的分類

貨幣市場與資本市場	貨幣市場	一年期以下金融工具交易的市場。
	資本市場	一年期以上金融工具交易的市場。
初級市場與次級市場	初級市場	又稱發行市場、承銷市場。為金融工具初次發行的市場。
	次級市場	又稱流通市場，為買賣已發行在外之證券的市場。
債務市場與股權市場	債務市場	買賣債務憑證的市場。特色：有一定的期限、優先請求權及固定的報酬。
	股權市場	買賣股權憑證的市場。特色：無到期日、僅對公司淨值的請求權及不固定的報酬。

集中市場與店頭市場	集中市場	透過有組織的公開市場將所有交易集中於同一處所進行交易的市場。
	店頭市場	為集中市場以外,透過各個證券經紀商或交易商的營業場所,以議價方式進行交易的市場。
直接金融市場與間接金融市場	直接金融市場	指不需要藉助金融中介而進行的融資市場。
	間接金融市場	指需要藉助金融中介進行的融資市場。
國際金融市場與國內金融市場	國際金融市場	由經營國際間貨幣業務的金融機構組成。
	國內金融市場	由國內金融機構組成,辦理各種貨幣、證券及作用業務活動。

(3) | **14** 下列何者非次級市場交易?
(1)個別投資人透過他的經紀商買入中鋼公司股票
(2)機構法人透過它的經紀商出售一些台積電股票
(3)台塑公司透過承銷商發行新股
(4)上述均為次級市場之交易。

> **解析** 次級市場是指**已發行的有價證券進行買賣的市場**,也就是一般投資人買賣股票的市場,**發行新股為資金需求者出售有價證券給最初購買者的交易,為初級市場交易**。
> 故本題(3)為非。

(4) | **15** 下列那個市場主要是買賣已發行流通的證券?
(1)發行市場　　　　　　　(2)現貨市場
(3)初級市場　　　　　　　(4)次級市場。

> **解析** 次級市場是指對於**已發行的金融資產(如債券或股票)進行轉售或交易的市場**。故本題(4)為正確。

(2) 16 區分資本市場和貨幣市場的差異主要在於：
(1)金管會核准發行的數量 (2)證券發行期限的長短
(3)證券收益率 (4)以上皆是。

> **解析** 金融市場按證券發行期間劃分為：
> 1.資本市場主要供應**一年以上**的中長期資金，如股票與長期債券的發行與流通。
> 2.貨幣市場是**一年以下**的短期資金的融通市場，如同業拆借、票據貼現、短期債券及可轉讓存單的買賣。
> 故本題(2)為正確。

(3) 17 公司債在以下何種金融市場交易？
(1)貨幣市場 (2)同業拆款市場
(3)資本市場 (4)歐洲美元市場。

> **解析** 資本市場可區分為**股權市場及債券市場**。債權市場內流通的各債務工具，包括各種債券等，其基本特點為有一定期限、有較確定的收益率、具有全額請求權。故本題(3)為正確。

(1) 18 資金需求者以發行證券方式來向大眾募集資金者稱為：
(1)直接金融 (2)間接金融
(3)再融資金融 (4)機構金融。

> **解析**
> (1)直接金融：**資金需求者直接向資金供給者融通，或在初級市場發行有價證券，籌集長期或短期的資金**，稱之。
> (2)間接金融：如果資金需求者向金融仲介機構借款，而這些金融仲介機構的資金來源則是資金供給者的存款，因此金融仲介機構扮演受信及授信的中介角色，稱之。
> (3)再融資是指上市公司通過配股、增發和發行可轉換債券等方式在證券市場上進行的直接融資。
> (4)機構是指從事金融服務業有關的金融中介機構，為金融體系的一部分，包括銀行、證券公司、保險公司、信託投資公司和基金管理公司等。
> 故本題(1)為正確。

(1) | **19** 下列何種金融市場可以提供企業短期的資金融通？
(1)貨幣市場　　　　　　(2)資本市場
(3)初級市場　　　　　　(4)次級市場。

> **解析** 貨幣市場是**一年以下的短期資金的融通市場**，如同業拆借、票據貼現、短期債券及可轉讓存單的買賣。故本題(1)為正確。

(2) | **20** 資金需求者可以在何種金融市場發行中、長期的證券來募集資金？
(1)貨幣市場　　　　　　(2)資本市場
(3)流通市場　　　　　　(4)次級市場。

(4) | **32** 下列何者不屬於資本市場？
(1)股票市場　　　　　　(2)公債市場
(3)公司債市場　　　　　(4)商業本票市場。

> **解析** 資本市場是指證券融資和經營一年以上的資金借貸和證券交易的場所，也稱中長期資金市場。
> 資本市場按融通資金方式的不同，又可分為銀行中長期信貸市場和證券市場。
> 資本市場以金融工具的基本性質分類可區分為股票市場及債券市場。
> 綜上所述，本題(1)(2)(3)皆屬於資本市場。
> **貨幣市場主要的交易工具就是商業本票**，是為工商企業為籌集短期資金，所發行之商業本票。
> 故本題(4)不屬於資本市場。

(2) | **34** 下列何者非屬次級市場的功能？
(1)提供投資人調節其證券投資組合的場所
(2)提供投資人認購新發行證券的場所
(3)提供投資人變現其證券的場所
(4)有助於初級市場的發展。

> **解析** 初級市場是指資金需求者為籌集資金，出售有價證券給最初購買者之發行市場，其功能在於讓發行機構籌措資金。
> 次級市場是**初級市場發行後之有價證券買賣的交易市場**。其功能在於讓**最初的投資者**，<u>可以賣出持有的有價證券以變現</u>，改作其他用途。
> 故本題(2)有誤。

(1) 41 有關金融市場的構成，下列何者正確？
   (1)一般根據金融市場上交易工具的期限，把金融市場分為貨幣市場和資本市場兩大類
   (2)貨幣市場是融通長期資金的市場
   (3)資本市場是融通短期資金的市場
   (4)以上皆是。

> **解析** **貨幣市場**是<u>融通短期資金</u>的市場，**資本市場**是<u>融通長期資金</u>的市場。
> 故本題(1)為正確。

(4) 42 有關金融市場的種類，下列何者正確？
   (1)國際金融市場，由經營國際間貨幣業務的金融機構組成，其經營內容包括資金借貸、外匯買賣、證券買賣、資金交易等
   (2)國內金融市場，由國內金融機構組成，辦理各種貨幣、證券及作用業務活動
   (3)有形金融市場，指有固定場所和操作設施的金融市場
   (4)以上皆是。

> **解析** 金融市場按地理範圍可分為：
> 國際金融市場，由經營國際間貨幣業務的金融機構組成。
> 國內金融市場，由國內金融機構組成，辦理各種貨幣、證券及作用業務活動。

金融市場按經營場所可分為：

有形金融市場，指有固定場所和操作設施的金融市場。

無形金融市場，以營運網路形式存在的市場，通過電子資訊手段達成交易。

故本題(4)為正確。

(1) 43 有關金融市場的種類，下列何者正確？

(1)長期資金市場（資本市場），主要供應一年以上的中長期資金

(2)次級市場，是新證券發行的市場；它可以增加公司資本

(3)初級市場，是已經發行、處在流通中的證券的買賣市場

(4)貨幣市場是長期資金市場。

(1) 44 金融市場按業務活動期限劃分可分為哪幾種市場？

(1)貨幣市場和資本市場

(2)現貨市場和期貨市場

(3)初級市場和次級市場

(4)地方性金融市場、國內性金融市場、國際性金融市場。

(4) 45 金融市場按地域範圍可分為哪幾種市場？

(1)貨幣市場和資本市場

(2)現貨市場和期貨市場

(3)初級市場和次級市場

(4)地方性金融市場、國內性金融市場、國際性金融市場。

解析 金融市場按地理範圍可分為：

(1)國際金融市場，由經營國際間貨幣業務的金融機構組成。

(2)國內金融市場，由國內金融機構組成，辦理各種貨幣、證券及作用業務活動。它又分為**全國性**、**區域性**、**地方性**的金融市場。

故本題(4)為正確。

(3) 46 金融市場較常見的一種分類是分為短期資金市場和長期資金市場。短期與長期的劃分通常以多久時間為準？
(1)3個月　　　　　　　(2)6個月
(3)1年　　　　　　　　(4)2年。

解析 金融市場依信用工具之到期日及交易期限，可分為資本市場與貨幣市場。距**到期日在一年期以上**中、長期信用工具的發行及交易市場稱為「資本市場」；運用距**到期日在一年期以內**短期信用工具，調節短期資金供需的發行及交易市場，則是貨幣市場。故本題(3)為正確。

(1) 47 下列何者屬於短期資金市場？
(1)票券市場　　　　　(2)債券市場
(3)基金市場　　　　　(4)期貨市場。

解析 金融市場按融資交易期限劃分為：
長期資金市場：又稱資本市場，供應一年以上的中長期資金，如股票與長期債券的發行與流通。
短期資金市場：又稱貨幣市場，是一年以下的短期資金的融通市場，如**票據貼現**、**短期債券**等。
故本題(1)為正確。

(1) 50 證券買賣雙方或他們的經紀商（Broker）在一個集中的交易場所利用人工或電腦撮合進行交易所形成的市場，謂之：
(1)集中市場　　　　　(2)店頭市場
(3)短期市場　　　　　(4)長期市場。

解析 集中市場指上市股票在證券交易所，以集中公開競價方式交易的市場，交易商品均為標準化。**競價的方式**則有**電腦自動撮合**與**人工撮合**兩種。
故本題(1)為正確。

(1) 52 資金剩餘者將剩餘之資金存入金融機構,金融機構再間接將此資金貸放給資金不足者或購買資金不足者所發行之有價證券。謂之:

(1)間接金融 　　　　　(2)直接金融

(3)財務金融 　　　　　(4)以上皆非。

> **解析** 直接融資是資金需求者直接透過金融市場向社會上有資金盈餘的機構和個人籌資。
> **間接融資是資金需求者採取向銀行等金融中介機構申請貸款的方式籌資**。故本題題意為(1)間接金融。

(1) 56 下列何者非為健全的金融市場所需之條件?

(1)金融商品的價格不透明

(2)大量的儲蓄資金供給

(3)多樣化的交易工具

(4)健全的銀行制度與中央銀行。

> **解析** 健全的金融市場應具備下列的條件:
> 1.透明化的管理規則。
> 2.充分且詳實的資訊揭露。
> 3.**健全的銀行制度**。
> 4.**多樣化的交易工具**。
> 5.**大量的儲蓄資金供給**。
> 故本題(1)為非。

(1) 59 資金需求者藉由原始證券(例如股票、債券或票券)的發行(或稱承銷),並透過市場交易(經紀或自營),撮合資金供需雙方完成資金交易的融通方式,謂之:

(1)直接金融 　　　　　(2)間接金融

(3)財務金融 　　　　　(4)金融中介。

> **解析** 金融市場按融資方式分：
> 1.直接金融市場；是指**不需要藉助金融中介而進行的融資市場**，籌資者發行債務憑證或所有權憑證，投資者出資購買這些憑證，資金就從投資者手中直接轉到籌資者手中，而不需要通過信用中介機構。
> 2.間接金融市場，是指需要藉助金融中介進行的融資市場。
> 故本題(1)為正確。

(4) | **108** 以下何者是屬初級市場活動？
(1)集中交易市場交易　　(2)未上市股票盤商交易
(3)店頭市場交易　　　　(4)企業之現金增資。

> **解析** 初級市場又稱之發行市場。指**發行人將為發行之有價證券透過證券承銷商代為招募之行為**。
> 故本題(4)為正確。

(4) | **351** 下列何者為間接金融？
(1)發行股票　　　　　　(2)發行短期票券
(3)發行公司債　　　　　(4)向銀行借款。

> **解析** 間接金融是指擁有暫時閒置貨幣資金的單位，通過存款的形式，或者購買銀行、信託、保險等金融機構發行的有價證券，**將其暫時閒置的資金先行提供給這些金融中介機構**，然後由這些金融機構**以貸款**、**貼現**等形式，或通過購買需要資金的單位發行的有價證券，把資金提供給這些單位使用，從而實現資金融通的過程。主要包括**銀行信用**、**消費信用**。
> 故本題(4)為正確。

(1) | **361** 下列何者亦稱為初級市場？
(1)發行市場　　　　　　(2)流通市場
(3)期貨市場　　　　　　(4)拆款市場。

1-3 政府機關

金管會各局之業務職掌：

金融監督管理委員會	檢查局	(1)金融檢查制度之建立。 (2)金融機構及其海外分支機構之檢查。 (3)金融機構申報報表之稽核。 (4)金融機構內部稽核報告及內部稽核相關事項之處理。 (5)檢查報告之追蹤、考核。 (6)金融檢查資料之蒐集及分析。
	保險局	(1)保險監理政策規劃、統計資料處理與資訊業務聯繫及辦理。 (2)消費者保護及保險教育宣導相關事宜之辦理。 (3)保險法之訂修、廢止、疑義解釋之研擬。 (4)保險犯罪與洗錢防制業務之監督及管理。 (5)國際與兩岸保險事務、制度之規劃及辦理。 (6)專業再保險業務之監督及管理。 (7)保險代理人、經紀人與公證人業務之監督及管理。 (8)財團法人保險事業發展中心、財團法人保險犯罪防制中心、保險業務發展基金與其他有關財團法人之監督及管理。 (9)其他有關保險綜合監理事項。
	證券期貨局	(1)公開發行公司、有價證券募集、發行、上市、證券商營業處所買賣之監督及管理。 (2)期貨交易契約之審核與買賣之監督及管理。 (3)證券業與期貨業之監督及管理。 (4)外資投資國內證券與期貨市場之監督及管理。 (5)證券業、期貨業同業公會與相關財團法人之監督及管理。 (6)證券投資信託基金、有價證券信用交易之監督及管理。

金融監督管理委員會	證券 期貨局	(7)會計師辦理公開發行公司財務報告查核簽證之監督及管理。 (8)證券投資人及期貨交易人之保護。 (9)與本局業務有關之金融機構檢查報告之處理及必要之追蹤、考核。 (10)其他有關證券業與期貨業之監督及管理。
	銀行局	(1)監理本國銀行及銀行公會、聯徵中心、財金公司、金融研訓院等周邊單位。 (2)監理信用合作社與信用合作社改制之銀行，並負責金融消費者保護政策以及存款保險制度。 (3)負責票券市場及機構、信託及證券化業務，與工業銀行、信用卡業務機構及電子票證發行機構及電子支付機構之監理。 (4)負責外國與大陸地區銀行在臺分行與代表人辦事處、外國金融機構在台子銀行之監理。 (5)負責與國際金融主管機關之交流、經貿協議下銀行服務業之相關事務等。 (6)負責金融控股公司、銀行子公司、票券子公司之監理。

(3)　**7** 目前國內監理銀行、票券、證券及保險等金融機構的主管機關為：

(1)財政部　　　　　　　　(2)內政部

(3)金融監督管理委員會　　(4)經濟部。

(3)　**8** 依照國內金融監督管理制度的架構，主管證券相關事業的監理單位為：

(1)銀行局　　　　　　　　(2)保險局

(3)證券期貨局　　　　　　(4)檢查局。

(4)　9 依照國內金融監理制度的架構，主掌金融業檢查業務的單位為：

(1)銀行局　　　　　　　　　(2)中央銀行

(3)中央存款保險公司　　　　(4)檢查局。

(2)　10 下列何者非隸屬「金融監督管理委員會」？

(1)銀行局

(2)公務人員退休撫卹基金管理委員會

(3)證券期貨局

(4)檢查局。

> 解析 **公務人員退休撫卹基金管理委員會，隸屬銓敘部**，掌理有關公務人員退休撫卹基金之收支、管理及運用事項，並受公務人員退休撫卹基金監理委員會之監督。
> 故本題(2)為非。

(4)　11 下列何者不屬證券期貨局監理的機構？

(1)投信公司　　　　　　　　(2)期貨公司

(3)證券商　　　　　　　　　(4)保險公司。

> 解析 證期局職掌為資本市場監理，負責公開發行公司、有價證券募集、發行、上市、證券商營業處所買賣之監理及管理，而**保險公司受保險局監督**。
> 故本題(4)為非。

(4)　12 下列何者不是檢查局業務檢查的機構？

(1)保險公司　　　　　　　　(2)銀行

(3)證券公司　　　　　　　　(4)金融資訊服務公司。

> 解析 **檢查局執行金融機構及其海外分支機構之檢查**。本題金融資訊服務公司非為金融機構，故本題(4)為非。

(4) | **13** 下列何者非政府管理金融市場的措施？
(1)訂定金融機構的資本適足率
(2)金融檢查的立即糾正措施
(3)訂定金融機構呆帳準備的提列
(4)限制存款戶的存款金額。

> **解析** (1)資本適足率是以銀行自有資本淨額除以其風險性資產總額而得的比率。銀行法規定，銀行的資本適足比率必須達到一個百分比，目的在規範金融機構操作過多的風險性資產，以確保銀行經營的安全性及財務健全性。
> (2)(3)皆為政府管理金融市場的措施。
> (4)<u>存款戶的存款金額為金融市場資金供給者之一</u>，故限制其金額非為政府管理金融市場的措施。
> 故本題(4)為非。

(3) | **33** 下列何者非屬金融監督管理委員會之職掌？
(1)票券市場之監督　　(2)保險市場之監督
(3)稅改　　　　　　　(4)金融檢查。

> **解析**
> (1)票券市場之監督：證券期貨局的職責。
> (2)保險市場之監督：保險局的職責。
> (3)稅改：**財政部的職責**。
> (4)金融檢查：檢查局的職責。
> 故本題(3)為非。

(4) | **49** 政府對金融業做特殊的監督與管理的理由為：
(1)保護投資人權益
(2)金融體系的穩定會影響經濟的穩定
(3)監管金融體系可以讓政府政策更有效率
(4)以上皆是。

> **解析** 金融監督管理委員會綜理金融市場及金融服務業之發展、監督、管理及檢查業務，並以健全金融機構業務經營、維持金融穩定及促進金融市場發展，致力於發展健全、公平、效率及國際化之金融環境與市場，俾兼顧金融消費者與投資人權益、金融業永續發展及協助產業發展。
> 故本題(4)以上皆為正確。

(3) 60 下列何者非屬金融監督管理委員會之主管業務？
(1)金融控股公司　　　　(2)證券業
(3)金融支付系統　　　　(4)期貨業。

> **解析** 金融監督管理委員會主管金融市場及金融服務業之發展、監督、管理及檢查業務。
> 前項所稱金融市場包括銀行市場、票券市場、證券市場、期貨及金融衍生商品市場、保險市場及其清算系統等；所稱金融服務業包括金融控股公司、金融重建基金、中央存款保險公司、銀行業、證券業、期貨業、保險業、電子金融交易業及其他金融服務業；但**金融支付系統，由中央銀行主管**。
> 故本題(3)為非。

(4) 64 民國100年12月30日開始施行的金融消費者保護法，其主管機關為：
(1)財政部　　　　　　　(2)法務部
(3)公平交易委員會　　　(4)金融監督管理委員會。

> **解析** **金融消費者保護法第2條**：本法之主管機關為金融監督管理委員會。
> 故本題(4)為正確。

(3) 72 證券投資人及期貨交易人對紛爭之解決機制：
(1)只可依金融消費者保護法向評議中心申請評議
(2)只可依證券投資人及期貨交易人保護法向投保中心申請調處、授權提付仲裁或提起團體訴訟

(3)以上均可選擇尋求解決

(4)以上皆非。

> **解析** 財團法人證券投資人及期貨交易人保護中心（簡稱投保中心）
> 業務規則第16條規定：多同利益之一造當事人，就同一原因所引起之
> 證券或期貨事件分別申請調處者，調處委員會得合併進行調處。
> 依本題意，應向投保中心提起團體訴訟。
> 故本題(3)為正確。

(3) 　**78** 甲上市公司董事長掏空公司資產，持有甲公司股票之股東
所受損害可採取之措施，以下何者正確？

(1)向財團法人證券投資人及期貨交易人保護中心（投保中
心）請求動用保護基金償付

(2)向財團法人金融消費評議中心請求評議

(3)由投保中心提起團體訴訟求償

(4)向證券商求償。

> **解析** 為加強公司治理機制，並使股東代表訴訟更有效地發揮功
> 能，以保障股東權益，證券投資人及期貨交易人保護法於2009年5
> 月20日修正時增訂第10條之1，明定財團法人證券投資人及期貨交
> 易人保護中心（投保中心）於發現上市或上櫃公司之董事或監察
> 人執行業務，有重大損害公司之行為或違反法令或章程之重大事
> 項時，得在請求公司之監察人為公司對董事提起訴訟之日起三十
> 日內，公司不提起訴訟時，為公司提起訴訟。故本題(3)為正確。

(3) 　**193** 中華民國期貨市場主管機關為：

(1)中央銀行　　　　　　　(2)經濟部

(3)金融監督管理委員會　　(4)期貨交易所。

> **解析** 依「金融監督管理委員會組織法」第2條規定，金管會主
> 管金融市場及金融服務業之發展、監督、管理及檢查業務，所
> 稱金融市場定義如下：
> **金融市場**：包括銀行市場、票券市場、證券市場、期貨及金融
> 衍生商品市場、保險市場及其清算系統等。
> 故本題(3)為正確。

1-4 金融機構

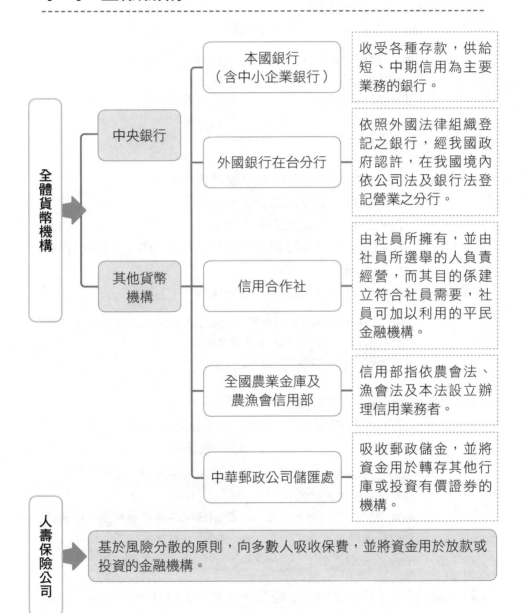

(3) | **26** 下列何者非屬專業銀行？
(1)工業信用銀行　　　(2)中小企業信用銀行
(3)商業銀行　　　　　(4)輸出入信用銀行。

> **解析** 銀行法第88條：專業信用，分為下列各類：
> 一、**工業信用**。　　　二、農業信用。
> 三、**輸出入信用**。　　四、**中小企業信用**。
> 五、不動產信用。　　　六、地方性信用。
> 故本題(3)為非

(4) | **28** 下列對於金融控股公司的描述何者為非？
(1)結合銀行、證券、保險等相關行業
(2)提供客戶一次購足的多元化服務
(3)控股公司旗下金融機構的關係平等，與綜合銀行之組織型態不同
(4)母公司可以非金融產業公司主導。

> **解析** 依據金融控股公司法規定：指對一銀行、保險公司或證券商有控制性持股，並依本法設立之公司。
> 故本題(4)為非。

(3) | **29** 證券金融公司的業務下列何者為非？
(1)對客戶的授信　　　(2)對證券商的轉融通
(3)結算交割　　　　　(4)融資融券。

> **解析** 證券金融公司是指依法設立的在證券市場上專門從事證券融資業務的法人機構。
> 結算機構為臺灣證券交易所，**交割機構為集保結算所及中央銀行同資系統**。
> 故本題(3)為非。

(4) | **30** 對證券投資顧問公司的服務需求，若以臺灣的市場狀況來看，下列何者非為可能的原因？

(1)散戶投資人占多數
(2)投資事業的專業分工
(3)一般投資人缺乏廣泛且精確的資訊
(4)可以聯合炒作股票。

> **解析** 證券投資顧問公司服務項目為：為獲取報酬，經營或提供有價證券價值分析、投資判斷建議，或基於該投資判斷，為委任人執行有價證券投資之業務。
> 故本題(4)為非。

(2) **68** 自101年4月2日起銀行及證券商從事店頭衍生性金融商品交易須向下列何者建置之店頭衍生性金融商品交易資訊儲存庫申報相關資訊？
(1)臺灣證券交易所　　(2)證券櫃檯買賣中心
(3)臺灣期貨交易所　　(4)臺灣集中保管結算所。

> **解析** **財團法人中華民國證券櫃檯買賣中心衍生性金融商品交易資訊儲存庫系統管理第8條規定**：本中心於辦理衍生性金融商品交易資訊儲存庫資料之蒐集、處理、利用時，其資料之蒐集、處理、利用及相關保密作業程序，由本中心另定之。
> 故本題(2)為正確。

(3) **84** 現行每一存款人在同一家金融機構的最高保額為存款本金是多少？
(1)新台幣100萬元　　(2)新台幣150萬元
(3)新台幣300萬元　　(4)新台幣500萬元。

> **解析** 自民國100年1月1日起，每一存款人在國內同一家要保機構之存款本金及利息，合計受到最高保額**新臺幣300萬元**之保障。

(2) **100** 以下何者係屬應對金融機構建立並為維持適當有效之內部控制制度負最終責任之人：
(1)總經理　(2)董（理）事會　(3)分行經理　(4)總稽核。

> **解析** 金融控股公司及銀行業內部控制及稽核制度實施辦法第5-1條規定：**金融控股公司及銀行業董（理）事會**應認知營運所面臨之風險，監督其營運結果，並對於確保建立及維持適當有效之內部控制制度負有最終之責任。故本題(2)正確。

(1)｜106 銀行、保險及證券等金融機構間跨業行銷他業金融商品，下列何者為不正確之敘述？

(1)金融機構辦理共同行銷或合作推廣，經核准後未經客戶同意將資料交付他業運用向客戶行銷商品

(2)跨業行銷他業金融商品，首次須經主管機關之核准

(3)金融機構辦裡跨業行銷，應建立共同行銷或合作推廣資料儲存、處理、交互運用之內部控制管理規範

(4)共同行銷之業務人員辦理他業業務時，其行為直接對他業機構發生效力。

> **解析** 經主管機關法令獲准辦理共同行銷，並**經客戶書面同意**得交互運用其個人資料，如之後因法令之公布施行而須終止共同行銷，改以合作推廣之方式辦理時，為避免造成客戶困擾與抱怨，及尊重業者原先依法獲准辦理共同行銷業務之權益，在客戶與業者二方權益考量下，對於因本辦法之公布施行，而須改依合作推廣方式辦理者，如當初客戶簽署之客戶資料使用條款明確可由文義得知客戶同意其資料被使用於進行共同行銷業務，則得免再逐一重新依合作推廣之規定請客戶簽署個人資料交互運用同意書。故本題(1)有誤。

(4)｜107 金控公司子公司間辦理跨業共同行銷，下列敘述何者正確？

(1)金融控股公司之子公司間依使用目的得交互運用客戶之基本資料、帳務資料、信用資料等往來交易資料

(2)辦理共同行銷之業務人員，應符合各業管法規所訂業務人員必須之資格或證照

(3)共同行銷之業務人員辦理他業業務時，其行為直接對他業機構發生效力

(4)以上皆是。

1-5 金融仲介機構

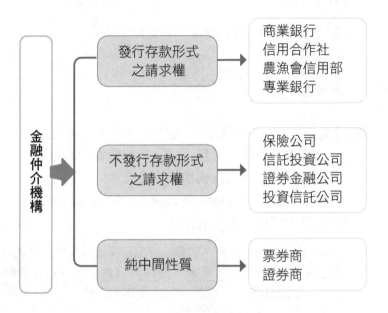

・金融仲介的功能：

(1) 設定價格和清算價格。　　(2)提供流動性和即時性。

(3) 溝通賣方和買方。　　　　(4)保證和監控質量。

(1) | **21** 證券自營商主要從事何種業務？
(1)自行買賣有價證券　　　(2)受他人委託買賣證券
(3)包銷公司所發行之證券　(4)代理證券結算交割。

> **解析** (1)為證券自營商。(2)為證券經紀商。(3)為證券承銷商。
> (4)為金融機構。

(2) | **22** 何種證券商為發行市場主幹？
(1)經紀商　　　　　　　　(2)承銷商
(3)自營商　　　　　　　　(4)以上皆非。

> **解析** (1)經紀商：為客戶居間買賣有價證券。
> (2)承銷商：為發行人包銷或代銷有價證券。
> (3)自營商：自行買賣有價證券。
> 故本題(2)為正確。

(3) | **23** 承銷商在初次公開發行市場所扮演的主要角色為：
(1)為其本身的投資考量，購買所有證券的發行量
(2)針對單一大額法人機構投資資金
(3)對多位投資者宣傳並募集資金，使發行總額銷售完
(4)提供大額投資者融資融券。

> **解析** 承銷商具有顧問、購買、分銷及保護等功能，**可協助企業**
> **於發行市場籌募所需資金，扮演資金供給者與需求者間之橋**
> **樑**。一般是由發行人委託承銷商製作公開發行文件，因此，承
> 銷商是發行過程中的主導者。
> 故本題(3)為正確。

(3) | **24** 證券經紀商所扮演的角色為：
(1)對新發行的證券提供評估的價格
(2)根據其本身持有特定證券的部位進行買賣造市
(3)受理委託執行買賣雙方之間的交易
(4)以本身的帳戶來買賣證券。

> **解析** (1)證券承銷商。
> (2)證券自營商。
> (3)證券經紀商。
> (4)證券自營商。
> 故本題(3)為正確。

(1) 25 臺灣證券交易所按組織類型乃為下列何種市場？

(1)集中市場 　　　　　　(2)自營商交易市場

(3)店頭市場 　　　　　　(4)發行市場。

> **解析** 臺灣證券交易所，簡稱臺證所或證交所，**為臺灣證券集中交易市場的經營機構。**
>
> 故本題(1)為正確。

(4) 27 下列何者非為投信公司之業務？

(1)發行共同基金 　　　　(2)代客操作

(3)全權委託投資 　　　　(4)收購委託書。

> **解析** 證券投資信託及顧問法第3條：……
>
> 證券投資信託事業經營之業務種類如下：
>
> 一、證券投資信託業務。
>
> 二、全權委託投資業務。
>
> 三、其他經主管機關核准之有關業務。
>
> 證券投資信託事業經營之業務種類，應報請主管機關核准。
>
> 故本題(4)為非。

(1) 31 目前集中市場、櫃買市場之結算交割作業，以及有價證券的保管，乃委託下列何者機構辦理？

(1)臺灣集中保管結算所 　　(2)櫃檯買賣中心

(3)臺灣證券交易所 　　　　(4)證券商。

> **解析** 臺灣證券集中保管公司，負責處理「有價證券集中保管帳簿劃撥制度」之相關業務，服務項目包括有價證券集中保管帳簿劃撥、集中交易及櫃檯買賣市場有價證券交割、興櫃股票款券結算交割、期貨結算電腦處理、無實體有價證券登錄、參加人有價證券電腦帳務處理等，並接受金融監督管理委員會證券期貨局委託辦理股務查核作業。
>
> 故依本題題意答案為(1)。

(2) | **51** 由座落於不同地點的交易商（Dealer）對於其所交易的證券向投資人報價，只要投資人願意接受交易商的報價，即可完成交易而形成的市場，謂之：
(1)集中市場　　　　　　(2)店頭市場
(3)短期市場　　　　　　(4)長期市場。

> **解析** 集中市場，即上市股票在證券交易所，以集中競價的方式買賣的市場。
> 店頭市場則是為**上櫃公司提供一個公開交易的地方**，此交易場所設在櫃檯買賣中心。
> 故本題(2)為正確。

(4) | **57** 下列何者非為金融中介的功能？
(1)降低融資成本　　　　(2)降低融資風險
(3)提高資金流動性　　　(4)證券產品少樣化。

> **解析** 金融中介的功能：
> 1.提供流動性，以進行風險對沖、分散和分擔，並便利交易。
> 2.獲取投資信息和配置資源。
> 3.監督經營並實施公司控制。
> 4.儲蓄動員。
> 故本題(4)有誤。

(2) | **58** 金融中介機構（financial intermediation）依其本身的信用條件，發行債務憑證向資金供給者取得資金，再將資金貸放給資金需求者，完成資金移轉的融通方式，謂之：
(1)直接金融　　　　　　(2)間接金融
(3)財務金融　　　　　　(4)金融中介。

> **解析** 直接金融就是供需雙方直接進行資金的供輸作業。
> 如果資金需求者向金融仲介機構借款，而這些金融仲介機構的資金來源則是資金供給者的存款，因此**金融仲介機構扮演「受信」及「授信」的中介角色**，此則稱為間接金融。
> 故依本題題意答案為(2)。

(3) | 65 境外基金需經核准方得在我國境內募集及銷售，下列何者不是合法的銷售機構？
(1)證券投資信託事業　　(2)證券投資顧問事業
(3)資產管理顧問公司　　(4)證券經紀商。

> **解析** 境外基金管理辦法第18條規定：總代理人得委任經核准營業之證券投資信託事業、證券投資顧問事業、證券經紀商、銀行、信託業及其他經本會核定之機構，擔任境外基金之銷售機構，辦理該境外基金之募集及銷售業務。
> 故本題(3)為非。

1-6 金融科技（Fin Tech）

金融科技 ➤ 金融科技廣泛來說就是「金融服務創新」，一群企業運用科技手段，使金融服務變得速度更快、費用更少，而形成的產業經濟。而這些金融科技公司創立目的就是想要優化原本不夠科技的金融服務與體系。

資訊安全為保護資訊的下列三項特性：機密性、完整性、可用性。

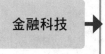

大數據的特徵 ➤
1 種類更多樣化（variety）
2 數量不斷增加（volume）
3 產生速度越來越快（velocity）

雲端運算 ➤ 雲端運算可透過網際網路（即「雲端」）來傳遞伺服器、儲存體、資料庫、網路、軟體、分析、智慧功能等運算服務，以加快創新的速度，確保資源彈性，並實現規模經濟。

(1) | **297** 下列何者非屬資訊安全的基本三要素？

(1)一致性（Consistence）　　(2)完整性（Integrity）

(3)可用性（Availability）　　(4)機密性（Confidentiality）。

(1) | **298** 下列何者非屬組織採用雲端運算服務的常見考量原因？

(1)商譽　　　　　　　　(2)成本

(3)速度　　　　　　　　(4)效能。

> **解析** 透過雲端運算，可以用**較低的成本**來處理大量資料，提供使用者幾乎是**即時的資訊服務**。利用雲端技術與網路技術，將服務放到雲端，可以**讓服務的反應速度很快、開發解決方案的速度很快**，還能**解決大量資料要跨地域運算的問題**。
> 故本題(1)為非。

(4) | **299** 下列何種數據資料單位代表1024GB？

(1)1ZB　　　　　　　　(2)1EB

(3)1PB　　　　　　　　(4)1TB。

> **解析** 儲存空間以TB為單位，日常檔案多以GB或MB計。1TB等於1,000GB或1,000,000MB。
> 故本題(4)為正確。

(1) | **300** 下列哪一個名詞和其他三個名詞不同義？

(1)數據資料　　　　　　(2)大數據

(3)巨量資料　　　　　　(4)海量資料。

> **解析** **大數據又稱巨量資料**，指的是傳統數據處理應用軟體不足以處理的大或複雜的數據集的術語。可以定義為**來自各種來源的大量非結構化或結構化數據**。
> 故本題(1)為非。

(2) 301 下列何者非屬網際網路興起後的數位商品或服務模式？
(1)純網路銀行　　　　(2)電子資金轉帳
(3)電子商務支付系統　(4)加密貨幣。

(4) 302 機器人是人工智慧的容器，機器人是身體，而人工智慧可以比喻成機器人的哪一部分？
(1)心臟　　　　　　　(2)腳
(3)手　　　　　　　　(4)大腦。

> **解析** 人類解決問題的模式通常是用最快捷、直觀的判斷，而不是有意識的、一步一步的推導，早期人工智慧研究通常使用逐步推導的方式。人工智慧研究已經於這種「次表徵性的」解決問題方法取得進展：**神經網路研究試圖以類比人類和動物的大腦結構重現這種技能**。
> 故本題(4)為正確。

(1) 303 當保險業欲透過網路與電話語音等通路提供服務時，可運用何項技術驗證身分？
(1)生物辨識　　　　　(2)通訊技術
(3)物聯網技術　　　　(4)網路技術。

> **解析** 保險業運用新興科技作業原則伍生物特徵資料安全控管第九點：應於首次使用生物辨識技術、每年定期及技術有重大變更時（如輔助資料、技術提供商），經資訊部門檢視該技術足以有效識別客戶身分，其評估範圍包含但不限模擬偽冒生物特徵資料、確認符合相關法規要求、確認生物辨識機制、作業流程及補償措施之風險控管。
> 故本題(1)為正確。

1-7 金融消費者權益

| 金管會之規範與措施 | **1** 公平待客。 **2** 普惠金融。 **3** 金融消費者保護法。 **4** 消費者資訊。 | **5** 金融小百科。 **6** 發展高齡化金融商品與服務。 **7** 個人資料保護。 |

普惠金融

意指大眾均有平等機會獲得負責任、可持續的金融服務;又稱包容性金融,其核心是有效、全方位地為社會所有階層和群體提供金融服務,尤其是那些被傳統金融忽視的農村地區、城鄉貧困群體、微小企業。

普惠金融重點政策

1. 建置普惠金融衡量指標。
2. 鼓勵金融機構於金融機構分支機構家數待增加地區提供金融服務。
3. 設置無障礙金融設施。
4. 推動盤中零股交易制度。
5. 創建創櫃板及股權性質之群眾募資。
6. 推動建置國人退休準備平台。
7. 推動微型保險及小額終老保險。
8. 推動強制汽車責任保險。

普惠金融21項衡量指標

1. **金融服務可及性方面**:有關瞭解金融消費者,包括偏鄉及特殊族群,接觸金融服務的便利性及友善性,計有7項衡量指標。
2. **金融服務使用性**:將調查成年人使用銀行服務(包括存款、貸款)、數位金融(行動支付、數位存款及網路投保)及保險商品(壽險保單及微型保險)的程度,計有8項衡量指標。
3. **金融服務品質方面**:將瞭解金融教育宣導是否遍及全國各鄉鎮與消費者、科技進一步提升金融服務、公平待客的落實及糾紛解決機制等,計有6項衡量指標。

(2) 129 小黃因疫情慘澹失業後，個人經濟遭遇困難、信用紀錄也開始惡化，還好受惠於近年來金融業積極推動普惠金融服務，請問以下小黃獲得之幫助何者非屬普惠金融相關？
(1)小黃得以較低保費取得基本保險保障
(2)小黃報名參加某證券商舉辦的期貨商品投資講座，學習投資期貨或選擇權獲利
(3)某銀行提供小黃低碳運輸微型貸款，幫助小黃購置電動機車代步、開啟外送員新人生
(4)小黃透過完整的網銀服務，在失業期間為了節省房租而搬回鄉下老家時，也可以享受e指理財、從線上進行基金申購。

(1) 495 一般而言，所謂高齡者，係指老年福利法第2條規定的對象，其年齡是指在幾歲以上？
(1)65歲　　　　(2)70歲
(3)80歲　　　　(4)90歲。

> **解析** 老人福利法第2條：本法所稱老人，指**年滿六十五歲以上之人**。
> 故本題(1)為正確。

(3) 496 下列何人常常可能是弱勢金融消費者？
(1)金融服務業商品銷售人員
(2)大專院校教授財務投資課程的老師
(3)身心障礙者
(4)專業投資人。

> **解析** 金管會表示，**身心障礙者**、**經濟面臨困境**、**外籍移工**等較為三大弱勢的金融消費者，在日常生活可能比其他一般民眾面臨更多困難，為致力於營造更具包容性的金融友善環境。
> 故本題(3)為正確。

(4) | **497** 下列何人常常不是弱勢金融消費者？
(1)高齡者　　　　　　(2)低學歷者
(3)身心障礙者　　　　(4)銀行理財專員。

(2) | **498** 業務員對於身心障礙者的投保要求應如何處理？
(1)一律拒絕受理
(2)與一般非身心障礙者相同不得有所歧視
(3)一律勸其改投保微型保險
(4)告以公司核保不會通過予以勸退。

(3) | **499** 業務員應如何規劃適合身心障礙者的保險商品？
(1)規劃高保費的商品，佣金也可領得多
(2)公司核保手續較複雜，只要規劃年金保險就好
(3)依其身心障礙種類、發生原因、目前障礙狀況等因素，
　　規劃適當的保險商品
(4)公司核保手續較複雜，規劃投保微型保險就好。

解析 為利保險業者對身心障礙者的核保程序有一致性評估標準，金管會於2021年9月15日同意產、壽險公會所報「保險業承保身心障礙者處理原則」修正案，要求保險公司應建立兼顧風險管理及身心障礙者保險保障基本需求的核保評估程序，**並就各身心障礙類別分別列示障礙情況**、投保各險種的審查重點、所需基本核保資料及審查程序等，以保障投保權益及減少爭議。
故本題(3)為正確。

(4) | **500** 業務員應如何規劃適合高齡者的保險商品？
(1)規劃高保費的商品，佣金也可領得多
(2)容易因體況影響公司核保，只要規劃年金保險就好
(3)多半有退休金，盡量為其規劃投資型保險以獲取較高收益
(4)考量其生活、醫療、照護等各方面費用需求，規劃適當
　　的保險商品。

(4) | **501** 下列何者是業務員招攬時應遵循的公平待客原則？
(1)訂約公平誠信原則　　(2)忠實與注意義務原則
(3)廣告招攬真實原則　　(4)以上皆是。

> **解析** 公平待客原則政策主要內容如下：
> 1.**訂約公平誠信原則**。　　2.**注意與忠實義務原則**。
> 3.**廣告招攬真實原則**。　4.商品或服務適合度原則。
> 5.告知與揭露原則。　　6.複雜性高風險商品銷售原則。
> 7.酬金與業績衡平原則。　8.申訴保障原則。
> 9.業務人員專業性原則。
> 故本題(4)為正確。

(2) | **502** 下列何者不是普惠金融主要的照顧對象？
(1)高齡者　　　　　　(2)專業投資人
(3)身心障礙者　　　　(4)經濟弱勢者。

> **解析** 普惠金融又稱包容性金融，其核心是有效、全方位地為社
> 會所有階層和群體提供金融服務，尤其是那些<u>被傳統金融忽視
> 的農村地區</u>、<u>城鄉貧困群體</u>、<u>微小企業</u>。
> 故本題(2)為非。

(3) | **503** 下列何者是現行處理金融消費爭議的專責機構？
(1)保險商業同業公會　(2)保險事業發展中心
(3)金融消費評議中心　(4)保險職業工會。

> **解析** <u>金融消費評議中心</u>係金融監督管理委員會依照金融消費者
> 保護法第13條第1項規定所設立之金融消費爭議處理機構，**專責
> 處理金融消費者與金融服務業間因商品或服務所生之民事爭議**。
> 故本題(3)為正確。

(1) | **504** 下列何種商品是現行法令規定提供特定身分及經濟弱勢者
投保的保險商品？
(1)微型保險　　　　　(2)投資型保險
(3)強制汽車責任保險　(4)利率變動型保險。

第二章　證券期貨市場

2-1　債券觀念與分類

債券的觀念 ➡ 是投資者憑以定期獲得利息、到期歸還本金及利息的證書。發債人須於債券到期日前按期支付早前承諾的利息，並在到期日於指定價格向債券持有人贖回債券。

債券的分類 ➡

- 發行主體：公債券、金融債券、公司債券
- 發行區域：國內債券、國際債券
- 付息方式：貼現債券、零息債券、附息債券、息票累積債券
- 計息方式：單利債券、複利債券、累進利率債券
- 利率確定方式：固定利率債券、浮動利率債券
- 償還期限：長期債券、中期債券、短期債券
- 債券形態：實物債券、憑證式債券、記帳式債券
- 募集方式：公募債券、私募債券
- 擔保性質：有擔保債券、無擔保債券、質押債券
- 債券的可流通與否：可流通債券、不可流通債券
- 是否可轉換：可轉換債券、不可轉換債券
- 發行時間的先後：新發債券、既發債券。

(4) **96** 有關債券的種類，下列敘述何者錯誤？
(1)依發行形式可分為實體公債與無實體公債
(2)依發行機構可分為公債、公司債、金融債券
(3)依債權之性質可分為普通債券與次順位債券
(4)依票息之有無可分為有息債券與永久債券。

> **解析** (4)依票息之有無可分為零息債券及附息債券。

(2) **110** 利率之1個基本點（basis point）等於？
(1)0.001% 　　(2)0.01%
(3)0.1% 　　(4)1%。

> **解析** 利率的一個基本點是衡量利率的最小單位。一個基本點相當於 0.01%。
> 故本題(2)為正確。

(1) **111** 利率之一碼為：
(1)0.25% 　　(2)0.5%
(3)1% 　　(4)5%。

> **解析** 利率一碼為0.25%，半碼為0.125%。
> 故本題(1)為正確。

(1) **141** 通常而言，零息債券（Zero-Coupon Bond）的票面價格較市價為：
(1)高 　　(2)相等
(3)低 　　(4)沒有一定關係。

> **解析** 零息債券是指以貼現方式發行，不附息票，而於到期日時按面值一次性支付本利的債券。零息債券發行時按低於票面金額的價格發行，而在兌付時按照票面金額兌付，其利息隱含在發行價格和兌付價格之間。
> 故本題(1)為正確。

(1) | **142** 公債自營商在公債發行消息公布後，於正式標售之前，以約定利率和投資人進行買賣，而交割日訂在發行日之後，此種市場為？
(1)公債發行前期交易市場　　(2)發行市場
(3)次級市場　　　　　　　　(4)店頭市場。

> **解析** 財團法人中華民國證券櫃檯買賣中心證券商營業處所中央政府公債發行前交易辦法第3條規定：本辦法所稱發行前交易，謂標的公債經財政部發布每季發債計畫之公告後，發行日之前十五個營業日起至發行日前一個營業日止之買賣斷交易；但本中心債券等殖成交系統於公債發行日原訂之前一個營業日遇天然災害侵襲或不可抗力之情事而依相關規定停止交易時，其發行前交易之期間延長至公債發行日。
> 故本題(1)為正確。

(2) | **143** 登錄公債係指：
(1)無風險債券　　　　　　　(2)無實體公債
(3)垃圾債券　　　　　　　　(4)固定利率公債。

> **解析** 債券**以登錄形式發行**，**而不發給實際債券**，而以清算銀行所發給之債券存摺代替者，到期本息直接撥入債權人之帳戶當中，稱之為「無實體債券」。
> 故本題為(2)無實體公債。

(2) | **144** 公債於何處流通買賣：
(1)集中交易市場　　　　　　(2)同時在集中與店頭市場
(3)店頭市場　　　　　　　　(4)櫃檯市場。

> **解析** 公債流通市場可分為**場內交易市場**與**場外交易市場**：
> 1.場內交易市場：是有**集中固定的交易場所**和交易時間，交易只能委託具有證券交易所會員資格的經紀商進行，有特定的交易制度和規則，有完善的交易設施和較高的操作效率。

2.場外交易市場，又稱「店頭」市場或櫃臺交易市場，是指證
券經紀商和自營商不透過證券交易所，而是在證券商之間或
證券商與客戶之間直接進行的證券分散買賣市場。
故本題(2)為正確。

(4) 147 A國的發行者在B國發行以B國貨幣計價的債券稱為：
(1)歐洲債券　　　　　　(2)海外債券
(3)普通債券　　　　　　(4)外國債券。

> **解析** 外國債券：**外國借款人**（政府、私人公司或國際金融機
> 構）**在某個國家的債券市場上發行的，以這一國家貨幣為面值
> 貨幣的債券**。
> 故本題(4)為正確。

(4) 150 下列何者為債券投資所面臨的風險？
(1)違約風險　　　　　　(2)購買力風險
(3)利率風險　　　　　　(4)以上皆是。

> **解析** 債券投資者主要面臨的風險：**利率風險、購買力風險、信用
> 風險、贖回風險、突發事件風險、稅收風險、政策風險**。
> 故本題(4)以上皆是。

(3) 152 下列何種金融工具的利率風險最高？
(1)短期公債　　　　　　(2)國庫券
(3)長期公債　　　　　　(4)商業本票。

> **解析** **到期時間愈長的債券**，該債券價格對利率的敏感性愈大，
> 也就是**風險愈高**。
> 故本題(3)為正確。

(3) | **153** 證券商在國外證券市場買賣「小龍債券」之結算交割是？
(1)現款現券
(2)臺灣集保公司
(3)透過Euroclear或Cedel國際性結算交割辦理
(4)臺灣證券交易所。

> **解析** 證券交易法第44條規定：證券商在國外證券市場買賣小龍
> 債券之結算交割方式，**以透過Euroclear或Cedel國際性交割結算**
> **公司之系統辦理。**
> 故本題(3)為正確。

(1) | **155** 公司債的持有人為公司的：
(1)債權人　　　　　(2)股東
(3)董事　　　　　　(4)經理人。

(3) | **156** 歐洲債券（Euro Bonds）與外國債券（Foreign Bonds）之
比較何者為真？
(1)歐洲債券是指A國發行者在B國發行以B國幣計價之債券
(2)外國債券是指A國發行者在B國發行不以B國幣計價之
債券
(3)歐洲債券發行的相關條件與規定均較外國債券來得有
彈性
(4)亞銀所發行的亞洲小龍債券系列屬於歐洲債券的一種。

> **解析**
> (1)歐洲債券是指**以外在通貨為單位，在外在通貨市場進行買賣**
> **的債券。**
> (2)外國借款人在某個國家的債券市場上發行的**以這一國家貨幣**
> **為面值貨幣的債券。**
> (3)
> (4)小龍債券為國外第一項向臺灣募集的債券，發行目的乃是**亞**
> **洲開發銀行在亞洲地區發行以籌募作為亞洲各會員國向亞銀**
> **貸款的資金來源。**
> 故本題(3)為正確。

(4) | **158** 下列何者不屬於債券？
(1)政府公債　(2)公司債　(3)金融債券　(4)認購權證。

> 解析 **認購權證屬於買權**，其持有人有權利在特定期間內或到期日，以約定履約價格向發行人**購入一定數量的特定股票**，或以**現金結算方式收取差價**，投資人看多則買入認購權證。
> 故本題(4)為非。

(2) | **159** 可贖回公司債之贖回權利是操之於：
(1)債權人　　　　　　(2)發行公司
(3)承銷之證券商　　　(4)選項(1)、(2)、(3)均有可能。

> 解析 可贖回公司債是在發行時決定，公司債發行若干年後，**發行公司有權決定**，在到期前，照約定價格，**提前償還一部分或全部本金**。通常當利率下跌時，發行公司常會贖回公司債，以減低利息負擔。
> 故本題為(2)為正確。

(4) | **160** 零息債券（Zero-coupon Bonds）之敘述何者正確？
(1)以高於面額發行
(2)每間隔一固定期間，定期給付利息
(3)每間隔一固定期間，定期償還本金
(4)到期時，按面額贖回。

> 解析 零息債券是指以貼現方式發行，不附息票，而於到期日時按面值一次性支付本利的債券。
> 故本題(4)為是。

(3) | **363** 下列哪一種固定收益的信用工具，其信用風險最大？
(1)政府公債　(2)商業本票　(3)垃圾債券　(4)國庫券。

> 解析 **垃圾債券又稱劣等債券、高收益債，是信用評級甚低的債券**，通常是由商業信用能力較差的中小企、新興企業、有壞帳記錄的公司所發行，故**商業風險高**，需要透過提高債券利息來吸引投資者。
> 故本題(3)為正確。

2-2　債券的價格

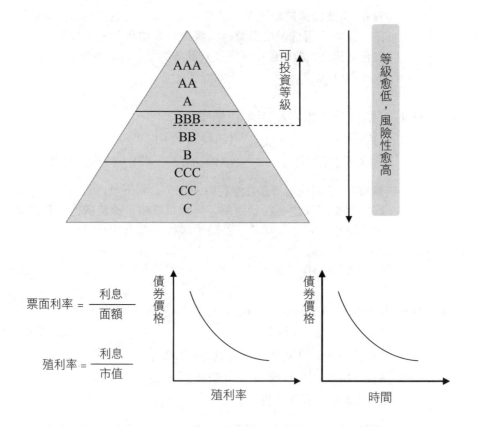

- 利率：
  - (1) 票面利率是債券上所標示利率，是不會變動的，債券一發行即固定下來。
  - (2) 市場利率，是指由資金市場上供需關係決定的利率。此利率因受到資金市場上的供需變化而有所變動。
  - (3) 債券價格與市場利率呈反比，當市場利率走低，債券價格上漲；市場利率走高，債券價格下跌。

(3) | **145** 公司之債券評等下降時，則？A.表示其違約風險下降；
B.表示其違約風險上升；C.債券價格會下降；D.債券價格
會上升
(1)A.、C. (2)A.、D.
(3)B.、C. (4)B.、D.。

(4) | **146** 債券價格隨著到期日的接近，會愈來愈趨近於：
(1)承銷價 (2)贖回價值
(3)市價 (4)面值。

> 解析 **債券面額**為發行人借入並承諾於**未來債券到期日，償付給
> 債券持有人的金額**。
> 故本題(4)為正確。

(3) | **148** 下列何者對「垃圾債券」的敘述為真？
(1)預期報酬低的債券 (2)屬於投資等級的債券
(3)高風險、高殖利率之債券 (4)高品質的債券。

> 解析 垃圾債券又稱劣等債券、高收益債，是信用評級甚低的債
> 券，通常是由商業信用能力較差的中小企業、新興企業、有壞
> 帳紀錄的公司所發行，故**商業風險高**，而需要透過**提高債券利
> 息來吸引投資者**。
> 故本題(3)為正確。

(1) | **149** 乙債券4年後到期，其面額為10萬元，每年付息一次5,000
元，若該債券以105,000元賣出，則其到期殖利率：
(1)小於5% (2)等於5%
(3)大於5% (4)大於或等於5%。

> 解析 殖利率＝利息/市值＝5,000/105,000＝4.76%＜5%
> 故本題(1)為正確。

(2) 151 債券市價與市場利率常作何種變動關係？
(1)同方向變動　　　　　(2)反方向變動
(3)沒有關連性　　　　　(4)同方向或反方向變動均有可能。

> **解析** 債券價格與市場利率**呈反比**，市場利率走低，債券價格上漲；市場利率走高，債券價格下跌。
> 故本題(2)為正確。

(2) 154 在標準普爾（Standard & Poor's）的評等中，那一評等等級以上的債券為投資等級？
(1)BB　　　　　　　　(2)BBB
(3)A　　　　　　　　　(4)AA

> **解析** (1)BB：投機級／有投機因素
> (2)BBB：投資級／中級
> (3)A：投資級／中上級
> (4)AA：投資級／高級
> 故本題(2)為正確。

(4) 157 目前在我國賣出公司債時須課徵多少證券交易稅？
(1)千分之一　　　　　(2)千分之二
(3)千分之三　　　　　(4)免稅。

> **解析** 證券交易稅自91年2月1日起：
> 公司發行之股票及表明股票權利之證書或憑證稅率為3‰。
> 其他經政府核准之有價證券稅率為1‰。
> **公司債及金融債券免徵證券交易稅**。
> 本題題解為(4)免稅。

(1) 161 在其他條件相同下，到期期間愈長的債券，其價格對利率的敏感性：
(1)愈大　　　　　　　(2)愈小
(3)不變　　　　　　　(4)無從得知。

(1) | **162** 在其他條件不變下，可轉換公司債的凍結期間愈長，則其價值會：

(1)愈低　　　　　　　　(2)愈高

(3)不變　　　　　　　　(4)無從得知。

> **解析** 凍結期間指可轉換公司債發行後的一段時期內，債券持有人不得提出將可轉換公司債轉換為普通股之申請。此**期間越長，則可轉換公司債價格越低**。
> 故本題(1)為正確。

(3) | **163** 在其他條件相同下，當殖利率變動1%時，高票面利率債券價格的變動會比低票面利率債券價格的變動：

(1)大　　　　　　　　　(2)一樣

(3)小　　　　　　　　　(4)不一定。

> **解析** 殖利率＝利息／市值
> 高票面利率債券市值較低票面利率市值高，當殖利率變動1%時，高票面利率債券價格的變動會比低票面利率債券價格的變動較小。
> 故本題(3)為正確。

(2) | **179** 下列因素何者不直接影響公司債券價格的波動？

(1)公司信用評等狀況　　(2)公司股利

(3)市場利率　　　　　　(4)時間。

> **解析**
> (1)信用評等越高，風險性越低。
> (2)公司股利發放對象是**持有股份的股東，不直接影響公司債價格**。
> (3)債券價格與市場利率呈反比，市場利率走低、債券價格上漲；市場利率走高，債券價格下跌。
> (4)公司債價格與時間呈反向變動關係。
> 故本題(2)為正確。

2-3 證券市場

- 股票以「張數」計算，一張股票為1000股，低於1000股的交易為零股買賣。

- ‧
  ### 存託憑證發行地

  - ─ 全球存託憑證（GDR）：在全球發行
  - ─ 美國存託憑證（ADR）：在美國發行
  - ─ 歐洲存託憑證（EDR）：在英國、盧森堡、德國等地發行
  - ─ 中國存託憑證（CDR）：在中國發行
  - ─ 臺灣存託憑證（TDR）：在臺灣發行

- 集合競價：在當天還沒有成交價的時候，欲要入市的投資者可根據前一天的收盤價和對當日股市的預測來輸入股票價格，這段時間輸入電腦主機的所有價格都是平等的，不需要按照時間優先和價格優先的原則交易，是按最大成交量的原則來定出股票的價位的過程。

- 證券的交易成本：手續費及交易稅，並向買賣雙方收取。

- 融券成本：交易稅、交易手續費、融券手續費。

- 為尊重市場、與國際制度接軌，金融監督管理委員會宣布自104年6月1日起，將漲跌幅度由7%放寬為10%。

- 鉅額交易最低數額標準：
  (1) 單一證券：數量達500交易單位以上或金額達1,500萬元以上。
  (2) 股票組合：5種股票以上且總金額達1,500萬元以上。

- 集中市場交易制度：採用集合競價，即由開盤後披露買進與賣出的範圍，改為以漲停、跌停範圍內，可滿足最大成交量的集合競價以決定成交價。

(2) | **36** 目前臺灣股市的交易方式以何者為主？
(1)電腦輔助交易　　　(2)電腦自動交易
(3)人工喊價交易　　　(4)場外交易。

> **解析** 臺灣證券交易**以電腦自動撮合**，撮合依價格優先和時間優先原則依序交易，當日成交。
> 故本題(2)為主。

(3) | **61** 有關發行市場「私募」制度，何者正確？
(1)招募對象不受限制
(2)招募人數不受限制
(3)必須向特定人招募
(4)私募發行的成本通常高於公開發行的成本。

> **解析** 私募是一種**不透過公開發行的方式募集**的一種證券融資方式。
> 故本題(3)為正確。

(1) | **62** 股票的本益比係指：
(1)股價／每股盈餘　　(2)每股盈餘／股價
(3)股價／每股股利　　(4)股價／每股淨值。

> **解析** 本益比，指**每股市價除以每股盈利（EPS）**，通常用以判斷股票是便宜抑或昂貴的指標。
> 故本題(1)為正確。

(4) | **63** 下列何者為散戶最常使用之申購股票方式？
(1)競價拍賣　　　　　(2)詢價圈購
(3)洽特定人承銷　　　(4)公開申購。

> **解析**
> (1)競價拍賣：公司辦理股票初次上市上櫃或現金增資發行新股時，給投資人競標的一種方式。
> (2)詢價圈購：承銷商接受投資人遞交圈購單，表達以特定價格認購特定數量意願的方式。

(2) | 67 外國企業來臺灣以存託憑證方式籌措資金，稱之發行：
(1)美國存託憑證（ADR）
(2)臺灣存託憑證（TDR）
(3)全球存託憑證（GDR）
(4)歐洲可轉換公司債（ECB）。

> **解析** 存託憑證又稱預託證券，乃是由股票發行公司委託國外投資銀行在國外證券市場發行的對應其股票的一種證券。
> **在臺灣發行的存託憑證為臺灣存託憑證（TDR）**。
> 故本題為(2)。

(1) | 74 上市（櫃）公司依規定，財務報表及重大訊息須在何處公告？
(1)公開資訊觀測站　　　　　　(2)國內報紙
(3)上市（櫃）公司自家網站　　(4)奇摩或鉅亨網。

> **解析** 公開資訊觀測站係經行政院金融監督管理委員會證券期貨局指導，由臺灣證券交易所、財團法人中華民國證券櫃檯買賣中心等相關單位共同合作，投資人可藉由**網際網路查詢**上市公司、上櫃公司、興櫃公司及公開發行公司之公開資訊。
> 故本題(1)為正確。

(2) | 75 上市（櫃）公司之年度財務報告，自101年會計年度開始，最遲應於年度終了後幾個月內公告並申報？
(1)二個月　　　　　　　　　　(2)三個月
(3)四個月　　　　　　　　　　(4)以上皆非。

> **解析** 證券交易法第36條第1項規定：於**每會計年度終了後三個月內**，公告並申報由董事長、經理人及會計主管簽名或蓋章，並經會計師查核簽證、董事會通過及監察人承認之年度財務報告。故本題(2)正確。

(4) 76 上市（櫃）公司之股東常會應於每會計年度終了後幾個月內召開？

(1)一個月　　　　　　　　(2)二個月

(3)三個月　　　　　　　　(4)六個月。

> **解析** 公司法第170條規定：股東常會，每年至少召集一次，應於**每會計年度終了後六個月內召開**。
> 故本題(4)為正確。

(4) 97 下列何者不是普通股之特性？

(1)可參與公司經營權利

(2)公司增資發行新股之優先認購權

(3)承擔公司的經營成敗後果

(4)可優先參與分配股息。

> **解析** 公司發行之股票可分為普通股與特別股，**享有一般之股東權利者稱為普通股**，享有特殊權利（如：分派股息及紅利之順序、定額或定率等）、或某些權利受到限制者是為特別股。
> 故本題(4)為非。

(4) 109 臺灣的興櫃市場是何種股票可以合法流通的市場？

(1)上市　　　　　　　　　(2)上櫃

(3)上市與上櫃　　　　　　(4)未上市與未上櫃。

> **解析** 興櫃市場是指已經申報上市（櫃）輔導契約之公開發行公司的普通股股票，**在還沒有上市（櫃）掛牌之前**，經過櫃檯中心依據相關規定核准，先在證券商營業處所議價。
> 故本題(4)為正確。

(1) 112 臺灣證券交易所上市股票買賣，多少股以下的交易是屬零股買賣？

(1)999股　　　　　　　　(2)99股

(3)9股　　　　　　　　　(4)1股。

> **解析** 未滿1,000股為交易單位,即稱為零股。每筆買賣委託量不得超過999股(含)。
> 故本題(1)為正確。

(2) | 113 臺灣企業赴美國以存託憑證方式籌措資金,稱之發行:
(1)臺灣存託憑證(TDR)
(2)美國存託憑證(ADR)
(3)歐洲可轉換公司債(ECB)
(4)浮動利率債券(FRN)。

(1) | 114 定期公開資訊中,資訊內容最具即時、攸關性者為:
(1)營業額公告　　　　(2)年報
(3)取得與處分資產報告　(4)財務報告。

> **解析** 臺灣證券交易所股份有限公司對有價證券上市公司及境外指數股票型基金上市之境外基金機構資訊申報作業辦法第3條規定:
> 五、**營業額**及自結損益資訊:**每月十日前申報上月份營業額資料**。……
> 十二、上市公司暨所屬企業集團之相關資料:申報期間自各季財務報告公告申報期限前一個月開始,並應於各季財務報告公告申報期限前申報完畢;公司之關係企業有增減異動時,應於異動後二日內輸入異動資料。
> 故本題(1)為正確。

(2) | 115 不定期公開資訊中,資訊內容最具即時、攸關性者為:
(1)財務預測　　　　　(2)重大資訊之公開
(3)公開說明書　　　　(4)財務報告。

> **解析** 上市櫃公司發生對股東權益或證券價格有重大影響之事項時,**應即時辦理相關訊息之公開,稱之重大資訊公開**。
> 故本題(2)為正確。

(1) | 116 下列何種金融商品不是國內上市公司到海外籌措資金的方式？
(1)TDR　(2)ADR　(3)GDR　(4)HKDR。

> **解析** 臺灣存託憑證（TDR），指**該企業已經在國外上市**，另外**在臺灣申請上市**，以存託憑證掛牌，進行募資。
> 故本題(1)為正確。

(4) | 137 A上市公司經過董事會決議後，預計合併B上市公司，下列何者於此一併購消息公開前不能進行買賣？
(1)A公司董事、經理人
(2)協助併購進行的財務顧問
(3)從財務顧問打電話時偷聽到的配偶
(4)以上皆是。

> **解析** 內部人主要是指**公司董事**、監察人、**經理人**、**大股東**，以**及因職務或控制關係之人**，因為他們參與公司決策，知曉公司未公開的重大消息；若他們在該消息公開前，因好消息先買進公司股票、壞消息先賣出股票，則可獲取暴利或避免損失。證券交易法要求在**消息未公開前**，**內部人不能先買賣公司股票**。也由於內部人會將未公開消息告知他人（稱為消息受領人），若他們事先買賣股票，對不知情的投資人也造成同樣傷害，因此將消息受領人，亦納入內線交易的規範。
> 故本題(4)為正確。

(3) | 138 知悉重大消息的內部人，在重大消息公開後幾小時後，才可以進行買賣股票？　(1)6小時　(2)12小時　(3)18小時　(4)24小時。

> **解析** 有關內線交易成立與否常引起爭論，最關鍵的是重大消息成立時點。因為只有內部人、消息受領人在消息成立時點後，**至公開前或公開後18小時之間**，**買賣股票才算是內線交易**。因此內線交易的被告總是希望將消息成立時點往後，到買賣股票時點之後，則可宣稱是投資、而非內線交易。
> 故本題(3)為正確。

(3)｜164 國內證券市場上認購權證的發行人為？
(1)證券金融公司　　　　　(2)臺灣證券交易所
(3)綜合證券商　　　　　　(4)證券投資信託公司。

> **解析** 發行人申請發行認購（售）權證處理要點規定：發行人，係指標的證券發行公司以外之第三者且符合下列各款資格之一者：
> 1.經營銀行業務，並取得中央目的事業主管機關之核准者。
> 2.同時經營有價證券承銷、自行買賣及行紀或居間等三種業務者。
> 故本題(3)為正確。

(2)｜165 申請股票上櫃必須有幾家以上證券商書面推薦？　(1)1家 (2)2家　(3)3家　(4)4家。

> **解析** 依據財團法人中華民國證券櫃檯買賣中心證券商營業處所買賣有價證券審查準則第3條：申請股票在櫃檯買賣之公開發行公司應符合下列條件之一，**經二家以上證券商書面推薦者**。
> 故本題為(2)2家。

(2)｜166 A股除權前一營業日收盤價60元，無償配股每股2元，則除權參考價為：　(1)58元　(2)50元　(3)48元　(4)40元。

> **解析** 股票股利2元表示每1000股可配發200股的股票股利，配股率是0.2。
> 除權參考價＝除權前一天收盤價／(1+配股率)＝60／(1+0.2)＝50
> 本題除權參考價為(2)50元。

(3)｜167 一般發行公司申請股票上市，申請時須已依公司法設立登記屆滿：　(1)1年　(2)2年　(3)3年　(4)4年。

> **解析** 依臺灣證券交易所股份有限公司有價證券上市審查準則第4條規定：申請股票上市之發行公司，申請上市時已依公司法設立登記**屆滿三年以上**。
> 故本題(3)為正確。

(1) | 168 何種承銷方式所決定出來的價格較具市場性？
(1)競價拍賣　　　　　(2)詢價圈購
(3)洽商銷售　　　　　(4)公開申購配售。

> **解析**
> (1)競價拍賣：公司以已發行股票或現金增資發行新股辦理股票初次上市上櫃及已上市、上櫃公司辦理現金增資之股數，給予投資人進行競標。
> (2)詢價圈購：指承銷商在現金增資前，先進行推廣活動，並由潛在投資者無拘束力的預購訂單中，得知市場對於釋股的需求，併進而作為制定承銷價的依據。
> (3)洽商銷售：由承銷商自行洽認購人認購所承銷之有價證券。
> (4)公開申購配售：每位投資人能申購的張數是一個銷售單位，一般情形為每人一張，而且以自然人為限，當購買數量大於銷售數量時，是由證交所辦理電腦抽籤，決定中籤人名單。
> 競價拍賣所決定的價格反映了市場投資人對於股票的認知，此種價格更符合市場供求關係，故(1)正確。

(2) | 169 國內股票漲跌幅的限制係指：
(1)當日開盤價的上、下10%的範圍內成交
(2)當日開盤競價基準的上、下10%的範圍內成交
(3)當日開盤價的上、下5%的範圍內成交
(4)當日開盤競價基準的上、下5%的範圍內成交。

> **解析** 正確答案是(2)「當日開盤競價基準的上、下10%的範圍成交」。股票的漲停與跌停，以前一交易日收盤價的10%為限，目的在於穩定股價，防止投資人反應過度，造成股價大漲大跌的情況。

(1) | 170 證券商應多久計算一信用帳戶之整戶及各筆融資融券擔保維持率？　(1)每日　(2)每週　(3)每月　(4)每季。

> **解析** 證券商辦理有價證券買賣融資融券業務操作辦法規定：證券商應**逐日**依下列公式計算每一信用帳戶之整戶及各筆融資融券擔保維持率：

> 擔保維持率＝（融資擔保品證券市值＋融券擔保品及保證金＋抵繳有價證券或其他商品市值）÷（融資金額＋融券標的證券市值）×100%
>
> 故本題(1)為正確。

(4)｜171 下列何種承銷方式較具公平性及股權分散？
(1)競價拍賣　　　　　(2)詢價圈購
(3)洽商銷售　　　　　(4)公開申購配售。

> **解析**「公開申購配售」允許任何符合資格的投資者參與申購和配售過程，從而提高了市場的透明度和參與程度，有助於確保公平競爭和機會均等。
>
> 公開申購配售的價點：
>
> 1.公平性：所有符合資格的投資者都有機會參與，無論其大小或背景。這減少了對於特定投資者的特殊待遇，提高了市場的公平性。
>
> 2.股權分散：公開申購配售能夠吸引更多的投資者參與，從而導致股權更加分散。這有助於降低特定投資者或機構對公司的控制程度，增強公司治理的效果。
>
> 3.市場透明度：公開申購配售過程通常是透明的，參與者可以清楚地了解申購和配售的條件和過程。這提高了市場的透明度，減少了潛在的不公平行為。

(3)｜172 國內股票市場的證券交易成本包括：
(1)交易稅及證所稅　　(2)手續費及證所稅
(3)手續費及交易稅　　(4)手續費、交易稅及證所稅。

(3)｜173 國內股票市場證券交易手續費收取的對象為：
(1)僅就買方收取
(2)僅就賣方收取
(3)買進、賣出雙方均收取
(4)買進、賣出雙方均不須收取。

> **解析** 目前的規定，證券交易手續費，每筆成交券商可收成交金額之千分之1.425為手續費，另需付千分之三證券交易稅。投資**人買股票時需付券商手續費，賣股票時需付券商手續費**及**政府證券交易稅**。
> 故本題(3)為正確。

(2) **174** 國內證券市場交易所謂鉅額交易係指買或賣同一種有價證券，其交易數量在多少交易單位以上？
(1)100單位　　　　　　(2)500單位
(3)1,000單位　　　　　(4)5,000單位。

> **解析** 鉅額買賣適用標準：依買賣申報數額區分為下列三種適用標準：
> 1. 一次申報買進或賣出數量達500交易單位以上之單一證券，得採鉅額買賣。
> 2. 增訂一次申報買進或賣出5種以上股票且總金額達1500萬元以上之股票組合鉅額買賣。
> 3. 增訂一次申報買進或賣出數量未達500交易單位，但總金額達1500萬元以上者，亦得採鉅額買賣。
> 故本題為(2)。

(2) **175** 國內股票市場的競價交易制度為以下哪一種？
(1)連續競價交易制度
(2)集合競價交易制度
(3)連續競價、集合競價混合交易制度
(4)人工喊價交易制度。

> **解析** 2002年，集中市場交易制度做了大規模的調整，其中一個調整內容為：競價取消兩檔限制，改採用集合競價，即由開盤後披露買進與賣出的範圍，改為以漲停、跌停範圍內，可滿足最大成交量的集合競價以決定成交價。
> 故本題(2)為正確。

(2) | **176** 盤後定價交易係指每日收盤後，有價證券依照上午集中交
易市場的何種價格進行定價交易的方式？
(1)開盤價　　　　　　　　　　(2)收盤價
(3)平盤價　　　　　　　　　　(4)平均價。

> **解析** 盤後定價交易是指：每日收盤後，有價證券依交易所集中
> 交易市場**收盤價格**進行交易之方式。
> 故本題(2)為正確。

(1) | **177** 關於當日沖銷，下列敘述何者正確？
(1)不收取融資利息
(2)不收取融券手續費
(3)當日沖抵額度可以循環使用
(4)交割須款券預先收足。

> **解析** 當日沖銷交易指在同一交易日內買賣同一證券。
> 融資利息在買賣當天就開始算利息，若有同筆數量的融資庫存來
> 賣出而抵消此筆交易，而且抵消後還是有同筆數量的融資庫存。
> 當沖如果是賠錢只須負擔價差與買賣手續費、證交稅跟借券費，
> 不用付保證金；賺錢就賺進價差扣除買賣手續費、證交稅跟借券
> 費，不須要再付任何費用。
> 故本題(1)為正確。

(4) | **178** 融券的成本不包括下列何者？
(1)交易稅　　　　　　　(2)融券手續費
(3)交易手續費　　　　　(4)融券利息。

> **解析** 以成本來看，當日沖銷交易跟一般交易的成本差不多，都
> 是要支付買進手續費+賣出手續費+交易稅。雖是用融資買進，
> 但因為是當日沖銷，所以沒有融資利息的問題。
> 故本題(4)不包含在融券的成本裡。

(4) | **180** 上市股票的交易，下列何者係屬場外交易？
(1)一般交易 　　　　　　(2)鉅額交易
(3)盤後交易 　　　　　　(4)以上皆非。

> **解析** 上市股票的場外交易是指在**股票交易所之外進行的股票交易**。這種交易通常發生在**電子交易平台**或者**通過經紀人之間的電話交易**，這些場所可能由證券經紀人、金融機構或其他市場參與者運營，投資者可以透過這些場所與其他交易對手進行股票交易，而不必直接透過正式的股票交易所。
> **一般交易、鉅額交易和盤後交易**通常不屬於場外交易，而是**在交易所內進行的交易形式**，其交易價格和交易條件通常都受到交易所的規則和監管條件的約束。

2-4 期貨基本觀念

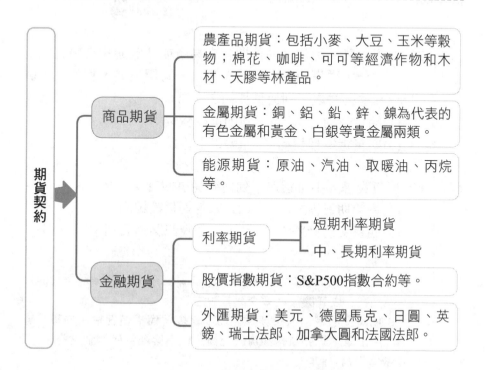

交易期貨主要有三個角色：

投資人 Investor	交易期貨的一般人。
期貨經紀商 Broker	提供一般投資人服務，作為仲介，協助代理一般人進行證券期貨買賣交易。
期貨交易所 Exchange	發行期貨、訂期貨合約的單位（台灣為台灣期貨交易所，國外如CME Group，簡稱芝商所），也提供交易市場集中交易搓合。

期貨交易流程圖：

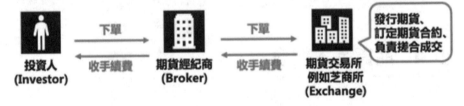

(4) 　**55** 期貨交易，指依國內外期貨交易所或其他期貨市場之規則或實務，從事衍生自商品、貨幣、有價證券、利率、指數或其他利益之下列何種契約之交易？
(1)期貨契約　　　　　(2)選擇權契約
(3)期貨選擇權契約　　(4)以上皆是。

(4) 　**69** 期貨交易人不可透過下列何者從事期貨交易？
(1)專營期貨經紀商　　(2)兼營期貨經紀商
(3)期貨交易輔助人　　(4)金融資訊服務公司。

> **解析**
> 1.期貨經紀商係指得接受客戶委託買賣期貨、選擇權契約並接受客戶委託開設期貨交易帳戶之公司。
> 2.期貨交易輔助人業務係協助期貨經紀商招攬客戶，並接受客戶下單，再轉單給期貨經紀商，惟不得經手保證金業務。
> 故本題(4)為非。

(4) | **70** 期貨商接受期貨交易人委託從事期貨交易，下列敘述何者不正確？

(1)期貨商接受期貨交易人開戶時，應由具有業務員資格者為之

(2)在期貨交易人開戶前應告知各種期貨商品之性質、交易條件及可能之風險，並應將風險預告書交付期貨交易人

(3)期貨商不得僱用非業務員接受期貨交易人委託進行期貨交易事宜

(4)期貨商於成交後僅須以電話通知期貨交易人，無須作成買賣報告書及對帳單交付期貨交易人。

> **解析** 當期貨經紀公司的出市代表收到交易指令後，確認無誤後以最快的速度將指令輸入電腦內進行撮合成交。當電腦顯示指令成交後，出市代表必須馬上將成交的結果反饋回期貨經紀公司的交易部。期貨經紀公司交易部將出市代表反饋回來的成交結果記錄在交易單上並打上時間戳記後，將記錄單報告給客戶。成交回報記錄單應包括成交價格、成交手數、成交回報時間等項目。故本題(4)不正確。

(3) | **181** 下列何者非期貨合約（futures contract）之特性？　(1)集中競價　(2)每日結算保證金盈虧　(3)買賣雙方均承擔對方的信用風險　(4)定型化合約。

> **解析** 期貨契約交易後，買賣雙方不直接承擔交易對手違約風險，而是由結算所居中，使得無論買方或賣方在交易後皆以結算所為結算的相對方，此亦可避免對方信用風險的產生。

(3) | **183** 下列何者不是期貨契約標準化要求一致之因素？　(1)品質　(2)數量　(3)價格　(4)交割地點。

> **解析** 期貨合約的**商品品種、數量、質量、等級、交貨時間、交貨地點等條款都是既定的**，是標準化的，**唯一的變數是價格**。期貨合約的標準通常由期貨交易所設計，經國家監管機構審批上市。故本題(3)為正確。

(1)　**184**　期貨市場中所謂「正向市場」乃指所有期貨價格與現貨價格比較時，期貨價值會：

(1)高於現貨價格　　　　　　　(2)等於現貨價格

(3)低於現貨價格　　　　　　　(4)與現貨價格無關。

> **解析** 正向市場也叫正常市場，即在**正常情況下**，**期貨價格高於現貨價格，基差為負值**。
> 正向市場分為兩種情況：
> 1.期貨價格高於現貨價格。
> 2.遠期合約價格高於近期合約價格。
> 因為期貨市場多了未來的持有成本，理論上期貨價格應該高於現貨價格，遠期合約的價格也相應高於近期合約的價格。
> 故本題(1)為正確。

(3)　**185**　期貨經紀商不得從事何種行為？

(1)代收保證金　　　　　　　　(2)代客戶下單至交易所

(3)代替買賣雙方直接撮合　　　(4)代客戶進行實物交割。

(3)　**186**　有些業務員因想獲得不當之較多佣金，於是鼓勵客戶多作交易而未顧及客戶利益，此種情形稱之為：

(1)對作　　　　　　　　　　　(2)擠壓

(3)炒單　　　　　　　　　　　(4)搶帽子。

> **解析**
> (1)對作：期貨經紀商不將客戶的單子下到交易所內，直接與客戶損益對賭的行為。
> (2)擠壓：以黃豆為例，買進原料（黃豆）期貨，同時賣出加工商品（豆餅、黃豆油）期貨。
> (3)炒單：期貨商或業務員為追求業績賺取手續費而建議客戶，或未經客戶同意而以客戶名義多做不應該或不需要的期貨交易，此種過度不當之操作對客戶毫無利益，期貨商或業務員卻可多賺取佣金。

(4)搶帽子：在同一天先低價買進預計價格要上漲的股票，待股
價上漲到一定幅度時，就迅速將剛買進之股票全部拋出；或
者是先高價賣出預計價格將要下跌的股票，待股價果然下跌
到某一價位時，就在當天買進先前拋出的相同種類和相同數
量的股票。
故本題(3)為正確。

(2) | 187 最近油價飆漲，某甲若完全根據預期而直接放空利率期貨
且賺了不少，請問他屬於：
(1)避險者　　　　　　　　(2)投機者
(3)價差交易者　　　　　　(4)賭客。

解析　某甲並沒有因此使自己的風險降低，反而還賺了不少，故
本題並非避險者，(2)投機者較接近本題意。

(3) | 188 主管機關開放的摩根臺指期貨（MSCI Taiwan index）在那
一個交易所交易？
(1)CME　(2)CBOT　(3)HKEX　(4)SGX。

解析　MSCI臺灣（美元）指數期貨，HKEX交易所為香港期貨交
易所。追蹤臺灣股票市場內大型市值及中型市值股票表現的成
熟指標。截至2020年6月30日，該指數含88之成份股並覆蓋臺灣
股票市場約85%的流通市值。
故本題(3)為正確。

(3) | 189 下列對「基差」描述何者為非？
(1)基差＝現貨價格－期貨價格
(2)正常市場基差為負值
(3)期貨契約到期時，基差為正值
(4)逆價市場基差為正值。

解析　在正常市場中，基差為負值，即期貨價格高於現貨價格。由於
在正常情形下，期貨價格包含了儲存、保存、持有和利息等成本。因
此，期貨價格高於現貨價格為正常市場下所發生的情形。

在逆價市場中，係指當供給嚴重不足之下，可能會出現現貨價格較期貨價格高，即基差為正值的不正常情況。
故本題(3)為非。

(1) | **190** 期貨合約的價格於到期日收盤後，期貨價格必須等於現貨價格，其原因或理由是：
(1)未平倉部位必須於到期日收盤後進行交割
(2)期貨交易必須逐日結算
(3)期貨交易量大於現貨交易量
(4)人們對期貨價格沒有偏好。

解析 如果期貨價格在到期日收盤後不等於現貨價格，就會出現套利機會。投資者可以同時進行現貨和期貨交易，從中獲利，這將導致市場價格的調整，直到兩者價格趨於一致。此外，期貨合約的價格在到期日收盤後必須等於現貨價格，乃有助於確保交易的公平性和公正性，若期貨價格與現貨價格不一致，可能會導致市場上的價格扭曲和不穩定性，從而影響市場參與者的交易利益。

(4) | **191** 交易人開戶時，下列何者非屬必要？
(1)風險預告書簽名
(2)營業員確信交易人適合期貨交易
(3)徵信客戶的信用狀況
(4)$10,000的保證金存入。

解析 中華民國期貨業商業同業公會「期貨商開戶徵信作業管理自律規則」規定：開戶時未提供符合期貨商要求之徵信資料或財力證明之自然人及一般法人交易人，其帳戶委託中未沖銷期貨、選擇權部位所需保證金之總額不得逾新台幣50萬元。
故本題(4)為非。

(4) | 192 下列敘述何者符合風險告知書之內容精神？
(1)期貨交易可能產生極大的利潤或損失
(2)客戶若有超額損失，必須補繳
(3)差價交易的風險並不一定較單純的買單或賣單小
(4)以上皆正確。

(3) | 202 「買進黃豆期貨，同時賣出黃豆粉、黃豆油期貨」之委託
稱為： (1)市場間價差委託 (2)商品間價差委託 (3)加
工產品間價差委託 (4)無效的委託。

> **解析**
> (1)市場間價差交易：同時買進、賣出在不同市場掛牌交易之相
>   同期貨。
> (2)商品間價差交易：在市場上同時持有期貨的多頭部位及相關
>   期貨的空頭部位。
> (3)加工產品間的價差交易：利用原料與加工後產品間之價差，
>   做一買一賣的價差交易。原料與加工後產品之間的價差關
>   係，稱為加工毛利。
> 故本題(3)為正確。

(1) | 203 臺灣期貨交易所30天期利率期貨之交易標的為國內之何種
票券工具？ (1)30天期融資性商業本票 (2)國庫券
(3)銀行承兌匯票 (4)可轉讓定期存單。

(3) | 210 認購權證之「發行者」相當於下列選擇權策略中那一種角色？
(1)買進買權（Buy Call） (2)買進賣權（Buy Put）
(3)賣出買權（Sell Call） (4)賣出賣權（Sell Put）。

> **解析** 認購權證屬買權，認售權證屬賣權。認購／認售權證持有
> 人，有權利在期間內或到期日，以約定履約價格向發行人，購
> 入／賣出一定數量的特定股票，或以現金結算方式收取價差之
> 有價證券。
> 故本題(3)為正確。

(1) | **213** 當賣出期貨賣權（put）且被執行時，其結果如何？
(1)取得多頭期貨契約　　　　(2)取得空頭期貨契約
(3)取得相等數量之現貨　　　(4)取得現金。

(4) | **215** 結算所在期貨交易中所扮演的角色不包括下列哪一項？
(1)進行每日結算
(2)介入每筆交易成為買方的賣方，以及賣方的買方
(3)承擔買賣雙方的信用風險
(4)負責監視不法交易行為。

> **解析** 結算所的主要功能是：
> 1.負責處理期貨合約交易的一切帳目往來。所有在交易所達成的交易，都必須在清算所進行結算，而不是交易雙方之間相互往來款項。
> 2.擔保期貨合約的履行，處理違約者帳戶，並對受損者進行補救。
> 3.負責安排、監督期貨交割。
> 故本題(4)不包括。

(1) | **216** 股價指數期貨之交割方式為：
(1)現金交割　　　　　　　　(2)實物交割
(3)由賣方決定　　　　　　　(4)由買方決定。

> **解析** 股價指數期貨是以特定股票市場指數為交易標的之期貨契約，由於股價指數可用來評估整體股票市場的表現，因此投資人買賣一口股價指數期貨契約，就相當於買賣一組由計算指數的個股所組成的投資組合。交割的方式，由於股價指數並非實體商品，雖然理論上賣方可用指數所含的成分股交予買方，但實務上若以此方式執行將有相當高的難度，因此**全球股價指數期貨契約皆採現金方式交割**。
> 故本題(1)為正確。

2-5 期貨價位與保證金

- 結算保證金：台灣期貨交易所為了避免期貨商可能會有違約的風險，向期貨商收取的保證金。

- 原始保證金：期貨商要求期貨交易人於下單委託買賣前，必須存入帳戶的交易保證金。原始保證金之收取金額，可能因市場行情變動而有所調整。

- 維持保證金：期貨交易人持有期貨部位所必須維持在帳戶中的保證金最低限額。期貨交易人保證金專戶存款餘額低於維持保證金額度時，期貨商即發出追繳保證金通知，要求期貨交易人補繳保證金差額至原始保證金的額度。

- 超額保證金：保證金專戶存款餘額超過原始保證金部份之金額。

- 追繳保證金：當帳戶內保證金餘額低於維持保證金時，經紀商就會通知客戶補繳保證金，若客戶未於指定期限內補足保證金，經紀商便有權強制代為平倉，意即俗稱的砍倉或斷頭。

- 期貨價格＝現貨價格＋持有成本

  ＝現貨價格＋現貨價格×無風險利率（T/360）＋持有成本

> 基差(B)=現貨價格(Ps)—期貨價格(Pf)
>
> Ps > Pf ➡ 逆價市場
>
> Ps < Pf ➡ 正向市場

(1) 　**71** 期貨商客戶保證金專戶之管理，下列敘述何者不正確？
　　　(1)兼營期貨業務之金融機構得將其客戶保證金專戶開設於
　　　　其所經營之金融機構
　　　(2)期貨商應將所開設客戶保證金專戶之機構名稱及帳號於
　　　　營業場所顯著位置公告
　　　(3)客戶保證金專戶內所有款項之提取作業應以轉帳方式辦
　　　　理，同時應有詳實之紀錄及收付憑證
　　　(4)期貨商對客戶在客戶保證金專戶內之存款或有價證券，
　　　　不得進行透支、設定擔保或他項權利，且不得挪用為其
　　　　他客戶保證金、權利金、結算交割費用、佣金、手續費
　　　　或不足款項之代墊。

> **解析** 期貨商管理規則第42條規定：兼營期貨業務之金融機構不
> 得將其客戶保證金專戶開設於其所經營之金融機構。
> 故本題(1)為正確。

(3) 　**182** 下列何者不是期交所在調整期貨合約保證金時之考量因素？
　　　(1)期貨合約價格波動性大小　(2)期貨合約總值大小
　　　(3)期貨合約交易量大小　　　(4)現貨價格波動性大小。

(2) 　**194** 下列各種委託單，除了何者之外，皆需標明價格？
　　　(1)限價單　(2)市價單　(3)停損單　(4)觸價單。

> **解析**
> (1)限價單：使用指定的價格進出。
> (2)市價單：不指定價格，根據當時市場報價進出。
> (3)停損單：停損賣單所設定的賣出價格低於目前市場價格，它
> 　　可以保護投資人目前已擁有的利潤或避免因價格持續下滑而
> 　　使損失擴大。
> (4)觸價單：在委託買賣時，指定一個觸動價格，當市場價格觸
> 　　及此一價格時，該筆委託即成為市價委託。
> 故本題(2)為正確。

(4) 195 停損單在價位的執行上是：
(1)與觸價單一樣
(2)與市價單一樣
(3)即是在下列價位有效執行：買單在目前市價之下，賣單在目前市價之上時
(4)即是在下列價位有效執行：買單在目前市價之上，賣單在目前市價之下時。

> 解析 買單停損觸動價格應該高於目前的市場價格，賣單停損觸動價格應該低於目前的市場價格。這種委託可防止損失的擴大，也可以保護未實現的獲利。但因為成交價格可能不等於觸動價格，故成交後之實現的損益可能會與預期損益有所出入。
> 故本題(4)為正確。

(2) 196 客戶的保證金淨值，因市場行情往不利的方向發展，當淨值跌破某一水位，期貨商就會向客戶發出追繳保證金的通知，此一特定水位稱為：
(1)原始保證金　　　　(2)維持保證金
(3)差異保證金　　　　(4)零和保證金。

(2) 197 客戶保證金不足時，需補足至：
(1)變動保證金　　　　(2)原始保證金
(3)維持保證金　　　　(4)結算保證金。

(4) 198 目前國內各種指數期貨契約交易保證金可以何種形式繳存？
(1)現金　　　　　　　(2)現金、債券
(3)現金、債券、定存單　(4)現金、債券、股票。

> 解析 根據期貨交易法第50條；結算保證金之收取方式，**結算保證金得以「現金」或經主管機關核定之「有價證券」抵繳。此有價證券指債券及股票。**
> 故本題為(4)。

(1) 199 客戶若要將其存入保證金提出，則其出金數額必須是：
(1)小於或等於（客戶保證金淨值減未平倉部位所需保證金）
(2)保證金既為客戶存入的錢，故客戶的出金數額不受限制
(3)期貨商可以自由決定
(4)法規並未規範。

> **解析** 客戶辦理台幣保證金提領之金額**不得高於帳戶內可運用保**
> **證金餘額**，因此請事先查詢帳戶內可運用保證金餘額，避免延
> 誤出金之時間。
> 故本題(1)為正確。

(1) 200 我國期貨交易之保證金制度採用：
(1)總額保證金法
(2)淨額保證金法
(3)針對交易人採總額保證金法，結算會員與期貨商則採淨
　　額保證金法
(4)由當事人自由選擇。

> **解析** 總額保證金法：結算會員依其所擁有的多頭部位與空頭部
> 位相加起來的總部位來繳交保證金。EX：臺灣、CME。
> 淨額保證金法：結算會員依其所擁有的多頭部位與空頭部位互抵
> 後之差額部位（亦即未平倉部位）繳交保證金。EX：CBOT。
> 故本題(1)為正確。

(1) 201 一般而言，當期貨價格與未平倉數量同步上漲時，代表：
(1)未來期貨價格持續看漲
(2)未來期貨價格可能反轉而下
(3)未來期貨價格可能反轉而上
(4)未來期貨價格持續看跌。

> **解析** 未平倉數量在價格漲勢中增加，可以確認上升趨勢。多頭
> 可以加碼，代表空頭持續進場，當他們認輸回補時，買盤將進
> 一步推升價格。
> 故本題(1)為正確。

(2) | **211** 以下那一種交易者不必繳交保證金？
(1)期貨的買方　　　　(2)選擇權的買方
(3)期貨的賣方　　　　(4)選擇權的賣方。

> **解析** 選擇權買方繳交權利金之後，便無任何義務與風險，可持
> 有權利一直到期限屆滿，期間不須支付其他金額；而賣方取得
> 權利金之後，便背負履約義務，為保證到期能履行義務，賣方
> 必須支付一定金額，稱為保證金。
> 故本題(2)選擇權的買方不必繳交保證金。

(2) | **212** S&P 500現貨指數675點，則：
(1)680買權為價內／680賣權為價外
(2)670買權為價內／670賣權為價外
(3)670買權及賣權皆為價內
(4)665買權及賣權皆為價外。

> **解析** 價內：認購權證履約價＜標的物的股價。
> 價外：認權證履約價＞股票標的物的股價。
> 買權670，代表你有權利用670的價位去買675的指數，擁有者
> 已經有內含差價就是價內。
> 賣權670，代表你有權利用670的價位去賣目前675的指數，擁
> 有者因目前市場價格高於要賣的價格，不太可能會去賣，因為
> 目前市場價格高於你要賣的價格。
> 故本題(2)為正確。

(2) | **214** 價內（in-the-money）期貨賣權（put）越深價內，其時間
價值（time value）會：
(1)上升　(2)下降　(3)不一定　(4)不受影響。

> **解析** 價內賣權，必是目前市價低於履約價格，買方可以高價賣
> 出，以較低的市價買回。
> 賣權：內含價值＝履約價－標的物目前市價
> 　　　時間價值＝權利金－內含價值
> 依題意越深價內，內含價值變大，則時間價值下降。
> 故本題(2)為正確。

(1) | **217** 依期交法規定，期貨交易人於何時繳交交易保證金？
(1)下單買賣之前　　　　(2)下單買賣之後
(3)成交之後　　　　　　(4)成交當日之收盤後。

> **解析** 依期貨交易法及期貨商管理規則：交易人於期貨商處完成開戶手續，並**將保證金存入期貨商之客戶保證金專戶後**，才可下單交易。
> 故本題(1)為正確。

(2) | **218** 履約價格7,200之加權股價指數賣權在最後結算價7,150點時，每口會有多少價值？
(1)10,000元　　　　　　(2)2,500元
(3)0元　　　　　　　　(4)50元。

> **解析** 賣出臺灣加權股價指數選擇權一點價值50元，
> 履約價格7,200－結算價格7,150＝50點，
> 每口價值＝50×50＝2,500
> 故本題(2)為正確。

2-6 期貨市場的功能

· (1)避險功能　(2)價格發現功能　(3)投機功能

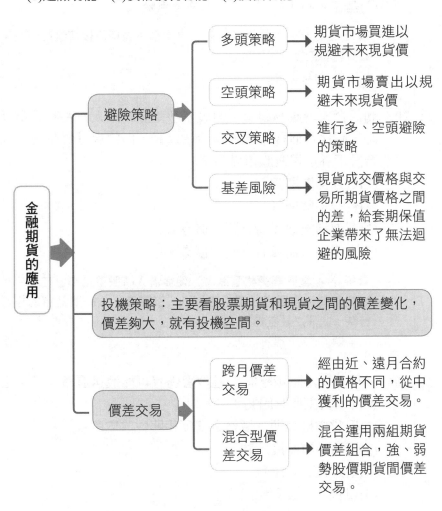

(3) | **204** 通常避險策略會一直維持，而且儘可能愈接近期貨契約到期日時，才結束避險策略，其中最主要的考量為：
(1)交易成本低　　　　(2)價格波動性大
(3)基差風險小　　　　(4)基差風險大。

> **解析** 當期貨合約**臨近交割時**，**現貨價格與期貨價格趨於一致**，二者的基差接近於零。
> 故本題(3)為正確。

(2) | **205** 利用合成資產的觀念，當股票型基金經理人看壞股票市場時，應採行何種方式進行資產重置，而使現行資產轉移成合成債券以規避股市風險？
(1)買進指數期貨
(2)賣空指數期貨
(3)買進指數期貨而且買進債券
(4)賣空指數期貨而且賣空債券。

> **解析** 當某種**股票價格看跌時**，便從借入該股票拋出，在發生實**際交割前**，將賣出股票如數補進，**交割時**，只結清差價的投機**行為**，此稱之賣空指數期貨。
> 故本題(2)為正確。

(2) | **206** 採行完全避險策略時，避險者仍有可能遭遇追繳保證金之情況，其主要原因為：
(1)現貨價格與期貨價格之變動相關性改變所致
(2)逐日結算制度所致
(3)基差值改變所致
(4)現貨價格波動性增大所致。

> **解析** 結算公司根據每一交易日期貨契約之結算價**逐日結算**，計算客戶保證金專戶存款餘額，以**確實反映市價**。期貨帳戶經結算後，如有盈餘則將款項撥入保證金專戶，如有**虧損則自保證金專戶扣除**，稱之逐日結算制度。
> 故本題(2)為正確。

(3) | **207** 輕油裂解廠通常會如何避險？

(1)買有鉛汽油期貨，賣無鉛汽油期貨

(2)買無鉛汽油期貨，賣有鉛汽油期貨

(3)買原油期貨，賣無鉛汽油期貨

(4)買有鉛汽油期貨，賣原油期貨。

> **解析** 輕油裂解廠主要是煉無鉛汽油，**原油是成本，無鉛汽油是成品**，為了**避免未來原油上漲造成成本增加**，故買原油期貨避險、賣無鉛汽油期貨。
>
> 故本題(3)為正確。

(4) | **208** 股價指數期貨無法規避：

(1)市場風險　　　　　　(2)系統風險

(3)指數型投資組合之風險　(4)股利變動之風險。

> **解析**
>
> (1)當投資人手上抱有股票，認為行情短線偏空，卻又不想出脫持股，即可買進股價指數期貨彌補現貨部位可能遭受的損失，故可以規避市場風險。
>
> (2)當持有現股時，認為現股具有上漲潛力，但無奈大環境不佳時，則可利用放空期指來避掉系統風險。
>
> (3)利用股價指數期貨契約，投資人可在看好整體經濟發展時，同時投資多種股票，降低個別股票所帶來的風險，並省去挑選股票的麻煩。故可以規避指數型投資組合之風險。
>
> (4)單一公司股利變動，對股價指數影響不大。
>
> 故股價指數無法規避此類風險。本題題解為(4)。

(4) | **209** 以下何者不是期貨投機活動的正常功能？
(1)風險移轉　　　　　　　(2)增加市場的流動性
(3)有助於期貨價格的穩定　(4)操控期貨價格。

> **解析** 期貨投機活動功能：
> 1.承擔價格風險。
> 2.提高市場流動性。
> 3.保持價格體系穩定。
> 4.形成合理的價格水平。
> 故本題(4)為非。

(1) | **292** 外資匯入美元，投資臺灣股市，唯恐將來匯出時新台幣貶
值，可如何規避匯率風險？
(1)買無本金交割遠期美元（NDF）
(2)買入即期美元
(3)買入美元賣權
(4)賣出美元買權。

> **解析** 無本金交割遠期外匯（NDF，Non-Delivery Forward），
> 屬於遠期外匯商品，具有避險功能。當合約到期時，交易雙方
> 不需交割本金，只就合約議定遠期匯率與到期時的即期匯率間
> 的差額，進行交割。
> 故本題(1)為正確。

2-7 投資組合的觀念

- 投資組合指交易者所持有的一組資產,是由多種形式的資產構成,包括股票、債券、大宗商品或衍生性金融商品。投資組合反映了相應交易者的風險承受能力及其構建投資組合的投資策略要素。

- 投資組合的種類

風險高低	積極成長型	投資於高科技股、新公司股票、投機股、認股權證等風險甚大的標的,藉以賺取最高的利潤。 如:認股權證基金、小型股基、特殊產業基金等。
	成長型	追求長期穩定的成長,多投資於大型績優股或有潛力的股票上,具有增值與保值的雙重效果,此種基金有中高風險、中高報酬的特性,以股票型基金為代表。
	平衡型	追求資金的成長與穩定的收益,多投資於獲利穩定的股票及有固定收益的債券上,風險比成長型基金來得小,但收益比收益型基金更優,屬中風險、中報酬的基金,以平衡型基金為代表。
	收益型	追求定期的收益,多投資於有固定收益的債券票券定存,主要以債券型基金為主。
	固定收益型	追求穩定的收益,多投資於有固定收益的債券、票券、本票、定存等,風險及利潤均較收益型基金為小,以貨幣型基金為代表。
投資標的	股票基金	將資金投入於股票市場上的基金,可投資於各種類型的股票,其流動性高、報酬高,但風險也大。
	債券基金	投資於各種債券的基金,因流動性高,適合追求穩定收益的投資人。
	貨幣基金	投資貨幣市場之金融工具為標的的基金,多為短期性的投資,具流動性、高獲利,且風險低。

投資標的	貴金屬基金	資金投資於貴金屬或其相關的有價證券上。
	指數基金	依據股價指數中個股所佔的比例來作為選股的準則，於是基金的績效將與大盤的股價指數有一致性。
投資標的	特殊產業基金	投資特定領域的各式基金，投資的範圍越小，其風險越高，利潤也越高。
	保本型基金	由於將投資人的本金投資於債券，其所生的利息再投資於高風險的工具，如高風險投資不幸失敗，最壞也可以領回接近本金的資金，藉以達進可攻退可守的目標。
發行方式	開放型基金	對大眾隨時開放，投資人向基金公司購買基金時，則基金規模就變大，相反的，若賣出基金則規模變小，所以其基金的規模不固定。其買賣的價格是以單位淨值為基準，目前大部分的基金屬於此種類型。
	封閉型基金	發行在外的規模固定，在發行屆滿或達成規模後就此固定不變，投資人如欲買賣基金，需在證券交易市場裡買賣，如同股票的交易一般，其價格是由市場的供需來決定。
發行地點	海外共同基金	國外的基金公司所發行的各式基金。所募集資金的對象為母國以外的人，並不吸收母國投資人的錢。
	國內共同基金	國內的基金公司所發行的各式基金。所募集資金的對象以中華民國人民為主，也投資於本地。
投資範圍	單一市場基金	投資單一國家的金融工具為其標的而所設立的基金，風險高，但相對的利潤也最高。
	區域型基金	投資於一地區的金融工具為其標的所設立的基金，其風險及報酬介於單一市場基金與全球型基金之間。
	全球型基金	以投資全球各國的金融工具標的所設立的基金，因其標的廣泛，可充分達到分散風險的目標，基金淨值的波動也就較小。

‧投資者類型

年長者（保守型投資人）適合投資	保本型基金、定存、價值型股票、債券、指定型基金。
年輕人（積極型投資人）適合投資	積極成長型基金、高成長基金、成長型股票、高本益比股票、外匯交易。

(2) 66 下列何種類型的基金適合短期資金停泊的投資人？
(1)股票型基金　　　　　(2)貨幣市場基金
(3)固定收益型基金　　　(4)保本型基金。

> **解析** **貨幣市場基金**，**多為短期性的投資**，流動性高，且風險低。
> 故本題(2)為正確。

(1) 77 以下有關證券投資信託基金之描述，何者為非？
(1)基金資產交由證券投資信託事業保管
(2)基金資產應分散投資
(3)股票型基金係指投資股票達淨資產價值70%以上之基金
(4)指數股票型基金（ETF）可上市或上櫃，投資人可透過
　　證券商從事買賣。

> **解析** 依據證券投資信託基金管理辦法第五章第57條規定：證券
> 投資信託事業經理之基金資產，與證券投資信託事業及基金保
> 管機構之自有財產，應分別獨立。
> 故本題(1)為非。

(4) 105 結構型商品因連結標的價格變動，隨市場變化而有較高的
風險報酬，下列何者是不正當的銷售行為？
(1)應充分告知結構型商品高報酬，相對也會有高風險
(2)充分讓投資者了解商品連結標的之內容、損益計算方式
　　及可能最大之損失金額
(3)充分了解投資人之財務能力及所願承擔之損失範圍

(4)結構型商品與一般存款性質相同，但其收益較高，鼓勵
　　將存款轉為投資結構型商品。

> **解析** 結構型商品是結合債券和選擇權的一種商品，也就是把大
> 部分本金用來購買債券等固定收益的商品，而小部分本金或用
> 利息來投資連結利率、匯率或股價指數等選擇權的一種衍生性
> 金融商品。故本題結構型商品有較高風險變化時，對於選擇保
> 守的一般存款者，不應鼓勵其轉為投資結構型商品。
> 故本題(4)為不正當銷售行為。

(2)｜117 老年投資人最好投資下列那一種基金？
(1)小型股基金　　　　(2)保本型基金
(3)積極成長型基金　　(4)高科技基金。

(2)｜118 老年人較適合投資下列那一種資產？
(1)股票　　　　　　　(2)定存
(3)認購權證　　　　　(4)期貨。

> **解析** 老年人退休後並無太多穩定的收入來源，心理承受能力和
> 應變能力都較差，因此最好**不要選擇風險性高的投資方式**。
> 故本題(2)較為適合。

(2)｜219 目前臺灣市場上的封閉型基金比開放型基金數量（種類）：
(1)多　　　　　　　　(2)少
(3)一樣　　　　　　　(4)以上皆是。

> **解析**
> 1.開放式基金指投資人直接向基金公司或其代理機構購買及賣
> 　出基金，以基金淨值作為買入賣出價格，開放式基金的規模
> 　會隨著投資人的買入賣出而增加。
> 2.封閉式基金指一個基金在一開始募集完成之後，就不再由投
> 　資人直接或間接向基金公司購買，而是在股票市場上向其他
> 　擁有基金的購買人購買，因此基金的規模不會因為買賣而增
> 　加或減少，此外，由於市場上的預期漲跌心理，實際買賣的
> 　價格可能會與基金淨值有一段差距。
> 目前臺灣投資人接觸最多的海外基金，多屬開放式基金。
> 故本題(2)為正確。

(1) │ **224** 收入穩定的年輕投資人較適合投資下列那一種基金？
(1)積極成長型基金　　　(2)保本型基金
(3)固定收益型基金　　　(4)債券型基金。

(2) │ **225** 下列那一種股票型基金屬於較積極型投資人所投資的？
(1)指數型基金　　　　　(2)成長型股票基金
(3)價值型股票基金　　　(4)低本益比股票基金。

(2) │ **226** 下列那一種股票型基金較屬於保守型投資人所投資的？
(1)積極成長型股票基金 (2)價值型股票基金
(3)中小型股基金　　　　(4)高本益比股票基金。

(2) │ **227** 積極的投資人較可能投資下列那一種股票？
(1)低本益比股票　　　　(2)高本益比股票
(3)低市價淨值比股票　　(4)低市價現金流量比股票。

(1) │ **228** 下列敘述何者正確？　A.投信投顧公司代客操作應顧及職
業道德；B.投信投顧公司代客操作應建立防火牆
(1)A.、B.都正確　　　　(2)只A.正確
(3)只B.正確　　　　　　(4)A.、B.都不正確。

> **解析** 投信是向不特定人募集證券投資信託基金，發行受益憑
> 證，或向特定人募集證券投資信託基金，交付受益憑證，從事
> 於有價證券、證券相關商品或其他經主管機關（金管會）核准
> 項目的投資或交易。

(1) │ **229** 下列敘述何者正確？　A.投信投顧公司代客操作應顧及客
戶的投資目標與限制條件；B.投信投顧公司代客操作應顧
及客戶的財富背景與承擔風險的限度
(1)A.、B.都正確　　　　(2)只A.正確
(3)只B.正確　　　　　　(4)A.、B.都不正確。

(4) 230 下列敘述何者不正確？
(1)投信投顧公司代客操作應顧及客戶的投資目標
(2)投信投顧公司代客操作應顧及客戶的投資限制條件
(3)投信投顧公司代客操作應顧及客戶的財務狀況
(4)投信投顧公司代客操作不需考慮防火牆的建立。

> **解析** 防火牆指一個由軟體和硬體設備組合而成、在內部網和外部網之間、專用網與公共網之間的界面上構造的保護屏障。一種獲取安全性方法的形象說法，使Internet與Intranet之間建立起一個安全網關，從而保護內部網免受非法用戶的侵入，投信投顧公司代客操作，客戶當然希望自己的資料可以得到保護下進行投資，防火牆的建立是必要的，故本題(4)有誤。

(1) 231 下列敘述何者較正確？
(1)投資人應該相信基金經理人的專業知識與能力，但不一定能保證獲利
(2)因為專業經理人的專業知識與能力都佳，所以操作績效一定佳
(3)投資人應該相信有線電視（第四台）投顧解盤節目推薦之股票
(4)投資人應該相信有線電視（第四台）投顧解盤節目推薦進出股市之時機。

(3) 232 下列敘述何者正確？A.只要簽定充份授權合約，投顧代客操作就可以不管投資人的年齡與財務狀況，積極操作。B.如果客戶是退休人員，投顧代客操作就應該注意投資安全性。
(1)A.、B.都正確　　(2)只A.正確
(3)只B.正確　　(4)A.、B.都不正確。

(1) | **233** 下列敘述何者正確？A.投信基金經理人不應該一方面替公家退撫基金操盤，同時私下替個人大戶代客操作。B.投顧公司應該定期與委託操作之客戶保持聯繫，告知績效近況與對未來證券市場之看法。
(1)A、B.都正確 (2)只A.正確
(3)只B.正確 (4)A、B.都不正確。

(1) | **235** 下列敘述何者正確，何者錯誤？a.股市投資屬於高風險，所以一定能得到高報酬 b.想要獲得高報酬，可以投資股市，因為股市風險高
(1)敘述a錯誤，b正確 (2)敘述a正確，b錯誤
(3)敘述a、b皆錯誤 (4)敘述a、b皆正確。

(1) | **237** 根據投信投顧相關法規，下列敘述何者正確？A.合法的投信投顧業者可以私募基金；B.私人也可以私募基金來投資
(1)只有A.正確 (2)只有B.正確
(3)A、B.都正確 (4)A、B.都不正確。

(1) | **239** 下列那一敘述何者正確：A.假設其他條件一樣的話，股票之系統風險越高，其股票市場價值越高；B.假設其他條件一樣的話，股票之風險貼水越低，其股票市場價值越高
(1)只有B.正確 (2)A、B.都正確
(3)只有A.正確 (4)A、B.都不正確。

(2) | **240** 開放型共同基金（Mutual funds）是：
(1)追逐絕對報酬
(2)追逐相對於標竿（benchmark）高的報酬
(3)報酬波動性一定很低的投資
(4)投資人與投信公司議價買進基金。

解析 開放型基金乃指資本額不設限的基金，投資人隨時可以向基金公司買入或贖回基金。此種基金較適合投資於市場規模大且資金流動性較高的市場，或分散投資於多個市場上。
故本題(2)為正確。

(3) 242 下列敘述何者較正確？A.針對全國基金績效評比時，不管基金經理人管的是何種基金，只要報酬率最高，基金經理人績效就是最好；B.針對全國基金績效評比時，不管基金經理人管的是何種基金，只要調整風險後的報酬率最高，基金經理人績效就是最好
(1)A.、B.都正確　　　(2)A.正確
(3)B.正確　　　　　　(4)A.、B.都不正確。

(3) 243 下列敘述何者較正確？A.專門投資高科技產業股票的基金，其最適合用來比較績效的標竿（Benchmark）是股票市場指數；B.投資人如果自己無專業投資知識，只好精挑細選基金來投資，這也是一種積極式的投資策略
(1)A.、B.都正確　　　(2)A.較正確
(3)B.較正確　　　　　(4)A.、B.都不正確。

(2) 244 股票型基金經理人作挑選證券決策時，較會考慮：
(1)那一類資產有較佳之展望？
(2)那一產業有較佳之展望？
(3)要不要決定買那一種股票指數型商品？
(4)那一證券有較多利多的小道消息？

(4) 245 投資人在挑選基金時比較不會受到下列哪項因素之影響？
(1)基金公司聲譽　　　(2)基金的績效
(3)基金規模　　　　　(4)基金經理人的性別。

(3) | **246** 如果軍公教人員退撫基金採消極式操作之策略，可將基金：
(1)交由專業經理人挑選證券
(2)交由專業經理人決定投資某一類資產之時機
(3)投資指數型基金
(4)大部分投資在熱門股上。

> **解析** **投資指數型基金，是消極管理投資基金的主要形式**，有時候被用來替代所有的消極管理投資基金。
> 故本題(3)為正確。

(3) | **247** 如果軍公教人員退撫基金採積極式操作之策略，可將基金 A.部分委託國內專業基金經理人管理；B.部份委託國外專業基金經理人管理
(1)不能採用A.法　　　(2)不能採用B.法
(3)A.及B.法皆可用　　(4)A.及B.法皆不可用。

(3) | **248** 下列敘述，何者為真？A.封閉型基金有時候會產生折價之現象；B.開放型基金則是以淨值贖回，所以無折價之現象
(1)只有A.為真　　　(2)只有B.為真
(3)A.與B.都為真　　(4)A.與B.都不真。

(1) | **249** 下列敘述，何者為真？A.封閉型基金是在集中市場交易；B.開放型基金（ETF除外）也可以在集中市場交易
(1)只有A.為真　　　(2)只有B.為真
(3)A.與B.都為真　　(4)以上皆非。

> **解析** 封閉型基金在證券交易場所上市交易，而開放型基金在銷售機構的營業場所申購及贖回，不上市交易。
> 故本題只有A.為真。

(2) **250** 採定期定額投資共同基金時，下列敘述何者正確？I.當股價愈高時，可購得之基金單位數愈多；II.當股價愈高時，可購得之基金單位數愈少；III.當股價下跌時，可購得之基金單位數愈多；IV.當股價下跌時，可購得之基金單位數愈少

(1)I、III對　　　　　　(2)II、III對

(3)I、IV對　　　　　　(4)II、IV對。

(2) **252** 下列何者不是封閉型基金的特性？

(1)發行單位數是固定的

(2)買賣價格是依基金淨值

(3)基金沒有贖回壓力

(4)基金大部分時間會有折溢價的狀況發生。

> **解析** 封閉型基金指一個基金在一開始募集完成之後，就不再由投資人直接或間接向基金公司購買，而是在股票市場上向其他擁有基金的購買人購買，因此基金的規模不會因為買賣而增加或減少，又由於市場上的預期漲跌心理，實際買賣的價格可能會與基金淨值有一段差距。
>
> 故本題(2)為非。

(3) **253** 下列何者是開放型基金的特性？

(1)買賣價格是依交易所市價

(2)基金沒有贖回壓力

(3)發行單位數是非固定的

(4)基金大部分時間是處於折價狀態。

> **解析** 開放型基金指投資人直接向基金公司或其代理機構購買及賣出基金，以基金淨值作為買入賣出價格，開放式基金的規模會隨著投資人的買入賣出而增加。
>
> 綜上所述：
>
> (1)買賣價格是基金淨值。
>
> (2)基金有贖回壓力。

(3)發行單會隨著投資人買入賣出增加減少，是非固定的。
(4)買賣價格等於基金淨值，沒有折溢價發生。
故本題(3)為正確。

(3) | **254** 下列何者不是投資共同基金的好處？
(1)分散投資風險　　　　　(2)專業機構管理
(3)基金經理人保證獲利　　(4)具有良好的流通性。

解析 投資共同基金，選擇基金時也選擇了基金經理人的專業，但在專業的判斷也是絕大部分情形時，許多不是經理人可以預期的狀況有可能會發生，例如天災，故**任何基金經理人都無法保證投資共同基金一定會獲利**。
本題(3)有誤。

(1) | **255** 開放型基金可以下列那種方式贖回？
(1)淨值　　　　　　　　　(2)掛牌市價
(3)買進成本　　　　　　　(4)面額。

解析 開放型基金投資人可以隨時依據基金淨值報價，直接向基金公司買進、贖回或轉換，不須透過集中市場撮合交易。
故本題(1)為正確。

(4) | **256** 以下何者是一般對沖基金操作手法或目的？
(1)高度槓桿　　　　　　　(2)套利
(3)積極買賣衍生性商品　　(4)以上皆是。

解析 對沖基金是利用財務工程為基礎，同時運用現貨和衍生性金融商品，透過此基金在募集時所設定的投資策略來賺取絕對穩定的報酬。而避險基金主要的精神在於經理人巧妙運用多空部位來規避市場風險。
故本題(4)為正確。

(2) | **257** 以下何者不是共同基金操作手法或目的？
(1)獲利目標是要擊敗標竿之報酬率
(2)積極買賣衍生性商品
(3)追求相對報酬
(4)以上皆非。

> **解析** 共同基金是由基金經理的專業金融從業者管理，向社會投資者公開募集資金以投資於證券市場的營利性的公司型證券共同基金。共同基金購買股票、債券、商業票據、商品或衍生性金融商品，以獲得利息、股息或資本利得。
> 故本題(2)為非。

(3) | **258** 以下何者是一般對沖基金操作手法？A：套利，B：積極買賣衍生性商品
(1)只有A正確　　　　　　　(2)只有B正確
(3)A與B都正確　　　　　　(4)A與B都不正確。

> **解析** 對沖基金（也稱避險基金或套利基金），當時的操作宗旨在於利用期貨、期權等金融衍生產品以及對相關聯的不同股票進行空買空賣、風險對沖的操作技巧，在一定程度上可規避和化解投資風險。
> 故本題(3)為正確。

2-8 投資組合的策略

風險的種類 ▶	1. 利率風險：利率的變動導致實際報酬變化的風險。 2. 市場風險：足以影響金融市場全面性的衝擊的因素產生的風險。 3. 購買力風險：影響全面性的金融市場，其來源為特定的通貨膨脹。 4. 事業風險：個別公司在經營過程中所產生的風險。 5. 財務風險：企業使用負債融資，成本過高而產生的風險。 6. 流動性風險：指資產買入後，不易脫手的風險。 7. 變現風險：當買入的股票，未能在合理價下賣出，不能收回資金的風險。 8. 事件風險：發生某事件，對該股價有沉重打擊。這種事件風險通常都是突如其來的。 9. 純粹風險：只有損失機會而沒有獲利可能的風險。 10. 投機風險：既有損失的機會也有獲利可能的風險。
系統風險 ▶	無法透過多角化分散掉的風險。
非系統風險 ▶	可在多角化過程中被分散掉的風險。

(4) | **102** 下列何者係指金融資產之變現能力或指無法以合理價格軋平部位所產生之風險？

(1)作業風險 　　　　　(2)信用風險

(3)市場風險 　　　　　(4)流動性風險。

> **解析** 流動性風險是指因市場成交量不足或缺乏願意交易的對手，導致未能在理想的時點完成買賣的風險。
> 故本題(4)為正確。

(1)｜104 下列何者不是結構型商品的主要風險？
(1)作業風險　　　　　　　(2)信用風險
(3)流動性風險　　　　　　(4)匯兌風險。

> **解析** 投資結構型商品主要風險：
> 1.連結標的風險
> 2.利率風險
> 3.**流動性風險**
> 4.**匯兌風險**
> 5.其他風險：**信用風險**、國家風險、稅賦風險、法律風險及再
> 　投資風險等。
> 故本題(1)為非。

(3)｜119 下列何者不是市場風險（market risk）？
(1)利率之變化　　　　　　(2)通貨膨脹率之變化
(3)特定企業之營運變化　　(4)全球石油危機。

> **解析** 市場風險是指未來市場利率、匯率、股票價格和商品價格
> 的不確定性，對企業實現其既定目標的不利影響。
> 市場風險可以分為利率風險、匯率風險、股票價格風險和商品
> 價格風險，這些市場因素可能直接對企業產生影響，也可能是
> 通過對其競爭者、供應商或者消費者間接對企業產生影響。
> 故本題(3)為非。

(3)｜120 就投資管理而言，認為市場隨時存在價格失衡之證券，而
利用研究分析選出價格低估之證券，以求績效擊敗大盤之
管理方式稱為？
(1)被動式管理（passive management）
(2)部位式管理（position management）
(3)主動式管理（active management）
(4)效能式管理（effective management）。

> **解析** 主動式管理基金指基於信息優勢並獨立判斷進行投資的基金。被動式管理基金不認為基金績效可以超越大盤,「不能打敗它,就複製它」的想法油然而生。指數基金即為被動式管理的代表。故本題(3)正確。

(1) | **220** 基金經理人掌握增減基金持股比率的時機,這就是一種:
(1)積極式(主動式)的資產配置(asset allocation)
(2)消極式(被動式)的資產配置
(3)精挑細選證券(selection)
(4)以上皆非。

> **解析** 積極型投資策略著重掌握市場分析、利率預測、及運用市場報價無效率、失衡時進行交易,以期獲取額外利潤。
> 故本題(1)為正確。

(1) | **221** 下列敘述何者正確?A.就投資組合管理而言,積極式的操作包括尋找股價偏低的股票來投資;B.就投資組合管理而言,消極式的操作包括購買指數型基金
(1)A.、B.都正確　　(2)只A.正確
(3)只B.正確　　(4)A.、B.都不正確。

(1) | **222** 金控公司員工退休基金如果重視投資風險之分散,其退休基金股票組合中對於金融類股的權數最好應該要:
(1)降低權數,以規避員工收益過度集中之分散
(2)加重權數,因為自認為相當了解此一產業
(3)不變
(4)零持股。

(3) │ **223** 國內已有很多已上市公司鼓勵員工以購買自家股票之方式
　　　　　　儲存退休金，其主要理由並非基於下列那一項？
　　　　　　(1)穩定公司股票籌碼
　　　　　　(2)員工盼望，如果公司營運將來大幅成長的話，將來可能
　　　　　　　　有筆很可觀之退休金
　　　　　　(3)分散風險
　　　　　　(4)降低員工流動率。

(1) │ **234** 如果目前某檔股票的真實價值遠高於其市場價值，投資人
　　　　　　應該：
　　　　　　(1)增加其在投資組合內之權數
　　　　　　(2)降低其在投資組合內之權數
　　　　　　(3)出清此股票
　　　　　　(4)不需變動投資組合。

(1) │ **236** 投資BBB股票，成本每股是20元，賣出價格是22元，投資
　　　　　　期間收到現金股息3元，如果不考慮交易成本，則投資報
　　　　　　酬率是：
　　　　　　(1)25%　　　　　　　　(2)10%
　　　　　　(3)0%　　　　　　　　 (4)40%。

> **解析** 投資獲利＝賣出價格22－成本20＋股利3＝5
> 投資報酬率＝5÷20=25%
> 故本題(1)為正解。

(3) │ **238** 投資人如何降低其投資組合之系統風險？
　　　　　　(1)系統風險只要透過分散投資風險性資產就可降低
　　　　　　(2)系統風險是不可分散之風險，所以投資組合無法降低系
　　　　　　　　統風險
　　　　　　(3)系統風險是可以透過部分投資無風險性資產來降低
　　　　　　(4)以上皆非。

(3) | **241** 某基金的市場波動度是9.9%，而同一時間市場波動度是9%，則該基金的β值是？

(1)1.2　　　　　　　　(2)0.09

(3)1.1　　　　　　　　(4)以上皆非。

> **解析** 計算一段特定時間內，個別資產（本題為基金市場波動度）報酬受到系統風險（本題為市場波動度）影響的大小，通常以β（Beta）來表示。
>
> $\beta = 9.9\% \div 9\% = 1.1$

(4) | **251** 定期定額投資開放式基金

(1)應該短線高出低進

(2)不適合沒有時間看盤的投資人

(3)不適合長期投資

(4)認為基金淨值早晚會漲超過定期定額投資的平均成本。

> **解析** 採用基金定期定額投資方式，不論市場行情如何波動，每個月固定一天定額投資基金，投資者購買基金的資金是按期投入的，投資的成本也比較平均，是一種長期投資的方式，並認為基金淨值會超過平均成本。
>
> 故本題(4)為正確。

第三章 銀行實務

3-1 銀行的基本概念

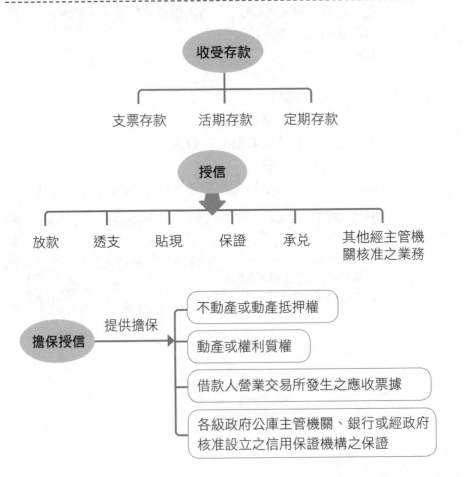

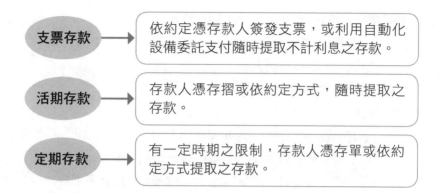

支票存款 → 依約定憑存款人簽發支票，或利用自動化設備委託支付隨時提取不計利息之存款。

活期存款 → 存款人憑存摺或依約定方式，隨時提取之存款。

定期存款 → 有一定時期之限制，存款人憑存單或依約定方式提取之存款。

- 防制洗錢金融行動工作組織（FATF）是一個獨立的跨政府組織，負責制訂與推廣相關政策，以保護全球金融系統免於遭受洗錢與資恐的傷害。FATF所發佈的建議書，定義了為解決這些問題而應執行的刑事司法與法規措施。這些建議還包括國際合作與金融機構及其他單位（例如：賭場、不動產經紀商、律師以及會計師）所採取的預防性措施。FATF所提建議是全球防制洗錢（AML）與打擊資助恐怖主義（CFT）的公認標準。

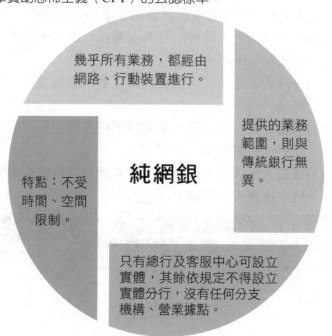

幾乎所有業務，都經由網路、行動裝置進行。

提供的業務範圍，則與傳統銀行無異。

特點：不受時間、空間限制。

純網銀

只有總行及客服中心可設立實體，其餘依規定不得設立實體分行，沒有任何分支機構、營業據點。

(4) | **85** 學生申請信用卡有什麼限制？
(1)正卡申請人應年滿20歲，附卡申請人應年滿15歲
(2)以3家發卡機構為限
(3)每家總額度最高新台幣2萬元
(4)以上皆是。

> **解析** 學生申請信用卡之最新規定：
> 一、對於**年滿15歲未滿18歲者以申請附卡為原則**，如需申請正卡，必須由發卡機構親自核對法定代理人簽名同意或由法定代理人代為向發卡機構提出申請或申請人持續12個月有穩定之收入且經法定代理人同意，才可受理。
> 二、對於年滿18歲，且申請書填載學生身分者，各發卡機構應將其發卡情事函知持卡人之父母，請其注意持卡人使用之情形，持卡人所持有卡片**以3家發卡機構為限**，且每家發卡機構所核給之歸戶**額度不得逾2萬元**。
> 官方題庫尚未因民法下修成年年齡而修正，作答時請注意。

(1) | **86** 依民法規定，有關保證之敘述，下列何者錯誤？
(1)保證債務對主債務均有其從屬性，故主債務人拋棄其抗辯權者，保證人即不得為該主張
(2)保證人之負擔較主債務人為重者，應減縮至主債務人之程度
(3)債權人允許主債務人延期清償時，須經保證人同意，否則不負保證責任
(4)保證人向債權人清償後，於其清償限度內取得債權人對於主債務人之債權。

> **解析** 民法稱保證者，謂當事人約定，一方於他方之債務人不履行債務時，由其代負履行責任之契約。
> 故本題(1)為正確。

(3) 87 提供下列何者作為對銀行授信之擔保，不屬於銀行法所稱之擔保授信？
(1)定期存單設定之權利質權
(2)不動產或動產抵押權
(3)鄉鎮市公所所出具之保證函
(4)借款人營業交易所發生之匯票或本票。

解析 根據銀行法第12條規定：提供下列擔保品為對銀行之授信：
一、不動產或動產抵押權。
二、動產或權利質權。
三、借款人營業交易所發生之應收票據。
四、各級政府公庫主管機關、銀行或經政府核准設立之信用保證機構之保證。
本題(3)鄉鎮市公所所出具之保證函，不屬於上列各項。

(2) 88 良好的內部控制可以利用環境相扣的內控措施減少弊端的發生，降低損失，下列何者不屬於內控措施？
(1)日常運作之牽制　　(2)獎懲制度
(3)命令休假　　　　　(4)內部自行查核。

(3) 89 銀行理財專員介紹金融商品時，下列何者為錯誤之行為？
(1)提供商品說明書、告知金融商品投資之標的，管理費用及相關費用等
(2)先對客戶進行客戶屬性之問卷，瞭解客戶之投資屬性
(3)未提供客戶金融商品之風險預告書並做說明
(4)充分告知商品之獲利及可能之損失，不提供獲利之保證。

(2)｜101 銀行辦理自用住宅及消費性貸款，如已徵提足額擔保，下列何者敘述是錯誤的？
(1)借款人如為補強信用，仍可主動提供一般保證人
(2)貸款人就業不久，恐無負擔能力，得徵提連帶保證人
(3)銀行辦理擔保貸款應以一定金額為限
(4)銀行未來求償時，應先就借款人求償，不足部分得向保證人求償。

> **解析** 根據銀行法第12-1條規定：銀行辦理自用住宅放款及消費性放款，**已取得前條所定之足額擔保時**，**不得要求借款人提供保證人**。
> 故本題(2)是錯誤的。

(4)｜136 金融機構確認客戶身分時，有下列何種情形，應予以婉拒建立業務關係？
(1)出示之身分證明文件均為影本
(2)客戶不尋常拖延應補充之身分證明文件
(3)疑似使用匿名、假名、人頭、虛設行號
(4)以上皆是。

> **解析** 金融機構防制洗錢辦法第4條規定：金融機構確認客戶身分時，有下列情形之一者，應予以婉拒建立業務關係或交易：
> 一、疑似使用匿名、假名、人頭、虛設行號或虛設法人團體開設帳戶、投保或辦理儲值卡記名作業。
> 二、客戶拒絕提供審核客戶身分措施相關文件。
> 三、對於由代理人辦理開戶、儲值卡記名作業、註冊電子支付帳戶、投保、保險理賠、保險契約變更或交易者，且查證代理之事實及身分資料有困難。
> 四、持用偽、變造身分證明文件。
> 五、出示之身分證明文件均為影本。但依規定得以身分證明文件影本或影像檔，輔以其他管控措施辦理之業務，不在此限。
> 六、提供文件資料可疑、模糊不清，不願提供其他佐證資料或提供之文件資料無法進行查證。

七、客戶不尋常拖延應補充之身分證明文件。

八、建立業務關係對象為資恐防制法指定制裁之個人、法人或團體，以及外國政府或國際組織認定或追查之恐怖分子或團體。但依資恐防制法第六條第一項第一款至第三款所為支付不在此限。

九、建立業務關係或交易時，有其他異常情形，客戶無法提出合理說明。

故本題(4)為正確。

(4) 271 存款有一定時期之限制，存款人憑存單或依約定方式提取，並得以之質借之存款，稱為下列何者？

(1)支票存款　　　　　(2)活期存款

(3)活期儲蓄存款　　　(4)定期存款。

解析 依據銀行法第8條規定：本法稱定期存款，謂有一定時期之限制，存款人憑存單或依約定方式提取之存款。

故本題(4)為正確。

(1) 272 銀行兌付可轉讓定期存單、商業本票、國庫券之利息時，應按給付額多少百分比扣繳利息所得稅？

(1)10%　　　　　　(2)15%

(3)20%　　　　　　(4)30%。

解析 利息所得的扣繳率如下：

一、短期票券之利息按給付額扣取10%。

二、軍、公、教退休（伍）金優惠存款之利息免予扣繳。

三、依金融資產證券化條例及不動產證券化條例規定發行之受益證券或資產基礎證券分配之利息，按分配額扣取10%。

四、其餘各種利息，一律按給付額扣取10%。

本題為第四種情況，扣繳率為10%，故本題答案為(1)。

(4) | 274 提供下列何者予銀行辦理貸款者，不屬於擔保授信？

(1)不動產抵押權

(2)動產或權利質權

(3)政府核准設立之信用保證機構保證

(4)借款人開立之票據。

> **解析** 提供之擔保品，若授信金額高於鑑估值者，鑑估值以內之授信金額依其類別分列於各該項下，鑑估值以外之授信金額則列入純信用項下。鑑估值係指銀行依鑑價規定所計算之價值，非再經折扣後之核貸值。
> 借款人開立之票據，無法鑑價。
> 故本題(4)為非。

(3) | 275 可轉讓定期存單以新台幣多少元為一單位，並按其倍數發行？

(1)一萬元　　　　　　(2)五萬元

(3)十萬元　　　　　　(4)五十萬元。

> **解析** 可轉讓定期存單面額以10萬為單位，按倍數發行（分為10萬、50萬、100萬、500萬、1,000萬、5,000萬、1億，共七種）。
> 故本題(3)為正確。

(4) | 276 借款人提供房地產為擔保設定抵押權予銀行，其房屋應投保適當之保險，並以下列何者為受益人？

(1)借款人　　　　　　(2)房地產所有權人

(3)保證人　　　　　　(4)銀行。

> **解析** 銀行擔心火災造成房屋（抵押品）損失時，貸款人無力償還；為了保障銀行及貸款人，才會要求投保住宅火險，萬一意外發生時，保險公司會優先理賠給銀行，有多餘的理賠金才會回到借款人身上。
> 故本題(4)為正確。

(4) 277 有關銀行評估授信申請案件之主要考慮因素，下列何者有誤？
(1)借款人之資信　　　(2)借款資金用途
(3)還款財源　　　　　(4)介紹人之政治背景。

(2) 278 正常情況下，下列何種消費者貸款利率最低？
(1)小額信用貸款　　　(2)首次購屋貸款
(3)汽車貸款　　　　　(4)現金卡循環信用。

> **解析** 一般而言，**借款利率受到擔保品影響，擔保品為不動產時，利率優於擔保品動產，又優於沒有提供擔保品之信用貸款。** 本題(2)擔保品為房屋，所以相較於其他選項利率為低。

(2) 279 信用卡持卡人在繳款截止日前，繳足最低應繳金額，即可維持其良好信用紀錄，其餘由發卡銀行依未繳金額按月收取利息，此授信方式稱為下列何者？
(1)小額信用貸款　　　(2)循環信用
(3)簡易貸款　　　　　(4)資本支出貸款。

> **解析** 指在信用額度內之簽帳消費及預借現金等應繳款項，未於繳款截止日前全數繳清，只須繳交繳款通知書上之最低應繳金額，即可在可用額度內繼續使用信用卡功能的權利，所結欠之款項則須繳交循環息，稱之循環信用。
> 故本題(2)為正確。

(1) 281 與卡片結合，提供消費者隨時透過自動提款機支借現金，以利救急使用之無擔保消費性貸款稱為下列何者？
(1)現金卡　　　　　　(2)簽帳卡
(3)認同卡　　　　　　(4)轉帳卡。

> **解析** **現金卡屬於無擔保消費性貸款，** 提供消費者可隨時透過自動提款機預借現金，做為短期急需資金之運用，現金卡所收取利息及費用標準，係依據借款人及銀行雙方簽訂之契約內容而定。
> 故本題(1)為正確。

(3) 293 依中央銀行規定，下列何者非屬銀行應提存準備金之存款範圍？
(1)支票存款　　　　　　　(2)儲蓄存款
(3)公教人員退休金存款　　(4)定期存款。

> **解析** 金融機構存款及其他各種負債準備金調整及查核辦法第3條規定：金融機構應提存準備金之存款範圍如下：
> 一、支票存款（包括支票存款、領用劃撥支票之郵政劃撥儲金、保付支票、旅行支票）。
> 二、活期存款（包括活期存款、未領用劃撥支票之郵政劃撥儲金、辦理現金儲值卡業務預收之現金餘額或備償額、儲存於電子票證或電子支付帳戶之儲值款項）。
> 三、儲蓄存款（包括活期儲蓄存款、行員活期儲蓄存款、郵政存簿儲金；整存整付儲蓄存款、零存整付儲蓄存款、整存零付儲蓄存款、存本付息儲蓄存款、行員定期儲蓄存款、郵政定期儲金之定期儲蓄存款等）。故本題(3)不包含在內。

(4) 304 下列何項敘述非屬純網路銀行的明顯獨特特色？
(1)沒有實體分行　　　　　(2)沒有實體ATM機器
(3)營業時間無限制全年無休　(4)透過APP提供金融服務。

> **解析** 純網路銀行是網路銀行概念中的一個分支，其無分支機構，也沒有任何營業據點，只**透過電腦、行動裝置、ATM、電話、信件等途徑提供銀行服務**，與傳統銀行亦完全分離，本身具備獨立法人資格的銀行。
> 故本題(4)為非。

(3) 305 下列何者非屬我國核准設立之純網路銀行？
(1)連線銀行　(2)將來銀行　(3)新網銀行　(4)樂天銀行。

> **解析** 金管會開放設立純網路銀行（下稱純網銀）後，計有連線商業銀行籌備處、將來商業銀行籌備處及樂天國際商業銀行籌備處提出申請（依遞件申請先後排序），經成立審查會進行評選，金管會於108年7月30日宣布，3家均獲得設立許可。
> 故本題(3)為非。

(1) **345** 發票人簽發一定之金額，委託付款人於指定之到期日，無
條件支付與受款人或執票人之票據，稱之為下列何者？
(1)匯票　　　　　　　　(2)本票
(3)支票　　　　　　　　(4)保付支票。

> **解析** 匯票是出票人簽發，委託付款人在見票時或者在指定日期
> 無條件支付確定的金額給收款人或者持票人的票據。
> 故本題(1)為正確。

(1) **346** 凡出售商品或提供勞務之相對人簽發之匯票，委託銀行為
付款人而經其承兌者，稱之為下列何者？
(1)銀行承兌匯票　　　　(2)商業承兌匯票
(3)交易性商業本票　　　(4)融資性商業本票。

> **解析** 銀行法所稱商業票據，謂依國內外商品交易或勞務提供而
> 產生之匯票或本票。
> 前項匯票以出售商品或提供勞務之相對人為付款人而經其承兌
> 者，謂商業承兌匯票。
> 前項相對人委託銀行為付款人而經其承兌者，謂銀行承兌匯票。
> 故本題(1)為正確。

(2) **347** 凡出售商品或提供勞務之相對人簽發之匯票，以相對人
（非銀行）為付款人而經其承兌者，稱之為下列何者？
(1)銀行承兌匯票　　　　(2)商業承兌匯票
(3)交易性商業本票　　　(4)融資性商業本票。

> **解析** 商業承兌匯票是由銀行以外的付款人承兌的票據。商業承
> 兌匯票可以由付款人簽發並承兌，也可以由收款人簽發交由付
> 款人承兌。
> 故本題(2)為正確。

(2) 348 發票人簽發一定之金額，於指定之到期日，由自己無條件支付與受款人或執票人之票據，稱之為下列何者？
(1)匯票　　　　　　　(2)本票
(3)支票　　　　　　　(4)承兌匯票。

> **解析** 本票是一項書面的無條件的支付承諾，由一個人作成，並交給另一人，經執票人簽名承諾，即期或定期或在可以確定的將來時間，支付一定數目的金錢給一個特定的人或其指定人。
> 故本題(2)為正確。

(4) 349 下列何者非屬因出售商品或勞務之交易行為所簽發之票據？
(1)銀行承兌匯票　　　(2)商業承兌匯票
(3)交易性商業本票　　(4)融資性商業本票。

> **解析** 商業本票分交易性商業本票與融資性商業本票，前者係因實際交易行為所產生之交易票據，後者係依法登記之公司組織與政府事業機構為籌集資金所發行之票據，一般企業發行融資性商業本票多經金融機構保證。
> 故本題(4)為正確。

3-2 貨幣供給量

- 貨幣供給量＝在某一個特定時間點中，貨幣資產的總量。

  (1) 貨幣總計數M1A＝通貨淨額（社會大眾手中持有的通貨）＋支票存款＋活期存款

  (2) 貨幣總計數M1B＝M1A＋活期儲蓄存款

    貨幣總計數M2＝M1B＋準貨幣（定期存款＋定期儲蓄存款＋外幣存款＋郵政儲金＋附買回交易RP餘額＋外國人持有之新台幣存款）

- 中央銀行業務範圍：

  (1) 貼現窗口融通業務之辦理。

  (2) 準備金之收存及查核。

  (3) 公開市場操作業務之辦理。

  (4) 轉存款業務之辦理。

  (5) 金融機構流動性之查核。

  (6) 選擇性信用管制之辦理。

  (7) 金融機構牌告利率通報之管理。

  (8) 銀行對證券金融公司及證券商資金融通之管理。

  (9) 金融支付系統之管理及跨行支付清算業務之辦理。

  (10) 其他有關金融調節事項。

(3) | **259** 下列何者係獨占發行通貨，執行貨幣政策之機構？
(1)專業銀行　　　　　　(2)商業銀行
(3)中央銀行　　　　　　(4)財政部。

(3) | **260** 下列何者非屬中央銀行之業務範疇？
(1)發行貨幣　　　　　　(2)進行公開市場操作
(3)直接對企業融通資金 (4)保管國際準備。

> **解析** 中央銀行業務如下：
> 一、貼現窗口融通業務之辦理。
> 二、準備金之收存及查核。
> 三、公開市場操作業務之辦理。
> 四、轉存款業務之辦理。
> 五、金融機構流動性之查核。
> 六、選擇性信用管制之辦理。
> 七、金融機構牌告利率通報之管理。
> 八、銀行對證券金融公司及證券商資金融通之管理。
> 九、金融支付系統之管理及跨行支付清算業務之辦理。
> 十、其他有關金融調節事項。
> 故本題(3)為非。

(4) | **261** 有關我國中央銀行之功能，下列何者錯誤？
(1)執行貨幣政策
(2)穩定匯率
(3)維持安全有效率之支付制度
(4)核定各商業銀行之牌告利率。

> **解析** 央行核定的最高存款利率內，各銀行再自行訂定並牌告各
> 期別存款利率，同時實施基本放款利率制度。
> 故本題(4)有誤，並非央行核定各銀行的牌告利率。

(1) | 262 若其他條件不變，下列何者會使本國貨幣供給量增加？
(1)國際收支順差
(2)國際收支逆差
(3)全體銀行對企業及個人信用緊縮
(4)政府財政赤字餘額減少。

> **解析** 廣義貨幣供給額（M2）
> M1a＝通貨淨額＋支票存款＋活期存款。
> M1b＝M1a＋活期儲蓄存款。
> M2＝M1b＋準貨幣。
> 準貨幣包括：定期存款＋定期儲蓄存款＋外匯存款＋郵政儲金
> 匯業局轉存款。
> 國際收支順差使外匯存款增加，因而本國貨幣供給量增加。
> 故本題(1)為正確。

(4) | 267 假設其他條件不變，下列何者可使存款貨幣的創造能力提
高而增加貨幣供給量？
(1)法定存款準備率提高
(2)銀行授信增列補償性存款之規定
(3)銀行超額準備增加
(4)法定存款準備率降低。

> **解析** 法定存款準備率是指一國中央銀行規定的商業銀行和存款
> 金融機構必須繳存中央銀行的法定準備金占其存款總額的比率。
> 如果中央銀行規定的法定存款準備率低，商業銀行上繳的存款準備
> 金就少，其可運用的資金來源就多，從而導致社會信貸量增大。
> 故本題(4)為正確。

3-3　風險考量

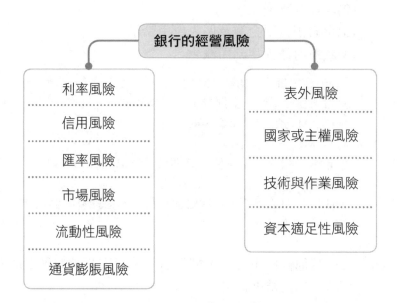

(2) | 263 銀行法中所稱資本嚴重不足，係指自有資本與風險性資產之比率低於多少百分比？
(1)1% (2)2%
(3)5% (4)8%。

> **解析** 我國銀行法第44條規定：銀行自有資本與風險性資產之比率不得低於2%。
> 故本題(2)為正確。

(3) | 264 銀行對於隨時可能發生的資金需求，因其變現能力與準備部位不足所產生的風險，稱為下列何者？
(1)信用風險（credit risk）
(2)市場風險（market risk）
(3)流動性風險（liquidity risk）
(4)營運風險（operational risk）。

> **解析** 銀行的授信與投資**常受流動性問題的困擾**。若須**急著出售授信下的擔保品或投資，可能收不回其本金與其已累積的利息**，此風險稱為流動性風險。
> 故本題(3)為正確。

(2) | **265** 當借款人或交易對手違約，致無法履行原先對銀行承諾的債務時，銀行將承受下列何種風險？
(1)營運風險　　　　　　(2)信用風險
(3)法律風險　　　　　　(4)市場風險。

> **解析** 當借款人或交易對手違約，致無法履行原先對銀行承諾的債務時，銀行將承受之風險稱之為信用風險。
> 故本題(2)為正確。

(3) | **266** 下列何項比率愈低，表示銀行資產品質愈佳？
(1)淨值報酬率　　　　　(2)資產週轉率
(3)逾放比率　　　　　　(4)存放比率。

> **解析** 逾期放款比率是指逾一定期限未正常繳納本息的放款占總放款的比率，用以**顯示金融機構的放款中可能會面臨客戶無力償還本息的情況**。
> 逾放比率越高，表示銀行放款品質越差，存款戶的存款安全性越低。
> 故本題(3)為正確。

(2) | **268** 為穩健經營，有關商業銀行資金運用之原則，下列何者有誤？
(1)安全性　　　　　　　(2)投機性
(3)流動性　　　　　　　(4)獲利性。

(3) | **269** 銀行內部控管制度如欠完備，造成人為疏失、舞弊或資訊系統操作不良，將使銀行承受何種風險所致損失？
(1)市場風險　　　　　　(2)法律風險
(3)營運風險　　　　　　(4)流動性風險。

(4) **270** 銀行將利率敏感性缺口控制在一適當水準，係用來管理下
列何項風險？
(1)營運風險　　　　　　(2)信用風險
(3)市場風險　　　　　　(4)利率風險。

> **解析** 利率風險的產生取決於兩個條件：市場利率發生波動、銀
> 行的資產和負債期限不一致。
> 利率風險的大小取決於市場利率波幅的大小及銀行資產和負債
> 期限不一致的程度。
> 故本題(4)為正確。

(3) **280** 接受特約商店持簽帳單請款者稱為下列何者？
(1)發卡銀行　　　　　　(2)信用卡客服中心
(3)收單銀行　　　　　　(4)持卡人。

> **解析** 依據信用卡業務機構管理辦法規定：收單機構（收單銀
> 行）辦理信用卡循環信用、預借現金業務、簽訂特約商店及辦
> 理相關事宜、代理收付特約商店信用卡消費帳款等業務。
> 故本題(3)為正確。

(4) **282** 有關銀行發行信用卡之風險防範措施，下列敘述何者錯誤？
(1)加強對申請人之徵信
(2)研發信用卡之防偽技術
(3)加強特約商店偽卡辨識訓練
(4)將持卡人之個人及交易資料公開化。

> **解析** 金融機構流動性風險是金融業發生總合流動性不足情況的
> 機率。例如，流動性衝擊是因為存戶提款行為造成銀行系統出
> 現流動性供給不足而發生。
> 本題(1)(2)(3)屬於此類規範範圍。
> 本題(4)主管機關對金融機構資本適足率目的在規範金融機構避免
> 操作過多的風險性資產，以確保銀行經營的安全性及財務健全性。
> 故本題(4)為非。

(4) | 294 下列何者非屬主管機關對於金融機構流動性風險之規範？
(1)法定準備金　　　　(2)最低流動比率
(3)存放比率　　　　　(4)資本適足率。

> **解析** 銀行的流動性包括兩方面的含義：一是資產的流動性，二是負債的流動性。
> 資產的流動性是指銀行資產在不發生損失的情況下迅速變現的能力；負債的流動性是指銀行以較低的成本適時獲得所需資金的能力。當銀行的流動性面臨不確定性時，便產生了流動性風險。
> 資本適足率以銀行自有資本淨額除以其風險性資產總額而得的比率。我國銀行法規定，銀行的資本適足比率必須達到2%，目的在規範金融機構避免操作過多的風險性資產，以確保銀行經營的安全性及財務健全性。
> 故本題(4)為非。

(1) | 295 銀行承辦授信業務之基本原則，下列何者非屬之？
(1)公開性　　　　　(2)安全性
(3)流動性　　　　　(4)收益性。

> **解析** 授信的基本原則：
> 1.**安全性**：授信業務之安全性，係在確保存款戶及股東之權益。
> 2.**流動性**：應避免資金的呆滯，維持適度之流動性。
> 3.公益性：能促進經濟發展。
> 4.**收益性**：應顧及合理收益，銀行才能持續經營。
> 5.成長性：能促進業務成長，追求永續經營。
> 故本題(1)為非。

3-4 外匯相關

外匯市場	經營外匯相關業務者,為處理國際間收付與國際清算之需要,進行不同貨幣間的相互交換之市場。
匯率 (名目匯率)	二國之間通貨交換的比率。
實質匯率	二國間財貨與勞務間交換的比率。
交叉匯率	指兩種不同貨幣利用各自對美元的匯率套算得出。
均衡匯率	在沒有任何人為干預下,由外匯市場之純粹供給(出口+移轉收入+資本流入)與純粹需求(進口+移轉支出+資本流出)所決定的匯率。

外匯市場的功能

1. 國際收付移轉功能。
2. 提供國際資金或信用融通功能。
3. 跨國收付功能。
4. 提供外匯保值和投機機制。

外匯市場的參與者

1. 外匯銀行。　2. 外匯經紀商。
3. 外匯交易商。　4. 進出口商。
5. 外匯投機者。　6. 中央銀行。
7. 跨國公司。　8. 貼現商號。

即期外匯市場

在外匯交易簽約日(成交日)後的第二個營業日內完成交割者,稱為即期交易。

遠期外匯市場

在外匯交易簽約日(成交日)後的第二個營業日以後的未來某一日完成交割者,稱為遠期交易。

防制洗錢 金融行動 工作組織 （FATF）	1. 一個獨立的跨政府組織。 2. 負責制訂與推廣相關政策，以保護全球金融系統免於遭受洗錢與資恐的傷害。 3. 包括國際合作與金融機構及其他單位（例如：賭場、不動產經紀商、律師以及會計師）所採取的預防性措施。 4. FATF所提建議是全球防制洗錢（AML）與打擊資助恐怖主義（CFT）的公認標準。
立法目的	1. 為防制洗錢。　　2. 打擊犯罪，健全防制洗錢體系。 3. 穩定金融秩序。　4. 促進金流之透明。 5. 強化國際合作。
何謂洗錢	1. 意圖掩飾或隱匿特定犯罪所得來源，或使他人逃避刑事追訴，而移轉或變更特定犯罪所得。 2. 掩飾或隱匿特定犯罪所得之本質、來源、去向、所在、所有權、處分權或其他權益者。 3. 收受、持有或使用他人之特定犯罪所得。

(4)　**80** 下列何者屬於金融機構防制洗錢措施之核心原則？
　　(1)客戶審查、確認身分
　　(2)建立洗錢交易監控機制、做好交易申報
　　(3)內部控制、稽核與法令遵循制度
　　(4)以上皆是。

(2)　**81** 洗錢防制法規定金融機構對於達一定金額以上之通貨交易，應確認客戶身分及留存交易紀錄憑證，並應向指定之機構申報。所稱之一定金額係指新台幣多少之單筆現金或換鈔交易？
　　(1)25萬元　　　　　　(2)50萬元
　　(3)75萬元　　　　　　(4)100萬元。

> **解析** 洗錢防制法第7條規定：金融機構對於達一定金額以上之通貨交易，應確認客戶身分及留存交易紀錄憑證，並應向指定之機構申報。前項所稱一定金額、通貨交易之範圍、確認客戶身分之程序及留存交易紀錄憑證之方式與期限，由財政部會商法務部、中央銀行定之。
> 金融機構對達一定金額以上通貨交易及疑似洗錢交易申報辦法中，一定金額指新台幣**五十萬元**（含等值外幣）。（第2條）故本題(2)為正確。

(4)　**82** 下列何者不屬於金融機構防制洗錢措施，訂定內部控制、稽核及法令遵行之事項？
　　(1)確認客戶身分之程序及留存交易紀錄憑證之方式與期限
　　(2)申報流程及程序及保密規定
　　(3)定期檢討及辦理在職訓練
　　(4)無需專責人員負責協調監督。

> **解析** 洗錢防制法第6條第1項：金融機構及指定之非金融事業或人員應依洗錢與資恐風險及業務規模，建立洗錢防制內部控制與稽核制度；其內容應包括下列事項：

一、防制洗錢及打擊資恐之作業及控制程序。
二、定期舉辦或參加防制洗錢之在職訓練。
三、指派專責人員負責協調監督第一款事項之執行。
四、備置並定期更新防制洗錢及打擊資恐風險評估報告。
五、稽核程序。
六、其他經中央目的事業主管機關指定之事項。
故本題(4)為正確。

(4)　83 下列何者屬於金融機構防制洗錢措施所稱之金融機構：
(1)辦理儲金匯兌之郵政機構　(2)銀樓業
(3)證券集中保管事業　(4)以上皆是。

解析 洗錢防制法第5條規定：本法所稱之金融機構，包括銀行、
信託投資公司、信用合作社、農會信用部、漁會信用部、全國農
業金庫、辦理儲金匯兌、簡易人壽保險業務之郵政機構、票券金
融公司、信用卡公司、保險公司、證券商、證券投資信託事業、
證券金融事業、證券投資顧問事業、證券集中保管事業、期貨
商、信託業、其他經目的事業主管機關指定之金融機構。
適用洗錢防制法之金融機構：銀樓業、其他有被利用進行洗錢之虞
之機構，經法務部會同中央目的事業主管機關指定之金融機構。
故本題(4)為正確。

(4)　136 金融機構確認客戶身分時，有下列何種情形，應予以婉拒
建立業務關係？　(1)出示之身分證明文件均為影本
(2)客戶不尋常拖延應補充之身分證明文件　(3)疑似使用
匿名、假名、人頭、虛設行號　(4)以上皆是。

(4)　139 新聞事件中常看到作假帳、財報不實等案件，這些案件常
可看到行為人透過「人頭」來進行假交易或非常規交易，
下列何者為檢調偵辦實務上常見到的「人頭」？
(1)公司前員工　　　(2)求學過程同學
(3)司機　　　　　　(4)以上皆是。

> **解析** 人頭帳戶是被詐騙集團為了匯兌不法資金,透過租賃、買賣他人帳戶的方式來洗錢,也就是本人帳戶處於被他人使用的空頭狀態,通常只要詐騙集團一得手就會使用去做不法匯兌,受害人一般只能依靠帳戶資料對本人提告,提供帳戶的人就可能會有詐欺╱洗錢幫助犯嫌,而遭受到司法追訴。

(4) │ **140** 當金融機構人員知道客戶的款項屬於犯罪所得時,下列何者可能違反洗錢防制法?
(1)金融機構人員提供自己戶頭給客戶使用
(2)協助客戶利用該款項購買某類金融商品
(3)協助客戶將該款項分批、化整為零地放入客戶自己帳戶裡
(4)以上皆是。

(2) │ **273** 依「洗錢防制法」之規定,金融機構對疑似洗錢之交易,應向下列何者申報?
(1)財政部　　　　　　　(2)法務部調查局
(3)金融監督管理委員會　(4)警察局。

> **解析** 洗錢防制法第9條規定:金融機構對達一定金額以上之通貨交易,應向**法務部調查局**申報。
> 故本題(2)為正確。

(3) │ **283** 經營外匯相關業務者,為處理國際間收付與國際清算之需要,進行不同貨幣間的相互交換之市場,稱為下列何者?
(1)貨幣市場(Money Market)
(2)資本市場(Capital Market)
(3)外匯市場(Foreign Exchange Market)
(4)權益市場(Equity Market)。

(4) | **284** 本國外匯市場係由不同型態的外匯交易參與者所組成，下列何者非屬其組織成員？
(1)進出口商及旅行、投資者　(2)外匯指定銀行
(3)外匯經紀商　　　　　　　(4)期貨交易所。

> **解析** 外匯市場的主要參與者為中央銀行、外匯銀行、外匯經紀人、貼現商號、外匯交易商、跨國公司、外匯投機者及進出口商和其他外匯供需者，以上八類外匯市場交易的參與者，歸納起來就是中央銀行、外匯銀行、外匯經紀人和外匯市場的客戶四大部分。
> 綜上所述，本題(4)期貨交易所不包含在外匯市場中。

(2) | **285** 有關國際外匯市場之主要功能，下列敘述何者有誤？
(1)提供國際匯兌與清算
(2)擴大國際間各種貨幣之利差
(3)提高國際資金運用效率
(4)提供規避匯率風險的工具。

> **解析** 外匯市場的主要功能包括貨幣交易、匯率形成、避險和投機、流動性提供等，而擴大貨幣利差通常是由市場供求、利率政策或其他因素所決定的，而不是外匯市場本身的主要功能之一。故(2)錯誤。

(1) | **286** 外匯交易雙方在一特定時點簽訂契約，決定匯率，並於交易後第二個營業日完成契約金額的交割，稱為下列何者？
(1)即期交易　　　　　　　　(2)遠期交易
(3)期貨交易　　　　　　　　(4)選擇權交易。

> **解析** 即期外匯市場：在外匯交易簽約日（成交日）後的第二個營業日內完成交割者，稱為即期交易。
> 故本題(1)為正確。

(2)｜287 交易雙方在某特定時點決定匯率，並同意在未來某一時日
交割的外匯交易市場，稱為下列何者？
(1)即期外匯市場　　　　(2)遠期外匯市場
(3)外匯期貨市場　　　　(4)國際資本市場。

解析 遠期外匯市場：在外匯交易簽約日（成交日）後的第二個
營業日以後的未來某一日完成交割者，稱為遠期交易。
故本題(2)為正確。

(3)｜288 當任何兩種通貨無直接兌換比率，必須透過第三種通貨間
接計算而得的兌換率，稱為下列何者？
(1)名目匯率　　　　　(2)實質匯率
(3)交叉匯率　　　　　(4)均衡匯率。

解析 交叉匯率是**指制定出基本匯率後，本幣對其他外國貨幣的匯
率就可以通過基本匯率加以套算**，這樣得出的匯率就是交叉匯率。
故本題(3)為正確。

(2)｜289 遠期匯率與即期匯率的差額，稱為下列何者？
(1)實質匯率　　　　　(2)換匯匯率
(3)交叉匯率　　　　　(4)均衡匯率。

解析 換匯交易是一種**即期與遠期，或遠期與遠期同時進行、方
向相反**的外匯交易。
故本題(2)為正確。

(4)｜290 中央銀行為緩和本國通貨匯價的急遽升貶，可利用下列何
種方式調節外匯供需，使達成適當匯率水準？
(1)重貼現政策　　　　(2)準備金政策
(3)選擇性信用管制　　(4)外匯干預。

解析 中央銀行基於本國巨集觀經濟政策和外匯政策的要求，為
控制本幣與外幣的匯率變動，而對外匯市場實施直接的或間接
的干預活動，以使匯率的變動符合本國的匯率政策目標，稱之
為外匯干預，故本題(4)為正確。

(2) **291** 外匯市場上，報價銀行EUR／USD 之報價為1.1713／17，表示詢價者買入一歐元之價格為何？
(1)1.1713美元 　　　　　　(2)1.1717美元
(3)1.1700美元 　　　　　　(4)0.8534美元。

> **解析** 在外匯市場中，所謂買入價，對於銀行辦理外匯買賣的客戶來說，買入價表示客戶當時可以賣出被報價幣的最高價位。同理，所謂的賣出價對客戶而言，是其可以從銀行買入被報價幣的最低價位。
> 銀行在報價時，會同時報出買入價和賣出價，賣出價總是大於買入價。對詢價者來說是相反的。
> 故本題(2)為正確。

(2) **296** 在其他條件不變下，下列何者會使本國貨幣貶值？
(1)本國利率上升 　　　　(2)本國進口關稅下降
(3)本國相對物價下跌 　　(4)本國相對生產力提高。

> **解析** (1)本國利率上升，本國貨幣需求增加，造成本國貨幣升值。
> (2)本國進口關稅下降，進口增加，外國貨幣需求增加，相對本國貨幣貶值。
> (3)本國相對物價下跌，購物慾望增加，本國貨幣需求增加，造成本國貨幣升值。
> (4)本國相對生產力提高，出口增加，外國貨幣供給增加，相對本國貨幣升值。
> 故本題(2)為正確。

(4) **306** 目前各國金融監理機關對比特幣抱持戒慎恐懼的態度，考量的原因包含下列哪幾項？　A.洗錢　B.資恐　C.逃稅　D.詐騙
(1)僅A 　　　　　　　　(2)僅A、B
(3)僅A、B、C 　　　　　(4)A、B、C、D。

第四章　信託實務

4-1　信託概念

・信託之目的：

(1) 財產信託規劃，委託專家管理，為使財產更充分利用，增加收益，多累積財富，經由信託專家代經營。

(2) 財產管理，所有權人在國外或臥病，無法自行管理財產。

(3) 指定受益人，規劃遺產，配合遺囑，確保財產依遺志分配。

(4) 財產規劃，節稅功能，確保財產延續，合法節省稅賦。

(5) 所有權人將財產藉信託架構發行受益憑證，售予投資客，募集資金。

(6) 風險規避，信託財產有其獨立性，委託人或受託人死亡、破產等情形發生，均不受影響，且原則上對信託財產不得強制執行，也可避免在信託期間內被他人追索等。

・信託契約關係圖

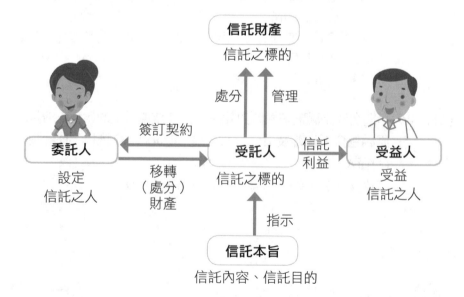

(1) | **99** 有關客戶委託保管有價證券，下列敘述何者錯誤？
(1)經辦人員核符後蓋章核發保管憑條給委託人
(2)經常不定期盤點有價證券並做成紀錄
(3)依規定收取保管手續費並即時入帳
(4)保管有價證券之送存與提領，經主管人核准後依規定
　　辦理。

> **解析** 客戶委託保管之有價證券，銀行應製發保管憑條，此保管
> 憑條應經「有權人員簽章」核發。
> 故本題(1)為錯誤。

(2) | **308** 委託人將財產權移轉予受託人，使依委託人意旨，為受益
人利益管理或處分財產之法律關係為下列何者？
(1)委任　　　　　　　　(2)信託
(3)寄託　　　　　　　　(4)讓與擔保。

> **解析** 信託法第1條規定：稱信託者，謂委託人將財產權移轉或
> 為其他處分，使受託人依信託本旨，為受益人之利益或為特定
> 之目的，管理或處分信託財產之關係。
> 故本題(2)為正確。

(2) | **309** 信託關係之委託人，須將其信託財產權主體變更為下列何
者之名義？
(1)受益人　　　　　　　(2)受託人
(3)信託監察人　　　　　(4)第二受益人。

> **解析** 信託法第9條規定：**受託人因信託行為取得之財產權為信**
> **託財產。**
> 受託人因信託財產之管理、處分、滅失、毀損或其他事由取得
> 之財產權，仍屬信託財產。
> 故本題(2)為正確。

(4) 314 下列何者得擔任信託財產之受託人？
(1)未成年人　　(2)受監護或輔助宣告之人
(3)破產人　　　(4)經主管機關許可經營信託業務之公司。

> **解析** 信託財產的受託人指自委託人接受財產移轉、其他處分，
> 成為法律上名義所有人，為受益人利益，管理、處分信託財產
> 之自然人或法人。
> 根據信託法第21條規定：受託人資格限制之一：未成年人、受
> 監護或輔助宣告之人及破產人，不得為受託人。
> 故本題(4)得擔任信託財產之受託人。

(3) 315 有關受託人對受益人之責任，下列敘述何者正確？
(1)得承諾擔保本金
(2)得擔保最低收益率
(3)不得承諾擔保本金或最低收益率
(4)僅得對大戶承諾擔保本金。

> **解析** 受託人之義務之一：**不得訂立保本保息契約，不得保證不
> 虧損及最低受益**。
> 故本題(3)為正確。

(3) 316 受託人處理信託事務，下列敘述何者錯誤？
(1)應依信託本旨處理
(2)應以善良管理人之注意處理
(3)自有財產得與信託財產合併管理
(4)受託人管理不當致信託財產發生損害時應予賠償。

> **解析** 信託法第24條規定：受託人應將**信託財產與其自有財產及
> 其他信託財產分別管理**。
> 故本題(3)有誤。

(1) 317 下列何種制度係以自己為財產名義權利人，為他人利益管理財產？
(1)信託 　　　　　　(2)寄託
(3)委任 　　　　　　(4)代理。

(3) 318 有關委任與信託之敘述，下列何者錯誤？
(1)信託關係之委託人須將財產權移轉給受託人
(2)委任關係之委任人無須將財產權移轉給受任人
(3)委任人管理或處分受任財產之效果歸屬於受任人
(4)委任人並不因委任關係之成立而喪失其管理或處分財產之權限。

> **解析** 信託法第1條規定：稱信託者，謂委託人將財產權移轉或為其他處分，使受託人依信託本旨，為受益人之利益或為特定之目的，管理或處分信託財產之關係。
> 故本題(3)為非。

(4) 320 有關信託財產之敘述，下列何者錯誤？
(1)受託人死亡時信託財產不屬於其遺產
(2)受託人破產時信託財產不屬於其破產財團
(3)受託人關於信託財產之占有，承繼委託人占有之瑕疵
(4)屬於信託財產之債權與不屬於信託財產之債務得互相抵銷。

> **解析** 信託法第13條規定：屬於信託財產之債權與不屬於該信託財產之債務**不得互相抵銷**。
> 故本題(4)有誤。

(4) 321 信託關係消滅時，除信託行為另有訂定外，有關信託財產之歸屬，下列何者為第一順位？
(1)國庫 　　　　　　(2)受託人
(3)目的事業主管機關 　(4)享有全部信託利益之受益人。

> **解析** 信託法第65條規定：信託關係消滅時，信託財產之歸屬，除**信託行為另有訂定外**，**依下列順序定之**：
> 一、**享有全部信託利益之受益人**。
> 二、委託人或其繼承人。
> 故本題(4)為正確。

(3) | 322 有價證券中之股票及公司債券，除須依目的事業主管機關規定，於證券上載明其為信託財產外，尚須通知下列何者，始得對抗該公司？
(1)證券期貨商　　　　(2)證券交易所
(3)發行公司　　　　　(4)經濟部。

> **解析** 根據信託法第4條規定：以股票或公司債券為信託者，**非經通知發行公司**，**不得對抗該公司**。故本題(3)為正確。

(2) | 323 依信託法規定，公益信託之監督機關為下列何者？
(1)金融監督管理委員會 (2)目的事業主管機關
(3)法院　　　　　　　(4)財政部。

> **解析** 根據信託法第85條規定；公益信託之許可及監督辦法，由**目的事業主管機關定之**。
> 故本題(2)為正確。

(4) | 325 主管機關基於風險考量，依信託業法規定，信託業辦理委託人不指定營運範圍或方法之金錢信託，其營運範圍下列何者非屬之？
(1)現金　　　　　　　(2)銀行存款
(3)短期票券　　　　　(4)上市股票。

> **解析** 依信託業法第32條規定：信託業辦理委託人不指定營運範圍或方法之金錢信託，其營運範圍以下列為限：
> 一、**現金**及**銀行存款**。
> 二、投資公債、公司債、金融債券。

三、投資**短期票券**。
四、其他經主管機關核准之業務。……
故本題(4)非屬之。

(1) | **327** 依信託業法規定，營業信託契約之訂定，應以何種方式為之？
(1)書面　　　　　　(2)口頭
(3)電話　　　　　　(4)錄音。

> **解析** 信託業法第19條規定：信託契約之訂定，應以**書面**為之。
> 故本題(1)為正確。

(2) | **334** 依信託法規定，信託行為有害於委託人之債權人權利者，債權人應如何主張權利？
(1)向受託人主張信託契約無效
(2)聲請法院撤銷信託行為
(3)聲請召開債權人會議
(4)聲請強制執行信託財產。

> **解析** 信託法第6條規定：信託行為有害於委託人之債權人權利者，**債權人得聲請法院撤銷之**。
> 故本題(2)為正確。

(3) | **335** 依信託法規定，有關信託關係消滅原因，下列何者正確？
(1)委託人死亡　　　　(2)受託人破產
(3)信託目的不能完成　(4)委託人喪失行為能力。

> **解析** 信託法第8條規定：信託關係**不因委託人或受託人死亡、破產或喪失行為能力而消滅**。但信託行為另有訂定者，不在此限。
> 故本題(3)為正確。

(3) | **336** 依信託法及信託業法相關規定，信託業應負之義務，下列
何者錯誤？
(1)忠實義務　　　　　　(2)分別管理義務
(3)保證收益義務　　　　(4)善良管理人注意義務。

> **解析** 信託業應負之義務及相關行為規範第二章信託業應負之義
> 務規定：守法之義務、**忠實義務**、不得虛偽、詐欺或其他足致
> 委託人或受益人誤信之情形、不得故意製作不正確或不適當紀
> 錄、不得故意不當運用信託財產、**善良管理人注意義務**、保管
> 信託財產、告知義務及未盡善良管理人注意義務之情形、**分別**
> **管理之義務**、直接管理之義務、信託財產紀錄與標示之義務、
> 通知與報告之義務。
> 故本題(3)有誤。

(4) | **337** 依信託業法規定，有關信託業之利害關係人，下列何者
錯誤？
(1)擔任信託業之負責人
(2)持有信託業資本總額5%以上者
(3)對信託財產具有運用決定權者
(4)擔任信託業定型化契約之審定人員。

> **解析** 信託法第7條：本法稱信託業之利害關係人，指有下列情
> 形之一者：
> 一、**持有信託業已發行股份總數或資本總額百分之五以上者**。
> 二、**擔任信託業負責人**。
> 三、對信託財產具有運用決定權者。
> 四、第一款或第二款之人獨資、合夥經營之事業，或擔任負責
> 　　人之企業，或為代表人之團體。
> 五、第一款或第二款之人單獨或合計持有超過公司已發行股份
> 　　總數或資本總額百分之十之企業。
> 六、有半數以上董事與信託業相同之公司。
> 七、信託業持股比率超過百分之五之企業。
> 故本題(4)為錯誤。

4-2 信託種類

```
                    信託種類
   ┌──────┬──────┬──────────┬──────┬──────┐
依受益人  依目的  依財產屬性  財產運用 依設立原因

自益信託  公益信託  金錢信託   個別信託  契約信託
他益信託  私益信託  動產信託   集團信託  遺囑信託
公益信託         不動產信託  準集團信託 宣言信託
                無體財信託
                有價證券信託
                金錢債權及其
                擔保物之信託
```

(2) 90 下列何者機構可以辦理特定金錢信託業務？
(1)銷售共同信託基金之證券投資信託公司
(2)核准辦理信託業務之銀行及證券商
(3)受委託代操證券投資之證券商
(4)提供金融商品投資分析之證券投資顧問公司。

(4) 307 依信託法之規定，信託依設立方式之不同分為三種，下列何者非屬之？
(1)契約信託　　　　(2)遺囑信託
(3)宣言信託　　　　(4)法定信託。

> **解析** 信託法第2條規定：信託，除法律另有規定外，應以**契約**或**遺囑**為之。
> 信託法第79條規定：法人為增進公共利益，得經決議**對外宣言**自為委託人及受託人，並邀公眾加入為委託人。
> 前項信託對公眾宣言前，應經目的事業主管機關許可。
> 故本題(4)為非。

(1) | **310** 委託人將其船舶信託移轉予受託人，使依委託人意旨管理
或處分，稱為下列何種信託？
(1)動產信託　　　　　　(2)不動產信託
(3)金錢信託　　　　　　(4)權利信託。

(1) | **311** 委託人將其土地信託移轉予受託人，使依委託人意旨管理
或處分，稱之為下列何種信託？
(1)不動產信託　　　　　(2)動產信託
(3)地上權信託　　　　　(4)租賃權信託。

> **解析** 土地及其地上定著物所有權人為了有效利用其土地並以取
> 得收益為目的，將其**土地信託予受託人**，受託人依據雙方簽訂
> 之信託契約利用其專業知識，辦理信託業務，並收取信託報
> 酬，且於信託期滿將信託財產所有權移轉返還委託人或其指定
> 之受益人之信託制度，稱之不動產信託。
> 故本題(1)為正確。

(2) | **312** 「以給付一定數額之金錢為標的」之債權信託，稱之為下
列何種信託？
(1)金錢信託　　　　　　(2)金錢債權信託
(3)動產信託　　　　　　(4)不動產信託。

> **解析** 以給付一定數額之金錢為標的之金錢債權的債權人將其金
> 錢債權（附有擔保物權者，連同擔保物權）信託於本行（受託
> 人），使本行成為名義上之債權人，代為執行金錢債權之催
> 收、保全、管理及處分，並將所得收益交付受益人之信託，故
> 本題(2)為正確。

(3) | **313** 委託人將股票信託移轉予受託人管理，稱為下列何種信託？
(1)金錢信託　　　　　　(2)金錢債權信託
(3)有價證券信託　　　　(4)動產信託。

> **解析** 有價證券作為信託財產之信託，委託人將有價證券移轉或為其他處分，由受託人依信託本旨，為受益人之利益或特定目的管理、運用或處分該有價證券，稱之為有價證券信託。我國證券交易法第6條所規定之有價證券，包括政府債券、公司股票、公司債券、主管機關核定的有價證券、新股認購權利證書、新股權利證書以及各種有價證券之價款繳納憑證或表明其權利之證書等，均可作為有價證券信託之標的。
> 故本題(3)為正確。

(1) 319 委託人以其享有之租賃權為信託標的，將之移轉與受託人管理使用，稱之為下列何種信託？
(1)租賃權信託　　　　(2)地上權信託
(3)專利權信託　　　　(4)金錢信託。

(4) 324 下列何者不屬於信託業法規定信託業得經營之信託業務？
(1)金錢信託　　　　(2)不動產信託
(3)專利權信託　　　　(4)商譽信託。

> **解析** 根據信託法第4條規定：以應登記或註冊之財產權為信託者，非經信託登記，不得對抗第三人。
> **商譽是自然形成的**，商譽權**不能通過登記註冊**而產生的。
> 故本題(4)為非。

(2) 326 依信託業法規定，信託業得經營之業務項目，下列何者非屬之？
(1)著作權信託　　　　(2)人格權信託
(3)專利權信託　　　　(4)有價證券信託。

> **解析** 依信託業法第16條規定：信託業經營之業務項目如下：
> 一、金錢之信託。　　二、金錢債權及其擔保物權之信託。
> 三、**有價證券**之信託。　四、動產之信託。
> 五、不動產之信託。　六、租賃權之信託。
> 七、地上權之信託。　八、**專利權**之信託。
> 九、**著作權**之信託。　十、其他財產權之信託。
> 故本題(2)為非。

(1) | **328** 下列哪一種契約信託，可以口頭為之或書面為之？
(1)民事信託　　　　　(2)金錢信託
(3)有價證券信託　　　(4)不動產信託。

> **解析** 信託以受託人別區分如下：
> 一、民事信託：適用民法不要式行為，**口頭**或**書面**皆可。受託人為有行為能力之自然人或非信託業之法人。民事信託屬之。
> 二、營業信託：受託人為以經營信託為業之法人，根據信託業法信託契約應以書面為之。金錢信託、有價證券信託及不動產信託皆屬營業信託。
> 故本題(1)為正確。

4-3 資產證券化

金融資產證券化
(1) 不動產抵押貸款債權證券化。
(2) 汽車貸款債權證券化。
(3) 租賃債權證券化。
(4) 應收帳款債權證券化。
(5) 信用卡債權證券化。
(6) 中小企業貸款債權證券化。

不動產資產證券化
(1) 不動產投資信託。
(2) 不動產資產信託。

(4) **329** 下列何者非屬金融資產證券化條例所指之資產？
(1)汽車貸款債權　　　(2)房屋貸款債權
(3)信用卡債權　　　　(4)不動產。

> **解析** 金融資產證券化條例中規定資產包含：
> 1.**汽車貸款債權**或其他動產擔保貸款債權及其擔保物權。
> 2.**房屋貸款債權**或其他不動產擔保貸款債權及其擔保物權。
> 3.租賃債權、**信用卡債權**、應收帳款債權或其他金錢債權。
> 4.創始機構以前三目所定資產與信託業成立信託契約所生之受
> 　益權。
> 5.其他經主管機關核定之債權。
> 故本題(4)不動產不包含在內。

(1) **330** 有關金融資產證券化之特性，下列何者錯誤？
(1)由創始機構發行有價證券
(2)現金流量可委由服務機構代為管理
(3)金融資產證券化得採信用增強機制
(4)所受讓特定金融資產為信用評等之基礎。

> 解析 臺灣的金融資產證券化可分為兩大架構：特殊目的信託與特殊目的公司，其皆是以經營資產證券化業務為目的，惟組織形式之差異，特殊目的信託可由經營信託事業，如銀行的信託部，來從事資產證券化之信託一人股東之有限公司，專責進行資產證券化業務，發行之證券化商品稱為資產基礎證券，特殊目的公司在專案結束後即行解散。
> 故本題(1)為非。

(1) 331 有關金融資產證券化之創始機構將金融資產移轉予特殊目的機構之會計項目，下列何者正確？ (1)出售資產 (2)借入款項 (3)同業往來 (4)票據貼現。

> 解析 對證券化之創始機構而言，通常希望其金融資產證券化之交易條件，能符合「出售」之會計處理，如此才能停止認列原帳列金融資產（亦即減少資產及負債總額），以達成美化財務報表或符合法令規定之目的。

(2) 332 依金融資產證券化條例之規定，受益人會議係由下列何者召集之？
(1)創始機構或受託機構　　　(2)受託機構或信託監察人
(3)服務機構或信託監察人　　(4)監督機構或服務機構。

> 解析 金融資產證券化條例第24條規定：受益人會議，由**受託機構**或**信託監察人**召集之。
> 故本題(2)為正確。

(3) 333 依不動產證券化條例規定，所稱不動產管理機構，下列何者非屬之？ (1)不動產投資業 (2)營造業 (3)信託業 (4)建築經理業。

> 解析 依不動產證券化條例第4條規定：不動產管理機構指受受託機構委任管理或處分信託財產之**不動產投資業**、**營造業**、**建築經理業**、不動產買賣租賃業或其他經主管機關核定之機構。
> 故本題(3)為非。

第五章　貨幣市場實務

5-1　貨幣市場的觀念

貨幣市場 指信用工具期限在一年以內的短期資金需求與供給的市場。

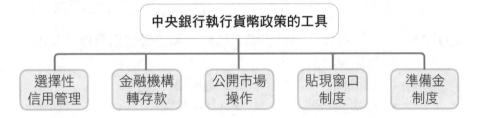

中央銀行執行貨幣政策的工具

選擇性信用管理	金融機構轉存款	公開市場操作	貼現窗口制度	準備金制度

貨幣市場功能 提供資金需求及資金供給交易之場所、建立短期利率之指標與中央銀行公開市場操作以調整貨幣政策。

臺灣保管集中結算所 提供可轉讓銀行定期存單、交易性商業本票、融資性商業本票、外幣商業本票、銀行承兌匯票、受益證券及資產基礎證券、國庫券及其他經主管機關核准之短期債務憑證等短期票券之實體保管，以及無實體發行登錄暨帳簿劃撥交付、款券結算交割、帳簿劃撥設質交付、到期提示與兌償等作業。

(2) | **338** 運用一年期以內短期信用工具，調節短期資金供需的交易市場，稱為下列何者？
(1)債券市場　　　　　　(2)貨幣市場
(3)股票市場　　　　　　(4)期貨市場。

(2) | **339** 金融機構間之新台幣拆款市場，係屬下列何者？
(1)債券市場　　　　　(2)貨幣市場
(3)股票市場　　　　　(4)外匯市場。

> **解析** 拆款市場係指金融機構間互相借貸所形成的市場。目前我國參與拆款市場的金融機構有本國銀行、外國銀行在台分行與子行、票券公司與中華郵政。因**參與者幾乎涵蓋我國所有本國外國銀行與主要票券公司**，故所形成的拆款利率也成為貨幣市場短期利率指標。
> 故本題(2)為正確。

(3) | **341** 下列何者係在貨幣市場上擔任市場監督信用管理者及市場資金最後調節者？
(1)票券商　　　　　(2)商業銀行
(3)中央銀行　　　　(4)財政部。

> **解析** 財政部為健全貨幣管理之法源，於民國81年10月30日修正公布之銀行法增列第47條之1，規定「經營貨幣市場業務或信用卡業務之機構，應經中央主管機關之許可；其管理辦法，由中央主管機關洽商**中央銀行**定之。」
> 故本題(3)為正確。

(3) | **342** 下列何者非屬貨幣市場的功能？
(1)配合中央銀行執行貨幣政策
(2)提供法人及個人理財工具
(3)提供股票買賣的機制
(4)建立利率指標。

(1) | **352** 短期票券集中保管結算機構應以幾家為限？
(1)一家　　　　　(2)二家
(3)三家　　　　　(4)四家。

> **解析** 依據短期票券集中保管結算機構許可及管理辦法第6條規定：短期票券集中保管結算機構應以**一家**為限。
> 故本題(1)為正確。

(3) 353 票券交割作業中，有關買賣雙方款項部分的清算作業，係由下列何者負責？
(1)臺灣銀行　　　　　　(2)財金資訊網路
(3)央行同資系統　　　　(4)聯徵中心。

> **解析** 央行同資系統為**一大額電子支付網路系統**，由各參加金融機構透過本行金融資訊服務網路，與本行電腦主機連線作業，處理金融機構間之資金撥轉、準備部位調整、同業拆款交割、外匯買賣新台幣交割及債票券交易之款項交割，並辦理臺灣票據交換所、財金資訊股份有限公司、臺灣集中保管結算所及證券交易所等**結算機構之跨行款項清算**。
> 依題意本題(3)央行同資系統負責。

(1) 354 下列何者為票券次級市場之交割方式？
(1)無實體化　　　　　　(2)實體化
(3)無實體化與實體化　　(4)人工作業。

> **解析** 我國短期票券於2004年4月2日起，全面實施「短期票券集中保管結算交割制度」，運作主要**以帳簿劃撥方式，代替實體票券或保管條之交割**，以全面達到票券交易無移動化，及避免次級市場交割作業所衍生之遺失、偽造等風險。
> 故本題(1)為正確。

(1) 355 下列何者為票券集中保管之結算交割方式？
(1)款券同步交割　　　　(2)款先券後交割
(3)券先款後交割　　　　(4)與券商協議而定。

> **解析** 93年4月2日以後，短期票券集中保管交割開始採「款券同步」交割，每個客戶需在參加票保的清算交割銀行開設一個款戶與券戶，以進行清算交割之用。

(4) 356 下列何者之利息所得非採分離課稅方式扣繳，須依規定將
利息所得併入綜合所得總額申報所得稅？
(1)國庫券　　　　　　(2)可轉讓定存單
(3)銀行承兌匯票　　　(4)活期存款。

> **解析** 分離課稅是指就部分依法免辦理合併申報的所得，以獨立
> 的扣繳稅率，直接扣稅，即完成納稅義務的課徵機制。須實行
> 分離課稅的有如短期票券利息、不動產證券化或金融資產證券
> 化的利息收益、公債、公司債等金融債券利息。
> 活期存款的利息依規定將併入綜合所得總額申報所得稅。
> 故本題(4)為非。

(1) 357 目前短期票券之利息所得採分離課稅，按給付額扣繳多少？
(1)百分之十　　　　　(2)百分之二十
(3)百分之二十五　　　(4)百分之三十。

> **解析** 99年元旦起，個人購買金融商品的交易所得，或領到利
> 息、商品到期解約所得等，改採分離課稅，稅率一律10%。
> 故本題(1)為正確。

(4) 358 投資人購買一張可轉讓定存單，假設其利息所得為十萬
元，請問採分離課稅後，其實際淨利息所得為多少？
(1)七萬元　　　　　　(2)七萬五仟元
(3)八萬元　　　　　　(4)九萬元。

> **解析** 分離課稅(10%)稅額＝利息所得×稅率＝100,000元×10%
> ＝10,000元
> 實際淨利息所得＝利息所得－稅額＝100,000－10,000＝90,000
> 故本題(4)為正確。

(3) 360 票券商接受發行人之委託，依約定包銷或代銷票券之行
為，稱為下列何者？
(1)保證　　　　　　　(2)簽證
(3)承銷　　　　　　　(4)標售。

解析 承銷係指於初級市場承銷融資性商業本票或首次買入國庫券、銀行可轉讓定期存單、交易性商業本票、銀行承兌匯票及商業承兌匯票。

票券商接受本票發行人之委託，依約定包銷或代銷本票，方式分為包銷、代銷。

故本題(3)為正確。

(3) | **364** 在貨幣市場上，我們常聽到「利率上升一碼」的說詞，請問「一碼」是多少？

(1)0.01%　　　　　　　(2)0.125%

(3)0.25%　　　　　　　(4)0.5%。

解析 利率升降單位一碼均為代表0.25%。

故本題(3)為正確。

(2) | **365** 國庫券之發行、買回及還本付息等業務，係委由下列何者經理？

(1)財政部　　　　　　　(2)中央銀行

(3)臺灣銀行　　　　　　(4)商業銀行。

解析 依國庫券及短期借款條例第11條規定：國庫券之發行、買回及還本、付息等業務，均委由**中央銀行**經理；其經理辦法，由財政部商同中央銀行訂定之。

故本題(2)為正確。

(4) | **370** 金融機構經營拆款業務所得之利息收入，應繳納多少營業稅？　(1)5%　(2)20%　(3)25%　(4)免徵。

解析 根據營業稅法關於免稅規定：指營業人銷售貨物或勞務之時，免徵營業稅，故亦無稅額。經營衍生性金融商品、公司債、金融債券、新台幣拆款及外幣拆款之銷售額之適用免稅的情況之一。

故本題(4)為正確。

(2) **371** 目前拆款市場的交割清算，大多採用下列何種方式辦理？
(1)央行支票　　　　　(2)央行同資系統
(3)財金網路系統　　　(4)ATM轉帳。

> **解析** 央行同資系統為**一大額電子支付網路系統**，除處理金融機構間之資金撥轉、準備部位調整、**同業拆款交割**、**外匯買賣新台幣交割**及**債票券交易之款項交割**，並辦理各結算機構之跨行款項清算。
> 故本題(2)為正確。

(4) **372** 下列何者不得作為流動準備？
(1)超額準備　　　　　(2)金融業互拆借差
(3)國庫券　　　　　　(4)股票。

> **解析**
> 1.流動準備是指收益性較低且具高度流動性的資產，亦即銀行為了應付民眾隨時提領現金的需要，必須把一部份的錢拿來購買容易變現的金融資產。
> 2.股票是一種有價證券，股份有限公司將其所有權藉由這種有價證券進行分配。因為股份有限公司需要籌措長期資金，因此將股票發給投資者作為公司資本部分所有權的憑證，成為股東以此獲得股息（股利），並分享公司成長或交易市場波動帶來的利潤；但也要共同承擔公司運作錯誤所帶來的風險。
> 故本題(4)為非。

(1) **373** 下列何者非屬金融機構合併法所定義之銀行業？
(1)證券金融事業　　　(2)信用合作社
(3)票券金融公司　　　(4)信用卡業務機構。

> **解析** 金融機構合併法第4條：……銀行業：包括銀行、**信用合作社**、**票券金融公司**、**信用卡業務機構**及其他經主管機關核定之機構。
> 故本題(1)為非。

(1) | 374 下列何者於購買短期票券時，其利息收入免予扣繳所得稅？
(1)教育機構　　　　　(2)個人
(3)上市公司　　　　　(4)合夥事業。

> **解析** 所得稅法第4條：**教育**、文化、公益、慈善機關或團體，符合行政院規定標準者，其本身之所得及其附屬作業組織之所得，免納所得稅。
> 故本題(1)為正確。

(4) | 375 下列何者非屬中央銀行執行貨幣政策的工具？
(1)公開市場操作　　　(2)重貼現率政策
(3)存款準備率政策　　(4)調整稅率政策。

(1) | 376 下列何者為我國中央銀行作為經常性信用控管的一項政策工具，其在執行貨幣政策時，較具時效性、機動性及主動性？
(1)公開市場操作　　　(2)重貼現率政策
(3)存款準備率政策　　(4)財政政策。

> **解析** 公開市場操作係指中央銀行在公開的金融市場，與金融機構進行買賣有價證券或發行央行存單的交易。相較於其他政策工具，如貼現窗口制度、存款準備金制度，公開市場操作**具有較高的市場性**與**操作彈性**，有利央行**主動**、**迅速因應**市場資金情勢，為目前央行最常使用的政策工具。
> 故本題(1)為正確。

(3) | 377 中央銀行如欲採取寬鬆貨幣政策，則應採取下列何項措施？
(1)提高存款準備率　　　(2)提高重貼現率
(3)買進可轉讓定存單　　(4)賣出可轉讓定存單。

> **解析** 寬鬆的貨幣政策是指中央銀行採取像**降低重貼現率**與**法定存款準備**，或者在公開市場操作**贖回債券釋出資金**等方式，藉以提高貨幣供給成長率，增加市場的可借貸資金，應付企業對資金的需求，刺激景氣。
> 故本題(3)為正確。

(1) | **378** 下列何者係中央銀行實施公開市場操作的短期目標？
(1)影響貨幣數量及利率水準　(2)實現穩定物價
(3)經濟成長　　　　　　　　(4)充分就業。

> **解析** 公開市場操作是中央銀行經常運用的貨幣政策工具，透過公開市場買進或賣出有價證券，而達到寬鬆或緊縮市場資金的目的，進而**影響銀行體系的準備貨幣或短期利率**。
> 故本題(1)為正確。

(2) | **379** 依票券金融管理法規定，融資性商業本票之發行，需委由經信用評等機構評等之金融機構保證，下列何者非屬前述所稱之金融機構？
(1)銀行　　　　　　　　　　(2)投顧公司
(3)信託投資公司　　　　　　(4)票券金融公司。

> **解析** 融資性商業本票又稱第二類商業本票，係工商企業為籌措短期資金所簽發的本票，經專業票券商或合格金融機構簽證、承銷後，流通於貨幣市場上。
> 故本題(2)為正確。

5-2 貨幣市場的工具

貨幣市場的交易工具		
	國庫券（TB）	→ 最具市場流動性的短期債務憑證。
	可轉讓定期存單（NCD）	→ 即可轉讓性質的定期存單。
	商業本票（CP）	→ 民間企業用以籌措短期資金。
	銀行承兌匯票（BA）	→ 指買回匯票付款人為銀行之票據。
	附買回（RP）與附賣回（RS）協定	→ 附買回與附賣回為短期信用工具。
	銀行間之拆放	→ 銀行同業之間的短期資金借貸。
	商業承兌匯票	→ 商業承兌匯票是由銀行以外的付款人承兌的票據。
	歐洲美元	→ 是指以美元為面值而不是以當地貨幣，如英鎊、歐元為面值存在外國銀行或美國銀行在國外分之行的存款。

(2) 37 下列何者不是貨幣市場的信用工具？
(1)商業本票　　　　　　(2)公司股票
(3)可轉讓定期存單　　　(4)銀行承兌匯票。

> **解析** 貨幣市場指的是交易一年內到期證券的市場，像國庫券、**商業本票**、**銀行承兌匯票**及**定存單**等。
> 資本市場指的是交易一年以上到期證券的市場，如股票、房屋貸款、政府公債、企業放款、公司債等。
> 故本題(2)公司股票不是貨幣市場的信用工具。

(2) | **48** 下列何者非屬臺灣貨幣市場投資工具？
(1)國庫券　　　　　　(2)歐洲美元借款
(3)銀行承兌匯票　　　(4)商業本票。

(4) | **79** 有關國內貨幣市場基金之描述，何者為非？
(1)主要投資標的為銀行存款、短期票券及附買回交易
(2)加權平均存續期間不得大於180日
(3)不得投資於股票或其他具股權性質之有價證券
(4)具保本性質，每單位淨資產價值逐日平穩上升，不會
　　下降。

> **解析** 貨幣市場基金其風險來自其投資的短期債券與市場利率變化。當市場利率突然發生變化而短期債券的利息隨之發生變化時，**基金沒有做出及時的調整**，還是有可能導致其整體收益下跌。
> 故本題(4)為非。

(4) | **340** 下列何者非屬短期票券市場之信用工具？
(1)國庫券　　　　　　(2)可轉讓定存單
(3)匯票　　　　　　　(4)公司債。

> **解析** 公司債為發行公司向市場籌措**長期（一年以上）資金的金融工具之一**，屬於可轉讓的有價證券，發行公司依發行時所訂定的發行條件，定期支付一定利息予投資人，並於到期時償還本金。故本題(4)為正確。

(3) | **343** 中央政府為調節國庫收支，得發行未滿一年之信用工具，下列何者係屬之？
(1)政府公債　　　　　(2)建設公債
(3)國庫券　　　　　　(4)金融債券。

> **解析** 依國庫券及短期借款條例第1條規定：中央政府為調節國庫收支，**得發行未滿一年之國庫券**，並藉以穩定金融。
> 故本題(3)為正確。

(2) | **344** 銀行為了提高流動性，發行一種具有可轉讓但不可中途解約特性，並承諾一定時間後之到期日按票載利率支付本息予存款人之短期信用工具，係屬下列何者？
(1)定期存單　　　　　　(2)可轉讓定期存單
(3)金融債券　　　　　　(4)商業承兌匯票。

> **解析** (1)定期存單：不一定可轉讓。
> (3)金融債券：金融機構作為籌資主體，為籌措資金而向個人發行的一種有價證券，按法定發行手續，承諾按約定利率定期支付利息並到期償還本金。
> (4)商業承兌匯票：是由銀行以外的付款人承兌的票據。
> 故本題(2)為正確。

(1) | **350** 下列貨幣市場的短期信用工具中，何者簡稱為RP？
(1)附買回協議　　　　　(2)附賣回協議
(3)可轉讓定存單　　　　(4)國庫券。

(4) | **359** 下列何種信用工具之承銷價格非採貼現方式計算？
(1)國庫券　　　　　　　(2)商業本票
(3)銀行承兌匯票　　　　(4)可轉讓定存單。

> **解析** 可轉讓定期存單由銀行發行、按期支付利息的存款憑證。新臺幣十萬元作為面額，**承銷價格以面額倍數計算**。
> 故本題(4)為非。

(4) | **362** 下列何者非屬我國貨幣市場流通之主要信用工具？
(1)可轉讓定存單　　　　(2)國庫券
(3)商業本票　　　　　　(4)股票。

> **解析** 貨幣市場工具由**短期國債**、**大額可轉讓存單**、**商業票據**、銀行承兌匯票、回購協議和其他貨幣市場工具構成。
> 故本題(4)為非。

(1) | **366** 國庫券的競標者，其投標利率低於底標利率時，下列敘述
何者正確？
(1)由低至高依次得標
(2)由高至低依次得標
(3)由投標時間先後依次得標
(4)由投標金額大小依次得標。

> **解析** 國庫券經售及買回作業處理要點規定，國庫券之標售採單
> 一利率標，分為競標及非競標兩種，得同時或僅採競標一種方
> 式辦理。競標為**投標利率以貼現率表示**，並**以低於底標利率**，
> **由低至高依次得標**，得標利率相同而餘額不足分配時，按投標
> 金額比例分配。得標者應繳價款依全部得標者所投最高利率換
> 算之發行價格計算。
> 故本題(1)為正確。

(1) | **367** 國庫券的非競標者，其申購價格係按下列何者計算？
(1)競標發行價格
(2)競標最低價格
(3)競標最高價格
(4)競標最高價與最低價之平均價。

> **解析** 根據國庫券經售及買回作業處理要點修正規定，國庫券之
> 標售，**採非競標方式辦理時，依競標發行價格計算**。
> 故本題(1)為正確。

(4) | **368** 銀行發行可轉讓定期存單可按月發行或指定到期日，其最
低天期為何？
(1)七天　　　　　　　(2)十四天
(3)二十一天　　　　　(4)一個月。

> **解析** 可轉讓定期存單是貨幣市場的工具，配合政府金融政策，
> 充裕短期信用工具及便利工商企業、一般民眾短期資金之運用
> 而開辦之存款業務。其面額以新台幣拾萬元為單位，並得按其

倍數配合需要，分訂數種面額。目前分為壹拾萬元、伍拾萬元、壹佰萬元、伍佰萬元、壹仟萬元、伍仟萬元、壹億元七種。**期限最短為一個月**，**不得逾一年**（最長就是一年）。
故本題(4)三十天為正確。

(2) **369** 銀行為資金調度需要，發行可轉讓定期存單，其發行天期最長為多久？
(1)六個月　　　　　　(2)一年
(3)二年　　　　　　　(4)三年。

解析 存期以月為單位，最短一個月，**最長一年**，可指定到期日。
故本題(2)為正確。

(4) **380** 下列何者非屬票券商辦理簽證作業之內容？
(1)核驗發行人簽章
(2)核驗保證人簽章
(3)核驗票面額、發行日及到期日
(4)洽定交易條件。

解析 簽證係指票券商接受本票發行人之委託，對於其發行之本票**應記載事項加以審核並予簽章證明**。
故本題(4)為非

(1) **381** 發行人所發行之商業本票，票券商承諾全數買入，並於承銷當日給付價款的方式，稱之為下列何者？
(1)包銷　　　　　　　(2)代銷
(3)寄售　　　　　　　(4)委辦。

解析 證券發行人與承銷機構簽訂合約，由承銷機構**買下全部**或**銷售剩餘部分的證券**，**承擔全部銷售風險**，稱為包銷。
故本題(1)為正確。

(1) | **382** 中央銀行可轉讓定期存單之發行面額分為三種，下列何者非屬之？
(1)新台幣一百萬元　　(2)新台幣五百萬元
(3)新台幣一千萬元　　(4)新台幣一億元。

> **解析** 依中央銀行法第二十七條之規定，發行定期存單面額分為新臺幣**五百萬元**、**一千萬元**及**一億元**三種。
> 故本題(1)為非。

(4) | **383** 發行人運用融資性商業本票籌集資金，其需經過之程序，下列何者錯誤？
(1)保證　　　　　　　(2)簽證
(3)承銷　　　　　　　(4)兌償。

> **解析** 發行融資性商業本票的手續：
> 一、**保證**：發行公司洽商保證機構及票券公司，保證機構經徵信調查後同意保證，即與發行公司簽訂保證約據，並通知票券金融公司。
> 二、**簽證**：發行公司與票券金融公司洽商簽證、承銷手續。
> 三、**承銷**：經票券金融公司同意簽證、承銷，並與發行公司簽訂契約，安排發行時間。
> 四、撥付：商業本票發行當日，票券金融公司於扣除貼現息、簽證、承銷費及集保交割服務費後，將票款撥付發行公司指定的銀行帳戶。
> 故本題(4)有誤。

第六章　保險實務

6-1　保險的概念

- 保險契約的當事人：要保人、保險人。
- 保險契約的關係人：被保險人、受益人。
- 保險種類：財產保險、人身保險。
- 保險金額：指保險契約當事人間所約定之最高給付金額。
- 保險價額：是指保險標的在某一特定時期內以金錢估計的價值總額，是確定保險金額和確定損失賠償的計算基礎。
- 保險費：指要保人對保險人負擔保險責任所給付之對價金額。
- 保險金：在保險事故發生時，保險人支付給被保險人或受益人之補償金額。

要保人／被保險人／受益人

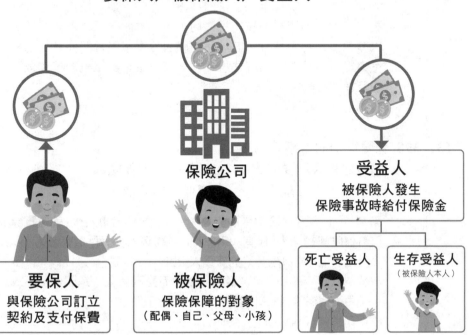

參考網址：https://www.smartbeb.com.tw/notice/faq/faq

(3) | **91** 以下何者不是投保時應該注意的事項？
(1)確認銷售人員所代表的保險公司及是否具有保險業務員的資格
(2)瞭解保單的承保範圍，並要求業務員詳細說明保單的內容
(3)僅聽從業務員對保單之說，未判斷業務員說明內容是否誇大
(4)應親自填寫要保書，對於要保書的詢問事項（如過去的生病紀錄）據實告知簽名前並應確認所簽文件內容。

(1) | **303** 當保險業欲透過網路與電話語音等通路提供服務時，可運用何項技術驗證身分？
(1)生物辨識　　　　　　(2)通訊技術
(3)物聯網技術　　　　　(4)網路技術。

> **解析** 保險業運用新興科技作業原則伍生物特徵資料安全控管第九點：應於首次使用生物辨識技術、每年定期及技術有重大變更時（如輔助資料、技術提供商），經資訊部門檢視該技術足以有效識別客戶身分，其評估範圍包含但不限模擬偽冒生物特徵資料、確認符合相關法規要求、確認生物辨識機制、作業流程及補償措施之風險控管。
> 故本題(1)為正確。

(3) | **398** 保險契約的當事人為：
(1)被保險人與要保人　　(2)被保險人與保險人
(3)要保人與保險人　　　(4)要保人與受益人。

> **解析** 一般人身保險契約的條文中，保險契約當事人，也就是**實際簽訂保險契約之人**，僅有「**保險人**」、「**要保人**」。而「被保險人」及「受益人」稱為保險契約的關係人，也就是他們並未直接參與保險契約之簽訂，僅係因保險事故的發生而受到損害或是因保險事故之發生而對保險人享有損害賠償請求權而已。
> 故本題(3)為正確。

(4) **399** 在保險事故發生時，保險人支付給被保險人或受益人的補
償金額稱為：
(1)保險金額　　　　　　　　(2)保險價額
(3)保險費　　　　　　　　　(4)保險金。

> **解析**
> (1)保險金額：指保險契約當事人間所約定之最高給付金額。
> (2)保險價額：保險公司所負的最高理賠責任。
> (3)保險費：指要保人對保險人負擔保險責任所給付之對價金額。
> (4)**保險金**：在保險事故發生時，保險人支付給被保險人或受益
> 人之補償金額。
> 故本題答案為(4)保險金。

(2) **400** 保險契約的關係人指：
(1)保險人與被保險人　　　　(2)被保險人與受益人
(3)要保人與受益人　　　　　(4)要保人與被保險人。

(3) **401** 我國保險法將保險分為：
(1)財產保險與人壽保險　　　(2)產物保險與人壽保險
(3)財產保險與人身保險　　　(4)產物保險與人身保險。

> **解析** 保險法第13條：保險分為**財產保險**及**人身保險**。
> 故本題(3)為正確。

(3) **481** 下列何者不屬於員工誠實保證保險之被保證員工範圍？
(1)會計人員　　　　　　　　(2)業務人員
(3)董監事　　　　　　　　　(4)經理人員。

> **解析** 員工誠實保證保險主要是保障「**員工不誠實行為**」，而造
> 成公司財產或受託財產的損失屬刑法，雇主必須對員工提刑事
> 訴訟，且判定後，員工還必須償還損失金額。
> 本題(3)為非。

(1) 482 員工誠實保證保險不承保員工何種行為？
(1)過失　　　　　　　(2)詐欺
(3)侵占　　　　　　　(4)竊盜。

> **解析** 員工誠實保證保險中所稱不誠實行為指被保證員工之強
> 盜、搶奪、**竊盜**、**詐欺**、**侵占**或其他不法行為。
> 故本題(1)不包含在員工誠實保證保險中。

(4) 483 現行現金保險所承保之現金不包括：
(1)紙幣　　　　　　　(2)硬幣
(3)支票　　　　　　　(4)金銀條塊。

> **解析** 現金保險包括現金運送、庫存現金及櫃台現金三種，可任
> 選投保，對象以政府機關、金融事業、學校、團體及公私企業
> 為主。
> 現金保險**以承保現金為原則**。所謂現金係指國內現行通用之**紙
> 幣**、**硬幣**及**等值之外幣**。
> 故本題不包含(4)。

(1) 484 保障範圍包括被保險人之所有債務人在內的信用保險單，
稱為：
(1)通用保單　　　　　(2)特定保單
(3)回溯保單　　　　　(4)前伸保單。

> **解析**
> (2)**特定保單**：保險標的有明確記載於合同，保險人於事故發生
> 　　後，該標的的損失發生結果時，依照約定負賠償或給付義務
> 　　的一種保險合同。
> (3)**回溯保單**：保險公司把保單的生效日提前到客戶生日的前一
> 　　天，第二年開始的每年保費的繳費日期都是客戶生日的前一
> 　　天，如此客戶可用少一歲來投保，節省一些保費。

6-2 保險的種類

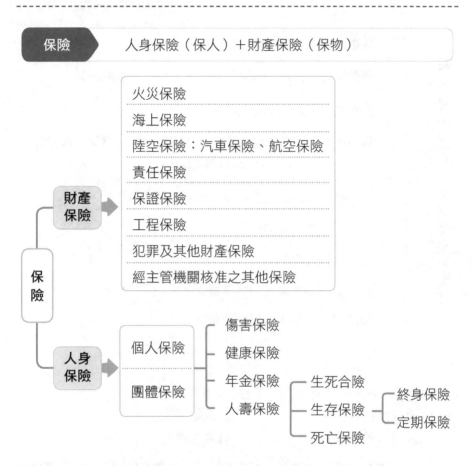

| 保險 | 人身保險（保人）＋財產保險（保物） |

財產保險
- 火災保險
- 海上保險
- 陸空保險：汽車保險、航空保險
- 責任保險
- 保證保險
- 工程保險
- 犯罪及其他財產保險
- 經主管機關核准之其他保險

人身保險
- 個人保險
- 團體保險
  - 傷害保險
  - 健康保險
  - 年金保險
  - 人壽保險
    - 生死合險
    - 生存保險 ─ 終身保險／定期保險
    - 死亡保險

(3) 403 下列何者不屬於人壽保險之性質？
(1)保險期間長　　　(2)多屬個人保險
(3)保險價額高　　　(4)屬定額保險。

> **解析** 保險價額是指保險標的在某一特定時期內以金錢估計的價值總額，是確定保險金額和確定損失賠償的計算基礎。
> 人壽保險是以人的生命為保險對象的保險，**無法用公允的金錢估計保險對象之價值**。
> 故本題(3)為非。

6-3　保險的風險管理

風險的控制處理

- 迴避風險：消極躲避風險。
- 預防風險：採取措施消除或者減少風險發生的因素。
- 自留風險：自己承擔風險。
- 轉移風險：在危險發生前，通過採取出售、轉讓、保險等方法，將風險轉移出去。

可保風險的條件

- 風險所產生的損失必須是可以用貨幣來計量的。
- 風險必須是偶然的。
- 風險必須是意外的。
- 風險必須是大量標的均有遭受損失的可能性。
- 風險應有發生重大損失的可能。

(1) | **384**　「損失的不確定性」指的是下列何者？
(1)風險　　　　　　　(2)風險因素
(3)風險事故　　　　　(4)風險標的。

> **解析** 風險是指**在某一特定環境下，在某一特定時間內，某種損失發生的可能性**。若風險表現為不確定性，說明風險產生的結果可能帶來損失、獲利或是無損失也無獲利。
> 故本題(1)為正確。

(3) | **385**　人的健康狀況屬於下列那一個名詞？
(1)風險標的　　　　　(2)風險程度
(3)風險因素　　　　　(4)風險事故。

解析 **人的健康狀況會影響保險事故的發生與否**，指引起或增加風險事故發生的機會或擴大損失幅度的原因和條件稱之為風險因素。
故本題(3)為正確。

(1) 386 下列何者敘述不正確？
(1)風險事故會影響風險因素
(2)風險因素會影損失幅度
(3)風險事故為造成損失的意外事故
(4)損失指非自願性的經濟價值減少。

解析 風險因素是指**引起或增加風險事故發生的機會或擴大損失幅度的原因和條件**。
故本題(1)為非。

(3) 387 下列何者屬於純粹風險？
(1)外匯風險　　　　(2)生產風險
(3)信用風險　　　　(4)政治風險。

解析 純粹風險為**只有損失機會，而無獲利可能**的風險。外匯、生產、政治風險有可能獲利，屬於「投機風險」。
故本題(3)為正確。

(4) 388 會影響整個群體或大部分人的風險屬何種風險？
(1)純粹風險　(2)客觀風險　(3)特定風險　(4)基本風險。

(1) 389 下列何者屬於風險控制措施？
(1)損失抑制　　　　(2)風險自留
(3)投保保險　　　　(4)提撥準備金。

解析 風險控制是指風險管理者採取各種措施和方法，**消滅或減少風險事件發生的各種可能性**，或者**減少風險事件發生時造成的損失**。
風險控制的四種基本方法是：風險迴避、**損失控制**、風險轉移和風險保留。
故本題(1)為正確。

(4) 　**390** 針對損失頻率小但損失幅度大的風險，採何種風險管理方法較適宜？
(1)損失抑減　　　　(2)風險避免
(3)自己保險　　　　(4)保險。

> **解析**　風險轉移是指**將風險及其可能造成的損失全部或部分轉移給他人**。通過轉移風險而得到保障，是應用範圍最廣、最有效的風險管理手段，**保險就是其中之一**。
> 故本題(4)為正確。

(2) 　**391** 對於損失幅度不大，且損失成本較能精確估計的風險，最宜採用下列何種風險管理方法？
(1)損失預防　　　　(2)風險自留
(3)風險避免　　　　(4)保險。

> **解析**
> (1)損失預防：是指採取預防措施，以減小損失發生的可能性及損失程度。
> (2)風險自留：指自己非理性或理性地主動承擔風險，即指以自己的資源來彌補損失。
> (3)風險避免：是指考慮到影響預定目標達成的諸多風險因素，結合決策者自身的風險偏好性和風險承受能力，從而做出的中止、放棄某種決策方案或調整、改變某種決策方案的風險處理方式。
> (4)保險：謂當事人約定，一方交付保險費於他方，他方對於因不可預料或不可抗力之事故所致之損害，負擔賠償財物之行為。
> 故本題(2)為正確。

(3) 　**392** 下列何種風險管理方法可以完全將損失發生之頻率降為零？
(1)損失預防　　　　(2)損失抑減
(3)風險避免　　　　(4)風險隔離。

解析 **放棄或不進行可能帶來損失的活動或工作**，稱之風險避免，尤其是對靜態風險儘可能予以避免。凡風險所造成的損失不能由該項目可能獲得利潤予以抵消時，風險避免是最可行的簡單方法。
故本題(3)為正確。

(1) 393 下列何種風險管理方法具有降低損失頻率的功能？
(1)損失預防　　　　　(2)風險隔離
(3)計劃性風險自留　　(4)自己保險。

解析 風險的處理常見的方法有：
1.風險隔離：消極躲避風險。
2.損失預防：採取措施消除或者減少風險發生的因素。
3.風險自留：企業自己承擔風險。
4.轉移風險：在危險發生前，通過採取出售、轉讓、保險等方法，將風險轉移出去。
故本題(1)為正確。

(3) 394 下列何者屬於損失抑減措施？
(1)投保汽車保險　　　(2)檢修汽車
(3)搶救車禍傷患　　　(4)賣掉汽車。

解析 在損失發生後**為減少損失程度所採取的一系列措施**，稱之消極損失抑減。
故本題(3)為正確。

(2) 395 保險所承保的風險，一般僅限於：
(1)動態風險　　　　　(2)純粹風險
(3)投機風險　　　　　(4)基本風險。

解析 純粹風險：只有損失機會，而無獲利可能的風險。
純粹風險的處理方式有迴避風險、預防風險、自留風險和轉移風險等四種方法。

而保險公司能**透過精算的機制轉化為保險商品的風險**，也就是為純粹風險。

故本題(2)為正確。

(3)｜396 下列何者為可保風險？

(1)創新風險　　　　　(2)行銷風險

(3)財產風險　　　　　(4)生產風險。

> **解析** 可保風險是保險人可以接受承保的風險。儘管保險是人們處理風險的一種方式，它能為人們在遭受損失時提供經濟補償，但並不是所有破壞物質財富或威脅人身安全的風險，保險人都承保。可保風險必須具備以下條件之一，**風險所產生的損失必須是可以用貨幣來計量的**。
>
> 故本題(3)為正確。

(3)｜397 下列何者不是可保風險之要件？

(1)損失機率須可以預測

(2)損失須為明確且可衡量

(3)須有大量異質性風險單位

(4)須有釀成個別經濟單位重大損失之可能。

> **解析** 可保風險是保險人願意承保並能夠承保的風險。判定可保風險有如下條件：
>
> 一、風險確實存在，並且有發生重大損失的可能。
>
> 二、風險必須是意外的。
>
> 三、風險必須是大量標的均有損失的可能，但是大量標的沒有同時損失的可能。
>
> 四、風險必須是非投機性的。
>
> 五、風險具有現實可測性。
>
> 六、保險成本須具經濟性。
>
> 七、保險所承保之標的，須為合法，否則均不可保。若承保將造成社會動亂。
>
> 本題(3)需有大量異質性風險單位不包含在上述可保風險要件之一。

6-4 人身保險

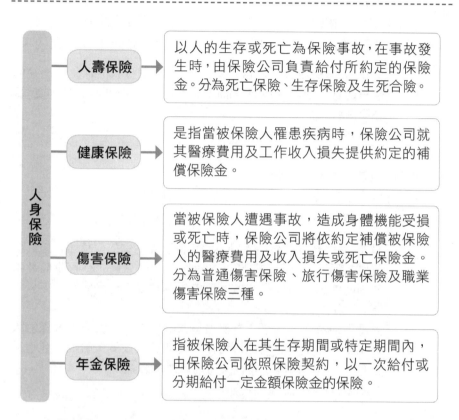

人壽保險	→	以人的生存或死亡為保險事故，在事故發生時，由保險公司負責給付所約定的保險金。分為死亡保險、生存保險及生死合險。
健康保險	→	是指當被保險人罹患疾病時，保險公司就其醫療費用及工作收入損失提供約定的補償保險金。
傷害保險	→	當被保險人遭遇事故，造成身體機能受損或死亡時，保險公司將依約定補償被保險人的醫療費用及收入損失或死亡保險金。分為普通傷害保險、旅行傷害保險及職業傷害保險三種。
年金保險	→	指被保險人在其生存期間或特定期間內，由保險公司依照保險契約，以一次給付或分期給付一定金額保險金的保險。

（左側標示：人身保險）

・定期保險：提供一個確定時期的保障，如果被保險人在規定時期內發生意外身故時，保險公司向受益人給付保險金。如果被保險人在期滿時仍然生存，保險公司不承擔給付保險金的責任，也不退還保險金。

・終身保險：是一種不定期的人壽保險，為被保險人提供終身保障，即保險公司要對被保險人負責，直至被保險人去世時終止。終身人壽保險以人的最終壽命為保險事故，在事故發生時，由保險人給付一定保險金額的保險，通常集合了保險和儲蓄投資。

(2) | **92** 對寄達之壽險保單看後，多久之內可以撤回，請求退還
保費？
(1)收到第2天起算5天內　　(2)收到第2天起算10天內
(3)收到第2天起算14天內　(4)收到第2天起算30天內。

> **解析** 人壽保險單示範條例第2條規定：要保人於保險單**送達的翌日起算十日內**，得以書面或其他約定方式檢同保險單向保險公司撤銷本契約。
> 故本題(2)為正確。

(4) | **402** 一般人壽保險屬於：
(1)費用保險　　　　　　(2)損害保險
(3)定值保險　　　　　　(4)定額保險。

> **解析** 保險契約簽訂時，雙方約定保險標的物的價值，並以其價值作為保險費計算的基礎，於保險事故發生時，依照當時該標的物的實際價值進行賠償，但賠償金額以不超過當初約定金額為限，稱之定額保險。
> 人壽保險為以人的生命為保險對象的保險。投保人或被保險人向保險人繳納約定的保險費後，當被保險人於保險期內死亡或生存至一定年齡時，履行給付約定之保險金。
> 故本題(4)為正確。

(3) | **408** 人壽保險是依約給付一定金額的一種：
(1)定值保險　　　　　　(2)生存保險
(3)定額保險　　　　　　(4)死亡保險。

> **解析** 因為人壽保險是以生命、身體，作為保險標的，**無法估算實際價值**，所以訂立保險契約時**約定一個保險金額**，當保險事故發生時，就以約定金額賠付，稱之為定額保險。
> 故本題(3)為正確。

(4) 409 人身保險不包括下列那一險種？
(1)健康保險　　　　　　　　(2)傷害保險
(3)旅行平安保險　　　　　　(4)信用保險。

> **解析** 人身保險是以**人的壽命**和**身體**為保險標的的一種保險。
> 信用保險是以商品賒銷和信用放貸中的債務人的信用作為保險標的，在債務人未能如約履行債務清償而使債權人遭致損失時，由保險人向被保險人（即債權人）提供風險保障的一種保險。
> 故本題(4)為非。

(4) 410 下列何者是人壽保險的主要特徵？
(1)保險給付不確定　　　　　(2)保險事故較不確定
(3)僅是利己的單純投保動機　(4)保險期間長。

> **解析** 人壽保險之保險期間為終身有效，在被保險人不幸身故時，由保險公司依保險契約所約定的金額給付保險金。
> 故本題(4)為正確。

(4) 411 貸款購買房屋最好配合下列何種保險？
(1)遞增型定期保險　　　　　(2)生存保險
(3)可變更型定期保險　　　　(4)遞減型定期保險。

> **解析** 因為房屋貸款隨著**每年繳息還本**，**房貸本金逐年遞減**，**保險金額也逐年減少**，故本題(4)為正確。

(4) 412 下列有關定期保險之敘述何者為非？
(1)期滿仍生存，保障全失
(2)中途退保，保費不能退還
(3)適合債權人購買
(4)被保人於保險期間內死亡，保險人應退還大部分保險費。

解析 保險法第101條規定：人壽保險人於**被保險人在契約規定年限內死亡**，或屆契約規定年限而仍生存時，**依照契約負給付保險金額之責**。並非退還大部分保險費。
故本題(4)為非。

(1) | **413** 就保障目的而論，年輕夫妻養育子女期間應購買何種人壽保險？
(1)遞增型定期保險　　　　(2)生存保險
(3)生死合險　　　　　　(4)年金保險。

解析 遞增型定期保險：保險金額逐年增加，用來對抗通膨的效用特別明顯，可確保自己的保障不致因通膨而縮水。

(2) | **414** 依我國保險法規定，人壽保險契約如涉及死亡給付之情況，發生保險事故之被保險人應年滿幾歲？
(1)1歲　　　　　　　　(2)15歲
(3)67歲　　　　　　　(4)80歲。

解析 保險法第107條規定：以未滿十五歲之未成年人為被保險人訂立之人壽保險契約，其死亡給付於被保險人**滿十五歲之日起**發生效力。
故本題(2)為正確。

(3) | **415** 依我國保險法規定，人壽保險之保險費到期未交付者，除契約另有訂定外，經催告到達後屆多少日仍不交付時，保險契約之效力停止？
(1)2日　　　　　　　　(2)一年
(3)30日　　　　　　　(4)五年。

解析 第二期以後分期保險費到期未交付，年繳或半年繳者，按照契約條款的約定，須由保險公司催繳保險費通知書，保險契約自催告通知書到達之翌日起**三十日**內為寬限期間。但季繳或月繳者，則不予催告，自保險費應繳日之翌日起三十日內為寬限期間。
故本題(3)為正確。

(1) | 416 依我國保險法規定，保險契約載有被保險人故意自殺，保
險人仍應給付保險金額之條款者，其條款於訂約多久後始
生效力？　(1)2年　(2)5年　(3)10年　(4)20年。

> **解析** 保險法第109條規定：保險契約載有被保險人故意自殺，保
> 險人仍應給付保險金額之條款者，其條款於訂約**二年**後始生效力。
> 故本題(1)為正確。

6-5 人壽保險

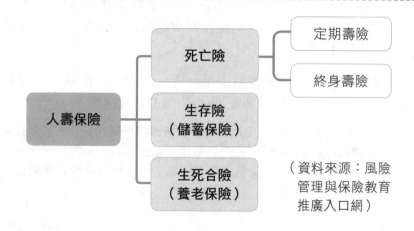

（資料來源：風險
管理與保險教育
推廣入口網）

生存保險 即指以生存作為保險金給付的條件，保險期間屆滿時，
被保險人仍生存，則給付一筆金額；若在保險期間身
故，則不予以理賠，並得以沒收保費。

生死合險 即融合定期保險與生存保險；若在保險期間身故，則可領
一筆理賠金，而保險期屆滿時，仍可領得生存保險金。

死亡保險 是人壽保險的一種，被保險人在保險責任有效期內死
亡，保險人給付保險金的保險，分為定期人壽保險和終
身人壽保險兩種。

(3) | **417** 生存保險主要之目的為：　(1)保障　(2)保障加儲蓄　(3)儲蓄　(4)生存。

> **解析** 生存保險是以被保險人於保險期間屆滿仍然生存時，保險公司依照契約所約定的金額給付保險金，保險金的給付是以生存為給付條件；因此，**生存保險以儲蓄為主，亦被稱為儲蓄保險**。故本題(3)為正確。

(3) | **418** 人壽保險公司給付之生存保險金，來自：　(1)被保人在保險期間屆滿前死亡者所繳付之保費　(2)要保人所繳付保費之累積儲存生息　(3)被保人在保險期間屆滿前死亡者所繳付之保費與要保人所繳付保費之累積儲存生息　(4)保險公司的投資收入。

(3) | **419** 所謂養老保險在性質上是一種？　(1)生存保險　(2)定期保險　(3)生存保險與定期保險　(4)終身保險。

> **解析** 保險契約約定以被保險人**於保險期間內死亡**，或**於保險期間屆滿仍生存時**，保險公司依照契約所約定金額給付保險金者稱為**生死合險**，又稱為養老保險，養老保險由**定期保險**與**生存保險混合而成**。
> 故本題(3)為正確。

(1) | **420** 保險期間較長的生死合險，其主要用途為？　(1)組合工作年齡保障與晚年生活準備　(2)為子女預備學費　(3)為未來債務預為償還準備　(4)年輕人初入社會所需之基本保障。

> **解析** 生死合險：**保險期間較長，以某一特定年齡為滿期者**，是**把工作年齡的保障和晚年的準備組合而成**；保險期間較短，以十年或十五年或二十年等某特定期限為滿期者，大多用於預籌並保障某項費用，譬如為子女預備學費或為某項將來之債務預作償還準備。
> 故本題(1)為正確。

6-6　健康保險與傷害保險

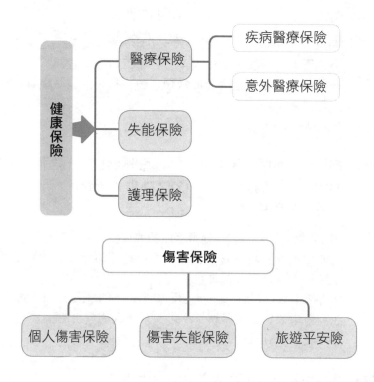

(3) |**421** 下列何者屬於健康保險之範疇？

(1)失業保險　　　　　　(2)專門職業責任保險

(3)失能保險　　　　　　(4)傷害保險。

> **解析** 健康保險主要為投保人應付**無法預測的醫療服務需求及財務風險**。
>
> 廣義的醫療保險也稱健康保險，它不僅補償由於**疾病**給人們帶來的直接經濟損失，還補償由於疾病帶來的間接損失，如誤工工資，對**分娩**、**殘疾**和**死亡**等也給予經濟補償。
>
> 本題(1)(2)(4)皆非屬疾病相關保險，故本題(3)為正確。

(4)｜**422** 影響傷害保險之保險費率最大的因素是？
　　　(1)年齡大小　　　　　　　(2)婚姻狀況
　　　(3)性別　　　　　　　　　(4)職業類別。

> **解析** 我國保險業已於民國六十五年編製一套臺灣地區傷害保險
> 個人職業分類表，七十七年五月十二日經財政部核定修正，該
> 表**將職業危險的程度分成六類**，對從事特別危險職業者另歸入
> 未承保類。
> 故本題(4)為正確。

(1)｜**423** 下列何者非傷害保險事故之「意外事故」，之構成要件？
　　　(1)內在原因觸發　　　　　(2)意外事故所致
　　　(3)外在原因觸發　　　　　(4)以上皆非。

> **解析** 傷害險對認定為傷害事故的構成要件有：
> 1.非由疾病引起：只要是以疾病為前置原因產生的殘廢或死亡
> 　結果，都非傷害事故。
> 2.外來事故：是指被保險人自己身體以外的原因，導致發生事故。
> 3.突發事故：是指偶然、不可預期而瞬間發生的事故。
> 故本題(1)為正確。

(3)｜**424** 傷害保險殘廢保險金主要決定因素為：
　　　(1)住院長短　　　　　　　(2)保險事故
　　　(3)殘廢級數　　　　　　　(4)職業種類。

> **解析** 殘廢保險金，目前傷害保險契約均訂有「殘廢程度與保險
> 金給付表」，區分為十一級八十項的殘廢項目，給付殘廢保險
> 金的比例從**第一級的百分之百**到**第十一級的百分之五**不等。
> 故本題(3)為正確。

6-7 年金保險與投資型保險

年金保險

- 個人年金保險 → 民間人壽保險、養老保險（年金）、個人儲蓄理財
- 企業年金保險 → 公、軍退撫基金及勞基法退休金
- 社會年金保險 → 公、軍、勞保、養老（退伍）給付國民年金保險制度

投資型保險

- **變額壽險**：將保戶所繳之保費，用來投資證券、基金、債券等不同的投資工具，該投資之績效及報酬便是保險給付的財源，而保障也隨投資報酬率的變化而調整。

- **萬能壽險**：萬能保險是在繳費方式以及保費上具有獨特的彈性，不需要像一般傳統壽險一樣有固定繳保費金額，保戶可以在自己經濟許可範圍內選擇繳交保費。

- **變額萬能壽險**：把萬能壽險的保費彈性與變額壽險的投資機會結合在一起的金融工具。

- **變額年金**：因應通貨膨脹而發展出來的，可以保證被保險人的終身收入，保單價值的增加反映出保戶自己選擇投資組合的績效表現，其價值的增減就用以調整其年金金額的給付。

- **投資連結保險**：指包含保險保障功能，並至少在一個投資帳戶擁有一定資產價值的人身保險產品。投資連結保險除了同傳統壽險一樣給予保戶生命保障外，還可以讓保戶直接參與由保險公司管理的投資活動，將保單的價值與保險公司的投資業績結合。

(2) | **93** 下列何者不是投資型保單之特性？
(1)具有結合保險與投資二方面功能
(2)具保證將來一定之收益
(3)依約定方式扣除各項費用後，依保戶同意或指定之投資分配方式
(4)以部分之保費投資金融商品。

> **解析** 投資型保單是**結合保險**與**投資**二種功能的保險商品，保戶所繳交的保費除了一部分用來支應保險成本與保單相關費用外，其餘的保費則會**依照保戶事先約定的投資方式與投資比重進行投資**，由保戶完全享有投資成果，並負擔投資風險。
> 故本題(2)為正確。

(1) | **425** 下列何種年金旨在照顧基本經濟生活？
(1)公共年金保險　　　(2)企業年金保險
(3)商業年金保險　　　(4)個人年金保險。

(4) | **426** 下列何者不屬於社會年金保險之範疇？
(1)老年年金　　　　　(2)殘廢年金
(3)遺屬年金　　　　　(4)延期年金。

> **解析** 社會年金係保險人承諾在被保險人生存期間或一特定期間內，支付定期給付契約金額的一種契約；或對個人在特定期間或生存期間繼續提供定期性給付金額的制度或契約。社會年金保險的種類可依保險事故別而分為**老年年金**、**殘廢年金**及**遺屬年金**三種。
> 故本題(4)為非。

(1) | **427** 保險人於被保險人生存期間或特定期間內，依照契約負一次或分期給付一定金額之責，此種保險稱為：
(1)年金保險　　　　　(2)退休金保險
(3)死亡保險　　　　　(4)養老保險。

解析 在被保險人生存期間，保險人按照合同約定的金額、方式，在約定的期限內，有規則的、定期的向被保險人給付保險金的保險，稱之年金保險。

故本題(1)為正確。

(3) | **428** 年金保險契約中，如規定有保證給付金額，年金受領人死亡之時，如有一部份尚未支領，此時保險人應將該差額：

(1)繳交國庫

(2)保留一定年限成為公司盈餘

(3)給付給年金受領人之身故受益人

(4)成為其他受領人之分紅。

解析 保證金額是指不論受益人生存與否，本公司保證給付年金之總額，其金額為指定保險金金額。

故本題(3)為正確。

(2) | **429** 下列何者為投資型保險的特點？

(1)主要功能為提供保障

(2)仍具有保障與投資雙重功能

(3)風險全由被保險人承擔

(4)要保人領取保單紅利。

解析 投資型保險是指**保險與投資結合**，同時**兼具保險和投資功能的保單**，此類保單最大特色是投資型保險的現金價值完全取決於實際投資績效。

故本題(2)為正確。

(4) | **430** 下列變額壽險之敘述何者為正確之敘述？

(1)保費固定　　　　　(2)保險金不固定

(3)投資方式採用分離帳戶　(4)以上皆是。

解析 變額壽險是指在保險期內，保險金額隨資金運用實際業績變化的一種人壽保險。其保費的繳納是固定的，但保單的保險金額在保證一個最低限額的條件下，卻是可以變動的。

故本題(4)以上皆是為正確。

(4) 431 下列萬能變額壽險之敘述何者為是？
(1)現金價值不固定　　　　　(2)較低的保證利率
(3)保險保障彈性較大　　　　(4)以上皆是。

> **解析** 萬能變額壽險是針對將壽險保單的現金價值視為投資的保單所有人設計，是一種終身壽險，其將萬能壽險的繳費靈活性、死亡保險金的可變性和變額壽險的投資彈性相結合。遵循萬能壽險的保費繳納方式，保單持有人可以在規定限度內自行決定每期保費支付金額，或在具備可保性及符合保單最低保額的條件下，任意選擇降低或調高保額；但其資產由分立帳戶保存，其現金價值的變化與變額壽險相同，且沒有最低投資收益率和本金的保證，最壞的預期現金價值可能會降至為零。
> 故本題(4)為正確。

6-8　財產保險

財產保險

投保人根據合同約定，向保險人交付保險費，保險人按保險合同的約定，對所承保的財產及其有關利益，因自然災害或意外事故造成的損失而承擔賠償責任的保險。

商業火災保險

顧名思義係指適用於從事辦公、營業、加工或製造等使用性質之火災保險。承保範圍：
1.承保的危險事故
　(1)火災。　　　　　　　　(2)爆炸引起的火災。
　(3)閃電雷擊所致的損失。
2.因前項危險事故發生，為救護保險標的物，而致保險標的物發生的損失。

住宅火災保險

凡是供住宅用之建築物及建築物內動產,均可投保住宅火災保險。承保範圍:

(1)火災。 (2)爆炸。
(3)閃電雷擊。 (4)航空器及其零配件之墜落。
(5)機動車輛碰撞。 (6)意外事故所致煙燻。
(7)額外費用之補償:清除費用、臨時住宿費用等。

海上保險

即水險。約定對保險標的物因海上航行中一切事故及災害所造成之毀損及滅失,由保險人負賠償責任。

汽車保險

車體損失險 ➤ 包括甲式與乙式,基本上乙式承保被保險汽車因碰撞、傾覆、火災、閃電、電擊、爆炸、拋擲物、墜落物等危險事故所造成的損失,甲式則採概括式的全險方式承保。

竊盜損失險 ➤ 竊盜險則指整車被偷盜的損失,另可加保零配件被竊損失險。

責任險 ➤ 依需求額度不同,可分為強制責任險及任意責任險二種。另可加保酗酒責任、僱主責任與乘客責任等。

責任保險

責任保險分為公共意外責任、產品責任、雇主責任、電梯責任、專業責任等。承保對象相當廣泛,主要的承保危險事故,即被保險人在保險期間,因意外事故之發生,造成第三人身體傷亡或財物損失的侵權行為,依法應由被保險人負賠償的責任時,由保險公司負擔賠償的責任。投保者大部分為工商企業。

(2)　**94**　下列何者不是產物保險？
(1)火災保險　(2)人身保險　(3)地震保險　(4)船舶保險。

(1)　**404**　產險公司不得經營下列何種保險？
(1)年金保險　(2)健康保險　(3)傷害保險　(4)旅行平安保險。

> **解析** 年金保險是指在被保險人生存期間，保險人按照合同約定
> 的金額、方式，在約定的期限內，有規則的、定期的向被保險
> 人給付保險金的保險。年金保險是由被保險人的生存為給付條
> 件的人壽保險，**由壽險公司經營**。
> 故本題(1)為正確。

(4)　**405**　下列何者不是我國保險法上財產保險的分類之一？
(1)火災保險　　　　　(2)陸空保險
(3)責任保險　　　　　(4)汽車保險。

> **解析** 依保險法第13條規定：財產保險，包括**火災保險**、海上保險、**陸
> 空保險**、**責任保險**、保證保險及經主管機關核准之其他保險。
> 故本題(4)汽車保險為非。

(1)　**406**　下列何者不屬於財產保險之性質？
(1)保險事故之發生相當規則
(2)保險金額差距甚大
(3)保險期間通常為一年或少於一年
(4)依賴再保險程度較深。

> **解析** 財產保險危險比較集中，保險人通常要採用分保或再保險
> 等風險管理方式分散風險。財產保險，例如船舶保險、汽車保
> 險、各種工程保險等，均需要通過風險管理手段分散風險。財
> 產保險公司的風險主要來自保險經營，經營狀況決定著財產保
> 險公司的財務狀況。
> 財產保險發生風險的客戶是少數，一旦被保險人發生損失，導致
> 的保險賠款數倍於所繳納的保險費。但是大部分客戶並不發生風

險損失，繳納了保險費卻不存在經濟賠償問題。雖然單筆保險業務支付的保險費和獲取的保險賠款並不等價，但是從大量客戶的損失總計和繳納保險費總計上來看，二者又是等價的。

故本題(1)為非。

(3) 407 財產保險不承保下列何種標的？

(1)建築物 　　　　　　(2)動產

(3)土地 　　　　　　　(4)收益。

> **解析** 不保財產的範圍：**土地**、礦藏、礦井、礦坑、森林、水產資源，以及未經收割或收割後尚未入庫的農作物、貨幣、票證、有價證券、文件、帳冊、圖紙、技術資料以及無法鑑定價值的財產、違章建築、危險建築、非法占用的財產以及在運輸過程中的物資列為不保財產。
>
> 故本題(3)為正確。

(1) 457 廠房因火災而遭燒毀，則此損失屬：

(1)直接損失 　　　　　(2)間接損失

(3)從屬損失 　　　　　(4)連帶營業中斷損失。

(2) 458 下列何者為間接損失保險？

(1)火災保險 　　　　　(2)營業中斷保險

(3)營造綜合保險 　　　(4)汽車保險。

> **解析** 營業中斷保險是指因政治風險的發生，造成投資者的營業暫時中斷而遭受損失的風險。它是**依附於**財產保險或機器損壞險等險種上的一種擴大的保險。它承保企業的生產營業設備由於**遭受自然災害**或**意外事故**造成企業生產停頓或營業中斷而帶來的**間接損失**。
>
> 故本題(2)為正確。

(4) | **459** 一般財產保險通常不承保下列何種危險事故？
(1)地震　　　　　　　　　　(2)颱風洪水
(3)航空器墜落及機動車輛碰撞　(4)核子輻射。

> **解析** 住宅火險以火災相關意外事故為保障範圍，地震颱風等則需另行加保始有理賠。
> 不保事項有以下：
> 1.各種放射線之輻射及放射能之污染。
> 2.不論直接或間接因原子能引起之任何損失。
> 3.戰爭(不論宣戰與否)類似戰爭行為，叛亂扣押、征用、沒收等。
> 4.火山爆發地下發火。
> 5.洪水所致之損失。但因地震引起之洪水所致之損失，本公司負賠償責任。
> 6.政府命令之焚毀拆除。但因承保之危險事故發生導致政府命令之焚毀或拆除者不在此限。
> 故本題(4)為正確。

(3) | **460** 下列何種保險之保險標的，無保險價額之概念？
(1)火災保險　　　　　　　　(2)海上貨物保險
(3)責任保險　　　　　　　　(4)工程保險。

> **解析** 無保險價額指**保險標的非實體財物**，其保額由契約當事人約定，無超額保險或低額保險之事。
> 責任保險以被保險人致人損害**依法應當承擔的損害賠償責任為標的**，為填補被保險人的損害之第三人保險。
> 本題(3)為正確。

(1) | **461** 下列何種標的物投保時採定值保險單方式？
(1)古董或藝術品　　　　　　(2)廠房
(3)傢俱衣李　　　　　　　　(4)機器設備。

> **解析** 定值保單指載明保險標的物的約定價值的保險單。
> (2)(3)(4)有重置成本可參考保險標的物的價值，僅(1)可能因時間、事故影響其市場價值，故本題(1)為正確。

(3) | **462** 以一個保險金額，承保多數標的物之保險單稱為：

(1)個別保險單　　　　　　　(2)集合保險單

(3)總括保險單　　　　　　　(4)複數保險單。

> **解析** 被保險人只要向保險公司商定一個承保範圍，明確保險標的、保險總額、航程、險別等，支付一筆總保險費，雙方**約定一個保險期，在期限內凡屬保險範圍內的貨物，全部承保在內**，稱為總括保險單。
> 故本題(3)為正確。

(3) | **463** 財產保險之保險利益一般須在何時存在？

(1)要保時　　　　　　　　　(2)保險契約訂立時

(3)保險事故發生時　　　　　(4)保險期間屆滿時。

> **解析** 保險法第17條規定：要保人或被保險人，對於保險標的物無保險利益者，保險契約失其效力。
> 一般要求從保險合約訂立到保險事故發生時，始終要有保險利益。如果合同訂立時具有保險利益，而當保險事故發生時不具有保險利益，不得向保險人請求賠償保險金。
> 故本題題答為(3)保險事故發生時存在。

(2) | **464** 我國財產保險遇有複保險情形時，大都採何種賠款分攤方式？

(1)獨立責任比例分攤法　　　(2)保險金額比例分攤法

(3)超額賠償法　　　　　　　(4)優先賠償法。

> **解析** 保險法第38條規定：善意之複保險，其保險金額之總額超過保險標的之價值者，除另有約定外，各保險人對於保險標的之全部價值，**僅就其所保金額負比例分攤之責**。但賠償總額，不得超過保險標的之價值。
> 故本題(2)為正確。

172 Part 1 金融市場常識

(4) | 465 下列何者不是企業財產保險的重要功能？
(1)維持企業利潤　　　(2)保障企業經營安全
(3)提高企業信用　　　(4)保障員工生命安全。

(3) | 466 下列何者不是財產保險對個人之功能？
(1)填補財產之損失　　(2)保障家庭生活安定
(3)提升生活品質　　　(4)減少對財產損失危險之憂慮。

(1) | 467 下列何者不是財產保險對國家社會的功能？
(1)累積政治資源　　　(2)促進經濟發展
(3)提供國家建設資金　(4)保障社會安定。

(2) | 468 我國商業火災保險之基本承保事故不包括：
(1)閃電雷擊　　　　　(2)爆炸
(3)爆炸引起之火災　　(4)竊盜後之縱火。

> **解析** 商業火災保險承保之危險事故：因**火災、爆炸引起之火災、閃電雷擊**所致之損失，及因前項危險事故之發生，為救護保險標的物所生之施救費用，依保險契約之規定負賠償責任。
> 故本題(2)不包含在內。

(1) | 469 我國商業火災保險之保險金額，除另有約定外，以下列何者為基礎？
(1)實際價值　　　　　(2)重置成本
(3)原始價格　　　　　(4)會計價值。

> **解析** 商業火災保險是不定值保險，即當保險事故發生時，保險標的物的實際賠償金額係按**保險標的物的實際現金價值**予以計算。
> 故本題(1)為正確。

(3) 470 下列何者非商業火災保險之承保標的？
(1)廠房　　　　　　(2)機器設備
(3)汽車　　　　　　(4)貨物。

> **解析** 商業火災保險的承保標的：
> 1.不動產（**建築物**及營業裝修，不包括土地）。
> 2.動產（營業生財、**機器設備**、**貨物**）。
> 故本題(3)為非。

(3) 471 我國商業火災保險附加之共保附加條款，其共保百分比為：
(1)60%　(2)70%　(3)80%　(4)100%。

> **解析** 共保條款係規定保險標的發生部分損失，而實際保險金額未達保險標的價值之某一定比例時，保險人依實際保險金額與最低應保金額之比例負賠償責任之條款。商業火災保險設有80%共保條款，目的在於促使被保險人提高保險金額，並使保險費負擔公平、合理。
> 故本題(3)為正確。

(3) 472 海上保險之查勘費及公證費為：
(1)損害防止費用　　(2)救助費用
(3)額外費用　　　　(4)共同海損費用。

> **解析** 額外費用是指所有跟理賠相關的費用，如**公證費**、**查勘費**、**理算師費**等的統稱。
> 故本題(3)為正確。

(1) 473 共同海損屬於下列何種損失？
(1)部分損失　　　　(2)單獨海損
(3)實際全損　　　　(4)推定全損。

> **解析** 共同海損是指為了使船舶或船上貨物避免共同危險，而有意地、合理地作出的特殊犧牲或支付的特殊費用。共同海損損失應由船、貨（包括不同的貨主）各方共同負擔。
> 故本題(1)為正確。

(4) | **474** 我國自用汽車保險單不包括：
(1)車體損失險　　　　　(2)竊盜損失險
(3)第三人責任保險　　　(4)旅客責任險。

> **解析** 自用汽車保險單不保事項其中之一：乘坐或上下被保險汽車之人死亡或受有體傷或其財物受有損失所致之賠償責任。
> 故本題(4)為正確。

(3) | **475** 免自負額車對車碰撞損失保險即車體損失險：
(1)甲式　　　　　　　　(2)乙式
(3)丙式　　　　　　　　(4)丁式。

> **解析** 汽車車體損失險：
> 包含有甲式、乙式、丙式及車體碰撞損失險等。被保險汽車因下列情況所致之毀損滅失時，保險公司依約定對被保險人負賠償之責。
> 甲式：碰撞、傾覆、火災、閃電、雷擊、爆炸、拋擲物、墜落物、第三人非善意行為、不屬於保險契約特別載明不保事項之任何其他原因。
> 乙式：碰撞、傾覆、火災、閃電、雷擊、爆炸、拋擲物、墜落物。
> **丙式（車對車碰撞險）**：車輛發生碰撞、擦撞所致之毀損滅失、對造車輛肇事逃逸，但經憲警現場處理且經保險公司查證屬實者。
> 故本題(3)為正確。

(1) | **476** 下列何者不是自用汽車保險第三人責任保險之附加被保險人？
(1)保險契約所載明之被保險人
(2)列名被保險人之配偶
(3)列名被保險人所僱用之駕駛人
(4)列名被保險人之同居家屬。

(3) **477** 對必須更換之零件，汽車車體損失險如何理賠？
(1)以舊品為準　　　　(2)以舊品加工資為準
(3)以新品為準　　　　(4)以新品減折舊為準。

> **解析** 被保險汽車發生承保範圍內之毀損滅失，除依本保險條款第十一條約定選擇全損現金賠償方式者外，本公司得依下列方式辦理理賠：必須更換之零件、配件概以新品為準，且不適用折舊比率分攤，如國內市場上無法購得時，本公司得以其他廠牌之零件、配件更換之。
> 故本題(3)為正確。

(2) **478** 下列何者非車體損失險乙式之承保危險事故？
(1)拋擲物或墜落物　　　　(2)第三者非善意行為
(3)碰撞及傾覆　　　　(4)閃電及雷擊。

> **解析** 甲式的承保範圍較大，包括：汽車因碰撞、傾覆、火災、閃電、雷擊、爆炸、拋擲物或墜落物所致之損失，第三者之非善意行為（不明車損），以及不屬保險契約特別載明為不保事項之其他原因（不明車損）等事故所致的毀損。乙式則排除不明車損。
> 故本題(2)為非。

(3) **479** 責任保險又稱為：
(1)第一人責任保險　　　　(2)第二人責任保險
(3)第三人責任保險　　　　(4)第四人責任保險。

> **解析** 責任保險以被保險人致人損害依法應當承擔的損害賠償責任為標的，為填補被保險人的損害之第三人保險。
> 故本題(3)為正確。

(1) **480** 責任保險所承保的責任為：
(1)民事責任　(2)刑事責任　(3)行政責任　(4)道義責任。

> **解析** 責任保險之承保風險為被保險人依法對於第三人應負民事損害賠償責任之風險。
> 故本題(1)為正確。

(1) | **485** 下列何者不是我國強制汽車責任保險之性質？
(1)政府部分補貼　　　　(2)公辦民營
(3)無盈無虧原則　　　　(4)包括軍用汽車。

(4) | **486** 強制汽車責任保險之死亡給付金額為新台幣：
(1)100萬元　　　　　　(2)120萬元
(3)150萬元　　　　　　(4)200萬元。

> **解析** 強制汽車責任險給付標準第6條規定：受害人因汽車交通事故致死亡者，其死亡給付為每一人新臺幣**二百萬元**。
> 故本題(4)為正確。

(4) | **487** 強制汽車責任保險之給付項目不包括：
(1)傷害醫療給付　　　　(2)失能給付
(3)死亡給付　　　　　　(4)財損給付。

(2) | **488** 下列何種情形不可向特別補償基金請求補償？
(1)事故汽車全部或部分無須訂立強制汽車保險契約者
(2)事故汽車可以查究者
(3)事故汽車為未保險汽車
(4)事故汽車係未經保險人同意使用之被保險汽車。

> **解析** 強制汽車責任保險法第40條：汽車交通事故發生時，請求權人因下列情事之一，未能依本法規定向保險人請求保險給付者，得於本法規定之保險金額範圍內，向特別補償基金請求補償：
> 一、事故汽車無法查究。……
> 故本題(2)為非。

(3) | **489** 強制汽車責任保險之保險人應於保險期間屆滿前何時以書面通知被保險人續保？
(1)2日前　　　　　　　(2)3日前
(3)30日前　　　　　　 (4)55日前。

解析 依強制汽車責任保險法第15條規定：保險人應於保險期間屆滿**三十日**前通知要保人續保，其怠於通知而於原保險期間屆滿後三十日內發生保險事故者，如要保人辦妥續保手續，並將其始期追溯自原保險期間屆滿之時，保險人仍須負給付責任。
故本題(3)為正確。

(1) 490 我國現行住宅火災及地震基本保險之承保危險事故不包括：
(1)颱風及洪水　　　　(2)航空器墜落
(3)爆炸　　　　　　　(4)閃電及雷擊。

解析 住宅火險以火災相關意外事故為保障範圍，地震、颱風等則需另行加保始有理賠，一般不保事項有以下幾點：
1.各種放射線之輻射及放射能之污染。
2.不論直接或間接因原子能引起之任何損失。
3.戰爭、類似戰爭行為、叛亂、扣押、征用、沒收等。
4.火山爆發、地下發火。
5.洪水所致之損失，但因地震引起之洪水所致之損失，本公司負賠償責任。
6.政府命令之焚毀拆除，但因承保之危險事故發生導致政府命令之焚毀或拆除者不在此限。
故本題不包括(1)。

(4) 491 火災及地震基本保險承保之住宅建築物係以何種基礎約定保險金額？
(1)會計成本　　　　　(2)原始取得成本
(3)實際價值　　　　　(4)重置成本。

解析 承保住宅建築物保險金額之約定係以**重置成本為基礎**，依其投保時中華民國產物保險商業同業公會「臺灣地區住宅類建築造價參考表」之金額為重置成本，並依該重置成本約定保險金額。
故本題(4)為正確。

(4) | **492** 我國現行住宅火災保險對承保之建築物適用何種比例之共保條款？

(1)5%　　　　　　　　(2)13%

(3)18%　　　　　　　(4)60%。

> **解析** 共保條款，係指規定若保險標的發生部分損失，但實際保險金額未達保險標的價額之某一定比例時，則視被保險人為該保險契約之共同保險人，應自行負擔未達該特定比例部分之損失，保險人僅依實際保險金額與最低應保金額之比例負賠償責任之條款。現行的住宅火險有「60%共保條款」。
> 故本題(4)為正確。

(3) | **493** 我國現行住宅火災及地震基本保險不承保下列何種標的？

(1)住宅玻璃　　　　　(2)屋內傢俱

(3)停放屋內之車輛　　(4)房屋之裝潢。

> **解析** 住宅火災及地震基本保險條款第25條不保之動產：本公司對於下列動產因承保之危險事故發生所致之損失，不負賠償責任：……
> 十二、機動車輛及其零配件。……
> 故本題(3)為正確。

(4) | **494** 住宅地震基本保險對建築物之賠償限額為？

(1)2萬元　　　　　　(2)5萬元

(3)10萬元　　　　　(4)150萬元。

> **解析** 住宅火險投保期間以一年為限，另加入地震基本險的保障。每一個地震事故受災戶可享有臨時住宿費最高20萬元和造成房屋全損時，每戶最高150萬元的補償。
> 故本題(4)為正確。

6-9 其他保險

團體人壽保險

團體保險是指5人以上之機關行號集體投保保險。目前以一年期之定期保險為主。

公 保

公教人員保險之保險給付項目包括殘廢、養老、死亡、眷屬喪葬等四項。主管機關為考試院，承保機關為臺灣銀行公教保險部。

勞 保

勞保給付項目為生育、傷害、殘廢、生育、死亡、老年。年齡限制為15歲以上至65歲以下。

就業保險

就業保險給付項目為失業給付、提早就業獎助津貼、職業訓練生活津貼、補助全民健康保險費、育嬰留職停薪津貼。中央主管機關為勞動部，年齡限制15歲以上至65歲以下。

農 保

保險事故分為傷害、疾病、生育、身心障礙及死亡5種，分別給與醫療給付與現金給付，前者包括傷害給付與疾病給付，後者包括生育、殘廢及喪葬津貼，其中現金給付較試辦期間增列了殘廢給付項目。

軍 保

軍保承保項目為死亡、身心障礙、退伍、育嬰留職停薪及眷屬喪葬津貼等。軍人保險是由國防部主管，業務委由臺銀人壽辦理。

※註解：軍保之主管機關為國防部；本保險業務得委託其他機關或公營事業機構辦理。

全民健保

承保範圍為疾病、傷害、生育。而健保保險人共分為六類。（僅列出第一類供參照）

第一類：

(一)政府機關、公私立學校之專任有給人員或公職人員。

(二)公、民營事業、機構之受僱者。

(三)前二目被保險人以外有一定雇主之受僱者。

(四)雇主或自營業主。

(五)專門職業及技術人員自行執業者。

---

(3) | **432** 下列有關團體人壽保險的敘述何者錯誤？

　　(1)承保時僅簽發一張總保險單

　　(2)要保人為企業負責人

　　(3)被保險人須接受體檢

　　(4)核保簡單。

> **解析** 團體人壽保險是以團體為保險對象，由保險公司簽發一張總的保險單，為該團體的成員提供保障的保險。其特點為：**免體檢**、保險費率較低、保險金額分等級制定、保障範圍較廣泛。

(1) | **433** 依我國團體一年定期人壽保單示範條款規定，所謂「團體」，其最低人數通常為多少？

　　(1)5人　　　　　　　　(2)100人

　　(3)500人　　　　　　　(4)1,000人。

> **解析** 依團體傷害保險單示範條款第2條規定：本契約所稱「團體」是指具有**五人以上**且非以購買保險而組織之團體。
> 故本題(1)為正確。

(1) | **434** 下列何者非團體傷害保險之保險費考慮因素？

　　(1)年齡　　　　　　　　(2)職業

　　(3)工作環境　　　　　　(4)意外事故發生率。

(4) | **435** 下列何者非屬團體保險之險種？
(1)定期保險　　　　　　(2)信用人壽保險
(3)傷害保險　　　　　　(4)職業責任保險。

(2) | **436** 我國公教人員保險的主管機關為：
(1)內政部　　　　　　　(2)考試院銓敘部
(3)行政院　　　　　　　(4)金融監督管理委員會。

> **解析** 公務人員保險制度創始於民國（以下同）47年9月，其目的在於保障公務人員生活，增進其福利，以提高工作效率，並**以銓敘部為主管機關**，其於96年6月以前係以中央信託局為承保機關，96年7月1日中央信託局與臺灣銀行合併後，奉考試院、行政院會同指定臺灣銀行為公教人員保險之承保機關，繼續辦理公保相關業務。
> 故本題(2)為正確。

(1) | **437** 下列何者非我國公教人員保險給付項目之一？
(1)醫療給付　　　　　　(2)養老給付
(3)死亡給付　　　　　　(4)育嬰留職停薪。

> **解析** 公教人員保險項目：殘廢給付、**養老給付**、**死亡給付**、眷屬喪葬津貼、生育給付（103年6月1日開辦）、育嬰留職停薪津貼。
> 故本題答(1)。

(3) | **438** 下列何者非我國勞工保險承保的給付項目之一？
(1)生育給付　　　　　　(2)傷病給付
(3)失業給付　　　　　　(4)眷屬喪葬津貼。

> **解析** 勞工保險依種類分為二類：
> 1. 普通事故保險：保險費分擔比為，勞工20%、雇主70%。分生育、傷病、殘廢、老年及死亡等給付。
> 2. 職業災害保險：保費由雇主全額負擔。分傷病、醫療、殘廢及死亡等四種。
> 故本題(3)為正確。

(1) | **439** 下列何者為我國勞工保險中職業災害保險的承保項目？
(1)傷病給付　　　　　　　(2)生育給付
(3)失業給付　　　　　　　(4)以上皆是。

> **解析** 職業災害保險將職業災害分為職業傷害及職業病二類，並據「勞工保險被保險人因執行職務而致傷病審查準則」及「勞工保險職業病種類表」等規定加以認定。當被保險人發生職業傷病事故時，職業災害保險將按相關規定，給予醫療、傷病、失能、死亡給付及失蹤津貼等各項補償。
> 故本題(1)為正確。

(2) | **440** 下列何者為我國勞工保險中普通事故保險與職業災害保險二者均會給付之項目？
(1)生育給付　　　　　　　(2)傷病給付
(3)失業給付　　　　　　　(4)以上皆是。

(2) | **441** 我國勞工保險主管機關在中央為：
(1)財政部　　　　　　　　(2)勞動部
(3)金融監督管理委員會　　(4)保險局。

> **解析** 勞工保險條例第4條：勞工保險之主管機關：在中央為**勞動部**；在直轄市為直轄市政府。
> 故本題(2)為正確。

(1) | **442** 我國勞工保險規定，被保險人的年齡限制為：
(1)15歲以上65歲以下　　　(2)20歲以上65歲以下
(3)18歲以上60歲以下　　　(4)16歲以上65歲以下。

> **解析** 依照勞工保險條例第6條規定，**年滿15歲以上**，**65歲以下**之勞工，應以其雇主或所屬團體或所屬機構為投保單位，全部參加勞工保險為被保險人。
> 故本題(1)為正確。

(1) | **443** 我國就業保險之中央主管機關為：
(1)勞動部　　　　　　　　(2)財政部
(3)金融監督管理委員會　　(4)勞工保險局。

> 解析 就業保險法第2條規定：就業保險之主管機關：在中央為**勞動部**；在直轄市為直轄市政府；在縣（市）為縣（市）政府。
> 故本題(1)為正確。

(4) | **444** 下列何者非我國就業保險之給付項目？
(1)失業給付　　　　　　　(2)提早就業獎助津貼
(3)職業訓練生活津貼　　(4)身心障礙給付。

(3) | **445** 我國就業保險規定，被保險人包括：
(1)公教人員　　　　　　　(2)受雇之外國籍勞工
(3)受雇之本國籍勞工　　(4)以上皆是。

> 解析 就業保險法第5條規定：年滿15歲以上，65歲以下之下列**受僱勞工**，應以其雇主或所屬機構為投保單位，參加本保險為被保險人：一、**具中華民國國籍者。……**
> 故本題(3)為正確。

(2) | **446** 下列何者非我國農民健康保險承保的給付項目之一？
(1)生育給付　(2)傷病給付　(3)身心障礙給付　(4)喪葬津貼。

> 解析 農民健康保險給付項目：**生育給付、身心障礙給付、喪葬津貼**。
> 故本題(2)為非。

(3) | **447** 下列何者非我國農民健康保險承保的危險事故之一種？
(1)生育　(2)身心障礙　(3)老年　(4)死亡。

> 解析 農民健康保險之保險事故分為傷害、疾病、**生育、身心障礙及死亡**5種。
> 故本題(3)為非。

(4) 448 我國農民健康保險的被保險人不包括：
(1)自耕農　　　　　　　　　　(2)佃農
(3)農業學校畢業從事農業推廣工作者　(4)農業學校職員。

> **解析** 農會法第12條規定：凡中華民國國民，年滿二十歲，設籍農會組織區域內，實際從事農業，並合於左列各款之一者，經審查合格後，得加入該組織區域之基層農會為會員：
> 1.**自耕農**。
> 2.**佃農**。
> 3.**農業學校畢業**或有農業專著或發明，現在**從事農業推廣工作**。
> 4.服務於依法令登記之農、林、牧場員工，實際從事農業工作。……
> 故本題(4)為正確。

(1) 449 我國軍人保險中所稱「軍人」，係指：
(1)現役軍人　(2)退役軍人　(3)後備軍人　(4)以上皆是。

> **解析** 軍人保險條例第2條規定：本條例所稱之軍人，係指**現役軍官、士官、士兵**。
> 故本題(1)為正確。

(4) 450 我國軍人保險之給付項目之種類不包括：
(1)死亡　　　　　　(2)身心障礙
(3)退伍　　　　　　(4)育嬰留職留薪津貼。

> **解析** 軍人保險條例第3條：本保險包括**死亡**、**身心障礙**、**退伍**及**育嬰留職停薪**及**眷屬喪葬**五項。
> 故本題答(4)。

(1) 451 我國軍人保險之主管機關為：
(1)國防部　(2)臺灣銀行　(3)行政院　(4)勞保局。

> **解析** 軍人保險條例第5條規定：本保險之主管機關為**國防部**……。
> 故本題(1)為正確。

(1) | 452 我國軍人保險退伍及殘廢給付，受益人為：
(1)被保險人本人　　　(2)被保險人之配偶
(3)被保險人之子女　　(4)被保險人之父母。

> **解析** 軍人保險條例第6條規定：退伍給付、殘廢給付、育嬰留
> 職停薪津貼及眷屬喪葬津貼，以**被保險人本人為受益人**……。
> 故本題(1)為正確。

(4) | 453 我國全民健康保險承保的危險事故不包括：　(1)疾病
(2)傷害　(3)生育　(4)失能。

(2) | 454 我國全民健康保險第一類的保險對象不包括：　(1)公教人
員　(2)榮民　(3)專門職業人員　(4)私校教職員。

(1) | 455 我國全民健康保險規定第一類被保險人負擔其眷屬之保險
費，最高以幾口為限？　(1)三口　(2)六口　(3)九口
(4)十二口。

> **解析** 依全民健康保險法第18條的規定：第一類至第三類被保險
> 人及其眷屬之保險費，依被保險人之投保金額及保險費率計算
> 之；保險費率，以百分之六為上限。前項眷屬之保險費，由被
> 保險人繳納；**超過三口者，以三口計**。
> 故本題(1)為正確。

(2) | 456 設(甲)全民健康保險，(乙)商業性健康保險，則下列敘述何
者為非：
(1)甲之投保方式為強制性
(2)乙之給付按法律規定
(3)甲之經營主體為政府機關
(4)甲乙之保險成本均賴精算原理。

> **解析** 商業性健康保險是用來彌補全民健保的不足，獲得更完善
> 的保障。故本題(2)應為甲之給付按法律規定。

第七章　企業社會責任

7-1　公司治理

- 永續發展：
  1. 持續深化我國公司治理。
  2. 提升企業永續發展。
  3. 營造健全永續發展（ESG）生態體系。
  4. 強化我國資本市場國際競爭力。

- 公司治理3.0-永續發展藍圖5大主軸：
  1. 強化董事會職能，提升企業永續價值。
  2. 提高資訊透明度，促進永續經營。
  3. 強化利害關係人溝通，營造良好互動管道。
  4. 接軌國際規範，引導盡職治理。
  5. 深化公司永續治理文化，提供多元化商品。

- 金融監督管理委員會推動「上市櫃公司永續發展路徑圖」規劃案目的：
  1. 因應氣候變遷衝擊及國際間對永續議題關注。
  2. 協助我國企業及早因應訂定其減碳目標。

- 上市櫃公司永續發展路徑圖：
  1. 對象依公司實收資本額自2023年起分階段推動，鋼鐵及水泥產業則自2023年起揭露。
  2. 揭露內容涵蓋溫室氣體直接排放（範疇一）及能源間接排放量（範疇二）。
  3. 分階段揭露至與公司合併財務報表範圍相同。
  4. 要求全體上市櫃公司於2027年前完成溫室氣體盤查，2029年前完成溫室氣體盤查之查證。

- 預計2050年台灣推動淨零轉型將可達到四個目標：

1. 碳中和：碳排放量等於或小於被自然或人工碳吸收的量，從而在全球氣候變化方面實現一種平衡。實現碳中和可以促進清潔技術和綠色產業的發展，創造就業機會，提高能源安全性，改善空氣和水質，並促進永續經濟增長。

2. 可再生能源比例提高：大幅增加可再生能源的比例，包括太陽能、風能和其他清潔能源，減少對化石燃料的依賴，並加速轉型為更具可持續性的能源結構。

3. 永續城市發展：致力於打造更加永續和智慧的城市，包括改善公共交通系統、提高建築能源效率、推廣低碳交通工具等。將有助於減少城市排放，改善居民生活品質，並促進城市的可持續發展。

4. 生態保護和永續管理：加強對自然資源的保護和永續管理，包括森林、水源地、海洋等，包括擴大保護區域、實施生態修復項目、促進可持續漁業等措施，以確保自然環境的健康和永續利用。

- 舞弊三角論要素 ┬ 壓力
　　　　　　　├ 機會
　　　　　　　└ 藉口

(3) 73 下列何者並非屬強化公司治理的措施？
(1)擴大獨立董事強制設置範圍
(2)鼓勵企業善盡社會責任
(3)限制員工跳槽以留住人才
(4)強制設置薪資報酬委員會。

> **解析** 依據行政院第2865次院會通過強化公司治理政策綱領暨行動方案，強化公司治理重要政策方向為：
> 1.健全公司內部控制制度。
> 2.循序建立獨立董監事制度。
> 3.強化資訊公開制度，加強業務資訊揭露。
> 4.推動特定組織之治理。
> 故本題(3)為錯誤。

(3) 121 有關於以下由行政院國家永續發展委員會核定之『永續發展政策綱領』中所分類的政策層面與面項敘述，請問何者錯誤？

(1)「永續的環境」層面包含：大氣、水、土地、海洋、生物多樣性及環境管理等六個面向

(2)「永續的社會」層面包含：人口與健康、居住環境、社會福利、文化多樣性及災害防救等五個面向

(3)「永續的經濟」層面包含：企業獲利、企業績效、企業營運、永續能源及資源再利用等五個面向

(4)「執行的機制」層面包含：教育、科技發展、資訊化社會、公眾參與、政府再造及國際合作等六個面向。

解析 永續發展政策綱領分為永續的環境、永續的社會、永續的經濟、執行的機制等四項「政策層面」，各政策層面下之面向分別為：

1.「永續的環境」層面包含：大氣、水、土地、海洋、生物多樣性及環境管理等六個面向。

2.「永續的社會」層面包含：人口與健康、居住環境、社會福利、文化多樣性及災害防救等五個面向。

3.「永續的經濟」層面包含：經濟發展、產業發展、交通發展、永續能源及資源再利用等五個面向。

4.「執行的機制」層面包含：教育、科技發展、資訊化社會、公眾參與、政府再造及國際合作等六個面向。

故本題(3)有誤。

---

(4) 122 因應氣候變遷衝擊及國際間對永續議題關注，協助我國企業及早因應訂定其減碳目標，金融監督管理委員會（以下稱金管會）於2022年推動「上市櫃公司永續發展路徑圖」規劃案，以下有關規劃案敘述何者正確？

(1)配合政府2070淨零碳排目標，金管會特訂定上市櫃公司溫室氣體盤查資訊揭露時程，俾利企業遵循及訂定減碳目標

(2)揭露對象除鋼鐵、化工業自2022年強制揭露外，其餘上市櫃公司係按實收資本額自2022年起分階段推動

(3)揭露目標為2025年全體上市櫃公司完成溫室氣體盤查且與財務報表範圍一致

(4)揭露內容包含範疇一（溫室氣體直接排放）與範疇二（能源間接排放量）。

解析 配合政府2050淨零碳排目標，金管會特訂定上市櫃公司溫室氣體盤查資訊揭露時程，俾利企業遵循及訂定減碳目標，金管會在1月13日預告「上市櫃公司永續發展路徑圖」，提出上市櫃公司揭露碳排的三項原則；首先，對象依公司實收資本額自2023年起分階段推動，鋼鐵及水泥產業則自2023年起揭露；其次，**揭露內容涵蓋溫室氣體直接排放（範疇一）及能源間接排放量（範疇二）**；第三，分階段揭露至與公司合併財務報表範圍相同。故本題(4)為正確。

(2) | **123** 永續好好食股份有限公司為一家國內上市公司，下列有關於該公司編製與申報2021年度永續報告書之敘述，請問何者錯誤？

(1)該公司依據臺灣證券交易所「上市公司產業類別劃分暨調整要點」規定屬食品工業，因此雖然2021年度財務報告所載股本僅新臺幣二億元，亦須依照「上市公司編製與申報永續報告書作業辦法」（以下稱作業辦法）編製與申報2021年度永續報告書

(2)該公司因非屬高碳排產業，故2021年度永續報告書無須加強揭露企業對氣候相關風險與機會之治理情況

(3)該公司應於2021年度永續報告書中揭露企業非擔任主管職務之全時員工人數、非擔任主管職務之全時員工薪資平均數及中位數，及前三者與前一年度之差異

(4)該公司應建立永續報告書編製及驗證之作業程序，並納入內部控制制度。

> **解析**　「永續報告書（ESG Report）」，在作業辦法第二條中，要求實收資本額20億元以上之上市公司，須於2023年編製並申報2022年永續報告書；第五條中，要求食品工業、餐飲收入占其全部營業收入之比率達50%以上、化學工業、金融保險業應編製申報永續報告書，其中第四條所規範之特定揭露事項，應取得會計師依財團法人中華民國會計研究發展基金會發布之準則所出具之意見書。
> 故本題(2)為非。

(1)　124 請問以下何者非屬金融監督管理委員會於2020年宣布之『公司治理3.0-永續發展藍圖』中所推動之主軸？
(1)強化股東會職能，提升企業永續價值
(2)提高資訊透明度，促進永續經營
(3)強化利害關係人溝通，營造良好互動管道
(4)接軌國際規範，引導盡職治理。

> **解析**　「公司治理3.0-永續發展藍圖」以「強化董事會職能，提升企業永續價值」、「提高資訊透明度，促進永續經營」、「強化利害關係人溝通，營造良好互動管道」、「接軌國際規範，引導盡職治理」及「深化公司永續治理文化，提供多元化商品」等5大主軸為中心。
> 故本題(1)為正確。

(1)　125 「深化公司永續治理文化，提供多元化商品」為金融監督管理委員推動『公司治理3.0-永續發展藍圖』的五大主軸之一，請問以下何者非屬該項目之具體推動措施？
(1)規劃建置永續板，推動永續發展相關保險產品
(2)持續視市場使用者需求，研議推動永續相關指數商品
(3)持續檢討公司治理評鑑指標，強化評鑑效度
(4)持續宣導公司治理及企業社會責任。

解析 隨著全球氣候變遷及新冠疫情等對全球帶來之衝擊，各國紛紛開始重視環境及社會的永續發展，藉由市場機制引導資金投入永續發展，係促使企業自發性注重永續議題的重要驅動力，本次藍圖將規劃建置永續板，推動可持續發展債券、社會責任債券及綠色債券等永續發展相關商品。另並將透過持續提升公司治理評鑑效度，及增加公告中小市值公司之評鑑排名，進一步鼓勵上市櫃公司自發性提升其公司治理品質。
故本題(1)為錯誤。

(1) | **126** 以下有關聯合國永續發展目標（Sustainable Development Goals, SDGs）之敘述，請問何者有誤？

(1)SDGs 4是「確保有教無類、公平以及高品質的教育，及提倡終身學習」（Quality Education），包含消除教育上的性別差距不能雙重標準公然性羞辱

(2)SDGs 5是「實現性別平等，並賦予婦女權力」（Gender Equality），包含終結所有對婦女和女童的各種形式歧視

(3)SDGs 8是「促進包容且永續的經濟成長，讓每個人都有一份好工作」（Decent Work and Economic Growth），包含保護勞工的權益，為所有勞工創造安全有保障的工作環境

(4)SDGs 16是「促進和平多元的社會，確保司法平等，建立具公信力且廣納民意的體系」（Peace, Justice and Strong Institutions），包含促進及落實沒有歧視的法律與政策，以實現永續發展。

解析 SDGs 有17項目標：
SDG 1 終結貧窮：消除各地一切形式的貧窮。
SDG 2 消除飢餓：確保糧食安全，消除飢餓，促進永續農業。
SDG 3 健康與福祉：確保及促進各年齡層健康生活與福祉。
SDG 4 優質教育：確保有教無類、公平以及高品質的教育，及提倡終身學習。
SDG 5 性別平權：實現性別平等，並賦予婦女權力。
SDG 6 淨水及衛生：確保所有人都能享有水、衛生及其永續管理。

SDG 7 可負擔的潔淨能源：確保所有的人都可取得負擔得起、可靠、永續及現代的能源。

SDG 8 合適的工作及經濟成長：促進包容且永續的經濟成長，讓每個人都有一份好工作。

SDG 9 工業化、創新及基礎建設：建立具有韌性的基礎建設，促進包容且永續的工業，並加速創新。

SDG 10 減少不平等：減少國內及國家間的不平等。

SDG 11 永續城鄉：建構具包容、安全、韌性及永續特質的城市與鄉村。

SDG 12 責任消費及生產：促進綠色經濟，確保永續消費及生產模式。

SDG 13 氣候行動：完備減緩調適行動，以因應氣候變遷及其影響。

SDG 14 保育海洋生態：保育及永續利用海洋生態系，以確保生物多樣性並防止海洋環境劣化。

SDG 15 保育陸域生態：保育及永續利用陸域生態系，確保生物多樣性並防止土地劣化。

SDG 16 和平、正義及健全制度：促進和平多元的社會，確保司法平等，建立具公信力且廣納民意的體系。

SDG 17 多元夥伴關係：建立多元夥伴關係，協力促進永續願景。

故本題(1)為錯誤。

(1) 127 魷魚公司找來經理人奇勳、尚佑、美女跟俊昊一起替公司鑑別氣候變遷轉型風險，鑑別錯誤的經理人今年將無法得到績效獎金，但鑑別出最關鍵的氣候變遷轉型風險者可以得到456億獎金，請問以下哪項提案可以幫助他們成為獎金贏家？

(1)氣溫上升可能導致政府對於徵收碳費，公司營運成本上升

(2)洪水可能導致廠房及設備損傷，進而可能使營運中斷

(3)極端降雨可能導致用水吃緊或產量下降

(4)乾旱可能造成缺水影響產能穩定性。

> **解析** 碳費分階段徵收最快2024上路，為達到2050淨零碳排目標，政府最快將自2024年起分階段、由大至小徵收碳費，對象為年排放量達2.5萬噸以上的公司。
> 故本題(1)為正確。

(2) | **128** 企業依照「上市公司編製與申報永續報告書作業辦法」編製永續報告書時應參考全球永續性報告協會（Global Reporting Initiatives，GRI）發布之GRI準則，請問以下對GRI準則的敘述何者錯誤？

(1)GRI準則的主題準則涵蓋經濟、社會及環境

(2)GRI準則在2021年10月改版後，企業應隨即適用新版準則編製報告書

(3)企業應透過重大性分析流程，決定報告書應報告的內容

(4)GRI準則中除了主題準則外也包含基礎通用準則，例如報告書的報導原則。

> **解析** 全球永續性報告協會（Global Reporting Initiative，簡稱GRI）為獨立的國際性組織，自1997年以來率先發布永續發展報告的揭露架構，期望幫助全球企業和政府透過該架構，能有效了解與傳達報導組織的重大永續發展問題所面臨的衝擊及解決之道，2016年正式推出GRI永續性報導準則（GRI Sustainability Reporting Standards），成為全球第一個使用最廣泛的永續性報導的全球標準。GRI準則自從2018年正式取代G4指南後，在2021年10月發布了新改版消息，並同步發布「通用準則2021」，將於2023年1月1日正式實施。
> 故本題(2)為非。

(1) | **130** 金融監督管理委員會於2020年推出之『綠色金融行動方案2.0』，其中為推動落實責任投資，並鼓勵金融業及政府相關單位辦理永續發展領域之投資，所提出投資面向之具體措施不包含下列何者？

(1)修正機構投資人誠信經營守則

(2)研議將ESG責任投資納入自律規範

(3)鼓勵金融機構辦理永續發展領域之投資

(4)洽請國營事業及政府基金參與永續發展領域之投資。

解析 綠色金融行動方案2.0共有8大推動面向，38項具體措施，內容包括：持續透過獎勵機制及配套措施等方式鼓勵金融機構對綠能產業及永續發展領域辦理授信；研議修正相關規範以推動落實責任投資，並鼓勵金融業及政府相關單位辦理永續發展領域之投資。
故本題(1)為非。

(4) 131 知名犯罪學家唐諾‧克雷西（DonaldCressey）提出了「舞弊三角理論」用以說明在某些條件存在時，詐騙行為通常會發生！上開條件為何？　(1)壓力／動機　(2)機會　(3)合理化的心理機制　(4)以上皆是。

(4) 132 下列何者屬於紅旗警訊（亦即發現此種情形時，通常接下來有舞弊的可能）？　(1)生活突然變得奢侈　(2)陷入嚴重的財務困境　(3)跟供應商或客戶有不正常的親密或往來　(4)以上皆是。

(4) 133 詐騙之所以能夠遂行，常常是公司組織內部給予行為人「機會」，下列何者屬於較為常見的「機會」：　(1)缺乏內部控制（譬如會計兼任出納等）　(2)內部控制的逾越與失靈　(3)最高管理階層漠不關心　(4)以上皆是。

(4) 134 能夠有效發現潛在詐騙行為的措施，下列何者為真？　(1)檢舉專線　(2)內部稽核　(3)管理階層定期檢視　(4)以上皆是。

(4) 135 金管會為阻斷舞弊行為發生，進而指示、建議了理專二十一誡，下列何者屬實？
(1)留存或代客戶保管存摺、印章、保單
(2)跟客戶間有私人借貸關係或資金往來
(3)理專的客戶與理專留存的電話、地址、電子郵件同一
(4)以上皆是。

Part 2
職業道德

第一章　業務推廣與招攬

 金融從業人員應該做的事情

- 推廣業務時應注意：(1)服裝儀容。(2)配戴有明確標示服務機構的名牌或名片。

- 執行業務時應：

    (1)提供良好的服務品質。

    (2)確認並瞭解客戶的需求。

    (3)提供符合客戶需求的商品。

    (4)商品介紹與風險告知。

- 提供相關建議前應：(1)充分收集資料。(2)審慎分析商品特性。(3)考量客戶經濟能力。

- 保險業務員經登錄後，應專為其所屬公司從事保險之招攬。

- 應具備服務的熱忱與專業的能力，以維繫良好的客戶關係。

- 業務人員需盡量提供客戶完整且客觀的資訊，不為本身業績而傷害客戶權益。

- 應以客戶之適切性及客戶委託規劃之資產成長情形作為推薦商品時的優先考量。

- 應不斷閱讀報章雜誌及參加專業訓練來充實自己的專業能力。

- 從事業務推廣時應秉持：(1)誠信原則。(2)客戶資料保密原則。(3)利益迴避原則。(4)公平分配原則。

- 確實徵信並瞭解客戶背景，對於不適合投資之客戶應予以拒絕。

- 招攬證券期貨相關業務，對於客戶折讓之要求，可折讓至客戶本人帳戶。

- 招攬保險相關業務時，因不可削價競爭，因此不可以有折讓的行為發生。

- 應充分知悉並評估客戶之投資知識、投資經驗、財務狀況與可承受投資風險程度。

- 向客戶提供公司之充分資料，包括公司之營業地址、公司營業之種類與限制。

- 業務人員應儘量提供客戶完整且客觀的資訊，不得為業績而做傷害顧客的行為。

- 金融從業人員在從事保險招攬時應充分瞭解要保人及被保險人；要保人及被保險人之基本資料、要保人與被保險人及被保險人與受益人之關係、要保人及被保險人是否符合投保之條件。

- 製播廣告應清楚、公正，不得使用類似大眾所熟悉之他人商標，避免混淆消費者與誤導消費者不正確之價值及理財觀念。

- 銀行受理開戶時應核對開戶人確為本人，由開戶人依約定當面親自簽名或蓋章，並留存開戶人身份證影本。

- 刊登平面廣告時，其警語表示方式應以粗體印刷使其顯著標示，且不得小於廣告上其他部分之最小字體、讓一般人在快速閱讀相關廣告時，均能顯而易見。

- 推廣文宣應清楚、公正及不誤導投資人，應讓投資人能適當的瞭解產品所涉風險。

- 保險業務員經所屬公司同意，並取得相關資格後，保險業、保險代理人公司之業務員得登錄於另一家非經營同類保險業務之保險業或保險代理人公司。

- 保險經紀人公司之業務員得登錄為另一家非經營同類保險業務之保險經紀人公司，同時為財產保險及人身保險業務員。

❌ 金融從業人員不應該做的事情

- 提出對等交換意見。

- 給予特別服務。

- 提供內線消息。

- 以保證獲利的方式招攬客戶。

- 攻擊同業。

- 因客戶是親戚朋友而審查寬鬆。

- 因與客戶曾有過節而過份嚴格審查。

- 與客戶私自約定或提供特定利益以促銷金融商品。

- 以個人銷售獎金之高低為依歸，隱匿該商品可能為客戶帶來的風險。

- 惡意削價競爭。

- 以量身訂做活動或誇大廣告方式誘導客戶。

- 簽署獲利保障契約。
- 逕自代客操作。
- 製作內容誇大不實的廣告文宣。
- 利用各種推薦書、感謝函、擷取報章雜誌之報導來保障獲利。
- 以過去操作績效為獲利保證。
- 推銷收益率最高的商品，避談風險。
- 提供贈品、或定存加碼、貸款減碼等金融性產品或以其他利益或方式等，勸誘他人購買基金。
- 不得以基金績效數值或排名資料為廣告標題、或訴求、或為任何特別標識。
- 廣告內文中刊載基金績效時，不得以劃有色框線、或放大字體、或粗黑字體或不同顏色字樣等顯著方式加以放大或強調。
- 藉卜筮或怪力亂神等方式，為投資人作投資分析。
- 鼓動或誘使他人拒絕履行證券投資買賣之交割義務、為抗爭或其他擾亂交易市場秩序之行為。
- 未取得核准辦理全權委託投資業務，而為使人誤信其有辦理該項業務之廣告。
- 為保證獲利或負擔損失之表示。
- 製作容易使客戶誤解之金融商品交易與賭博雷同之廣告。
- 提供主觀性之投資情報。
- 與客戶私自約定或提供特定利益、對價，以促銷金融商品。
- 勾選未經客戶同意申請之事項。
- 使用類似大眾熟悉之他人商標，以混淆客戶。

- 藉主管機關對金融商品之核准、核備或備查，使消費者認為政府已對該金融商品提供保證。

其他重點記憶

- 有關「境外基金管理機構及該基金之狀況」中文簡介應涵蓋內容為：
  (1) 境外基金管理機構沿革。
  (2) 基金名稱、基金成立日、類別。
  (3) 基金保管機構信用評等。

- 投資人因境外基金之募集及銷售業務，與境外基金總代理人或銷售機構發生爭議時，得向以下單位申訴：
  (1) 金管會。
  (2) 證券投資人及期貨交易人保護中心。
  (3) 中華民國證券投資信託暨顧問商業同業公會。

本章分類題庫

(4)　**1** 金融從業人員從事保險招攬行為，下列那一項是錯的？
　　(1)解釋保險商品內容及保單條款
　　(2)說明填寫要保書注意事項、轉送要保文件及保險單
　　(3)經所屬公司授權從事保險招攬行為
　　(4)可以向未經授權公司從事保險招攬行為。

(4)　**2** 金融從業人員從事保險招攬所用文書、圖畫、廣告文宣，下列那一項是錯的？
　　(1)應標明所屬公司之名稱
　　(2)所屬公司為代理人、經紀人者並應標明往來保險業名稱
　　(3)保險代理人、經紀人所屬業務員所使用之文書、圖書、廣告文宣，應經往來保險業同意方可使用
　　(4)廣告文宣之內容可任意將保險業報經主管機關審查通過之保單條款、費率及要保書文件予以更改。

> **解析** 保險業務員管理規則第16條規定：業務員從事保險招攬所用之文宣、廣告、簡介、商品說明書及建議書等文書，應**標明所屬公司之名稱，所屬公司為代理人、經紀人或銀行者並應標明往來保險業名稱**，並不得假借其他名義、方式為保險之招攬。
> 前項文宣、廣告、簡介、商品說明書及建議書等文書之內容，**應與保險業報經主管機關審查通過之保險單條款、費率及要保書等文件相符，且經所屬公司核可同意使用**，其內容並應符合主管機關訂定之資訊揭露規範。
> 故本題(4)有誤。

(3)　**3** 金融從業人員於保險業務員登錄後，應專為下列何者從事保險招攬？
　　(1)自己　　　　　　　　(2)要保人
　　(3)所屬公司　　　　　　(4)保險人。

> **解析** 保險業務員管理規則第14條：業務員經登錄後，應**專為其所屬公司從事保險之招攬**。
> 故本題(3)為正確。

(3) 4 金融從業人員從事保險業務招攬時，對不特定之第三人散播不實言論或文宣，擾亂金融秩序，所屬公司除得停止其招攬行為，並得如何處分？
(1)罰鍰處分　　　　　　(2)減薪處分
(3)停止招攬1年　　　　(4)不需再作其他處分。

> **解析** 保險業務員管理規則第19條：業務員有下列各款情事之一者，除有犯罪嫌疑，其行為時之所屬公司應依法移送偵辦外，並應**按其情節輕重，予以三個月以上一年以下停止招攬行為之處分**：……十四、散播不實言論或文宣，擾亂金融秩序。……
> 故本題(3)為正確。

(3) 5 金融從業人員，從事保險業務招攬時，以登錄證供他人使用，可能會受到何處分？
(1)註銷保險業務員登錄　(2)停止招攬3個月
(3)停止招攬6個月　　　 (4)停止招攬1年。

> **解析** 業務員所屬公司依保險業務員管理規則第19條第1項懲處登錄之參考標準：……十、以登錄證供他人使用或使用他人登錄證，將本人之登錄證提供他人進行招攬、掛名或其他使用者，懲處：**停止招攬6個月**。……
> 故本題(3)為正確。

(4) 6 金融從業人員應以公司專業、形象及服務等招攬客戶：
(1)不得惡意毀謗競爭者
(2)不得惡意削價方式招攬
(3)避免於報章雜誌刊登誇大不實廣告誘導客戶
(4)以上敘述皆正確。

(4) | **7** 金融從業人員如有多年市場交易經驗：
(1)可以與客戶簽署任何獲利保證之契約
(2)可以逕自代客操作
(3)可以多層次傳銷方式進行
(4)以上皆不可為之。

(1) | **8** 金融從業人員為客戶開戶時，下列敘述何者正確？
(1)應確實徵信並了解客戶背景，對於不適合投資之客戶應予以拒絕
(2)金融商品適合所有人士，只要有錢即可交易，所以不需了解客戶背景
(3)期貨交易須先存入保證金，所以不需徵信並了解客戶背景
(4)對於年收入達百萬的客戶，不需徵信並了解客戶背景。

(1) | **9** 金融從業人員招攬證券期貨相關業務時，對於客戶折讓之要求，何者可以接受？
(1)折讓至客戶本人帳戶
(2)折讓至第三人帳戶
(3)折讓至代理下單者之帳戶
(4)不可削價競爭，故不可有折讓情事。

> **解析** 客戶的折讓單僅能折讓至客戶的帳戶，**避免圖利他人或者造成日後爭議**，故本題(1)為正確。

(4) | **10** 金融從業人員招攬業務時，不得以下列何種方式進行？
(1)向客戶作不實陳述，僅強調容易獲利未同時說明相對風險
(2)以多層次傳銷方式進行
(3)宣稱金融商品交易簡明易懂，適合所有人士
(4)以上皆不得為之。

(4) 11 為提供多元化之服務,金融從業人員:
(1)得保管客戶之存摺及印章,以代其進行資金調度
(2)得代客戶提領保證金以省卻客戶舟車勞頓之苦
(3)得代領對帳單,並於日後面交客戶
(4)應提供客戶多元化商品資訊。

(1) 12 金融從業人員為客戶辦理開戶作業時:
(1)應告知客戶金融商品之風險
(2)毋須告知客戶交易風險
(3)應告知客戶金融商品絕無風險
(4)應告知客戶金融商品交易風險有限。

(1) 13 金融服務業從事業務廣告及製發宣傳文件:
(1)不得製作易使客戶誤解金融商品交易與賭博雷同之廣告
(2)僅使用對其有利之資料以誇大其績效
(3)宣稱金融商品交易無風險適合所有人士
(4)得僅強調獲利,但未同時說明相對風險。

(4) 14 為使投資人認為從事金融商品交易可以獲利,金融服務業從事業務廣告及製發宣傳文件時:
(1)可以引用各種推薦書、感謝函、擷取報章雜誌之報導、為保證獲利或負擔損失之類似文字或表示
(2)可以過去之操作績效為獲利保證
(3)內容涉及誇大不實或虛偽陳述
(4)以上敘述皆不得為之。

(3) 16 證券商從事證券相關的金融業務廣告或公開舉辦投資理財活動,下列何者符合規定?
(1)於廣告或活動資料中僅揭示對公司本身有利之事項
(2)利用傳播媒體從事金融商品販賣,私下自己卻反向操作

(3)業務人員需盡量提供客戶完整且客觀的資訊，不得為了本身業績而作出傷害客戶的行為

(4)直接推薦或勸誘客戶投資買賣個別金融商品。

> **解析** 中華民國證券商業同業公會會員廣告管理辦法第5條：（不當行為之禁止）
> 本公會會員之廣告不得有下列各款之表示：……
> 五、任意提供**主觀性**之投資情報。……
> 故本題(3)為正確。

(2)　17 證券商之業務人員從事業務招攬行為，下列何者為錯誤？

(1)不得對過去投資分析之績效作誇大不實之宣傳

(2)以保證獲利的方式招攬客戶

(3)不得對同業為攻訐

(4)不得對不特定人以收取不相當之對價參加理財投資分析活動，以招攬客戶。

> **解析** 金融服務業從事廣告業務招攬及營業促銷活動辦法第5條規定：金融服務業從事廣告、業務招攬及營業促銷活動，不得有下列各款之情事：
> ……九、使用之文字或訊息內容使人誤信能保證本金之安全或**保證獲利**。……
> 故本題(2)有誤。

(4)　18 證券商之業務人員辦理客戶開戶及徵信時，應該抱持何種態度？

(1)由於客戶與自己存在親戚關係，所以審查過程可以盡量寬鬆

(2)由於客戶與自己有過節，所以採取嚴格的態度

(3)為了提高客戶投資的意願，因此，本身可以代替其填全部資料，以省去作業程序

(4)以上皆非。

解析 證券商之業務人員辦理客戶開戶及徵信時，應遵守金融服務業公平待客原則，金融消費者保護法第7條第1項：金融服務業與金融消費者訂立提供金融商品或服務之契約，應本公平合理、平等互惠及誠信原則。

故本題(4)為正確。

(3) 19 證券商之業務人員招攬業務時，應該如何做，才能提高本身的業績？

(1)自己掏錢買禮物送給客戶

(2)勤練話術，以博取客戶的信任

(3)培養本身的專業，以專業與誠心來面對及服務客戶

(4)提供上市上櫃公司內線消息給客戶。

解析

(1)中華民國證券商業同業公會「會員從事廣告、業務招攬及營業促銷活動管理辦法」第4條：本公會會員從事廣告、業務招攬及營業促銷活動，應依社會一般道德、誠實信用原則、保護投資者之精神及維持公正之證券交易市場……

(2)金融服務業從事廣告、業務招攬及營業促銷活動，不得有下列各款之情事：……9.使用之文字或訊息內容使人誤信能保證本金之安全或保證獲利。……

(4)以主力外圍、集團炒作、內線消息或其他不正當或違反法令之內容，作為招攬之訴求及推介個別有價證券之依據。……

故本題(3)為正確。

(3) 21 為促進證券業遵循法規及落實金融消費者保護，下列何者為證券經紀商及其業務人推介客戶買賣有價證券公平對待客戶之正確作法？

(1)考慮客戶之資金及收取佣金多寡

(2)視向客戶收取佣金之多寡，依客戶委託資金規劃投資策略

(3)應先評估客戶之投資能力及具備合理之資訊，並不得保證所推介有價證券之價值

(4)使用特定利益或不實廣告利誘客戶購買不符客戶適切性
　　的有價證券。

> **解析** 證券商管理規則第36條：證券經紀商推介客戶買賣有價證券，應先評估客戶之投資能力及具備合理之資訊，並不得保證所推介有價證券之價值。
> 故本題(3)為正確。

(4)　**24** 證券商從事廣告、業務招攬及營業促銷活動，下列何者為正確？
　　(1)應依社會一般道德、誠實信用原則
　　(2)應依保護投資人之精神
　　(3)應維持公正之證券交易市場
　　(4)以上皆是。

> **解析** 金融服務業從事廣告業務招攬及營業促銷活動辦法第4條規定，本公會會員從事廣告、業務招攬及營業促銷活動，應依**社會一般道德、誠實信用原則、保護投資者之精神**及**維持公正之證券交易市場**，遵守下列原則……。

(4)　**25** 證券商從事廣告、業務招攬及營業促銷活動，應遵守下列何種原則？
　　(1)所製作之廣告，應審慎考量廣告對於投資大眾之影響，以免誤導投資大眾之判斷
　　(2)廣告行為應注意維持合理競爭秩序
　　(3)對於上市個別企業營運情況介紹之廣告，應避免過度或任意作主觀上之推斷
　　(4)以上皆是。

> **解析** 中華民國證券商業同業公會「會員從事廣告、業務招攬及營業促銷活動管理辦法」第4條：本公會會員從事廣告、業務招攬及營業促銷活動，應依社會一般道德、誠實信用原則、保護投資者之精神及維持公正之證券交易市場，遵守下列原則：

一、所製作之廣告，應審慎考量廣告對於投資大眾之影響，以免誤導投資大眾之判斷。二、對於上市個別企業營運情況介紹之廣告，應避免過度或任意做主觀上之推斷。……八、廣告行為應注意維持合理競爭秩序。……
故本題(4)為正確。

(3) **26** 證券商從事廣告、業務招攬及營業促銷活動，下列何者為正確
(1)違背或抵觸證券法規或損害證券業信譽之廣告
(2)冒用或使用類似大眾所熟悉之他人名號以混淆投資人
(3)在法令規定之下，以誠實信用原則，忠實告知客戶相關商品的內容
(4)隱匿重要事實，或其他誇大、偏頗之情事，致有誤導或欺罔投資大眾之虞。

解析 中華民國證券商業同業公會「會員從事廣告、業務招攬及營業促銷活動管理辦法」第5條：本公會會員從事廣告、業務招攬及營業促銷活動，**不得有下列各款之表示：**
一、違背或牴觸證券法規或損害證券業信譽之廣告。二、冒用或使用類似大眾所熟悉之他人名號以混淆投資人。……四、隱匿重要事實，或有其他明顯誇大、偏頗之情事，致有誤導或欺罔投資大眾之虞。……
故本題(3)為正確。

(4) **27** 證券商從事廣告、業務招攬及營業促銷活動，不得有下列何種情事？
(1)對個別證券提供上漲或下跌的預示或保證投資利益
(2)截取報章雜誌不實之報導作為廣告內容
(3)以獲利或投資績效為廣告者，未同時報導其風險，以作為平衡報導
(4)以上皆是。

> 解析 中華民國證券商業同業公會「會員從事廣告、業務招攬及營業促銷活動管理辦法」第5條規定，……六、**對個別證券提供上漲或下跌的預示或保證投資利益**。……九、**截取報章雜誌不實之報導作為廣告內容**。十、**以獲利或投資績效為廣告者，未同時報導其風險，以作為平衡報導**。故本題選(4)。

(3) | **28** 證券商及其業務人員從事有關投資型金融商品之廣告，下列敘述何者正確？
(1)廣告中得以獲利為廣告，只要有事實或理論根據，不須同時報導其風險
(2)未經主管機關核定的金融商品，可先行從事廣告活動測試市場
(3)平面廣告應揭示警語，有聲廣告應以影像或聲音揭示警語
(4)以上皆非。

> 解析 中華民國期貨業商業同業公會期貨信託基金宣傳資料及廣告管理辦法第8條規定：「……二、有聲廣告：透過廣播、電視、電影或其他相似方式，以影像或聲音為有聲廣告時，**應揭示「投資一定有風險，基金投資有賺有賠，申購前應詳閱公開說明書」之警語**。但保本型基金應續加註「及瞭解本基金之風險與特性」等內容。故本題選(3)。

(4) | **29** 證券商從事廣告、業務招攬及營業促銷活動，不得有下列何種行為？
(1)為競爭目的，散布損害他人營業信譽之廣告
(2)任意提供主觀性之投資情報
(3)違背或抵觸法令規定
(4)以上皆是。

> 解析 中華民國證券商業同業公會「會員從事廣告、業務招攬及營業促銷活動管理辦法」第5條規定，本公會會員從事廣告、業務招攬及營業促銷活動，不得有下列各款之表示：「……三、**為競爭之目的，散布損害他人營業信譽之廣告**。……五、**任意提供主觀性之投資情報**。

(1) | **30** 證券商之業務人員使用個人部落格或網站聊天室等相關網站進行與營業活動相關之行為，證券商的態度應該如何？
(1)公司應負監督管理之責
(2)公司不應干涉業務人員之個人行為
(3)公司對業務人員個人行為不必負任何責任
(4)公司應委託徵信公司偷偷監視。

> **解析** 中華民國證券商業同業公會會員從事廣告、業務招攬及營業促銷活動管理辦法第12條規定：從業人員使用個人部落格或網站聊天室等相關社群網站進行與營業活動相關之行為，**本公會會員應負監督管理之責**。故本題(1)為正確。

(4) | **31** 金融從業人員推廣業務時，下列何種行為是錯誤的？
(1)推廣業務需考量客戶之投資風險承受度
(2)推廣業務需了解客戶投資經驗
(3)推廣經主管機關核准業務
(4)推廣未經主管機關核准業務。

> **解析** 依金融服務業從事廣告業務招攬及營業促銷活動辦法第5條規定：金融服務業從事廣告、業務招攬及營業促銷活動，不得有下列各款之情事：
> ……八、除依法得逕行辦理之金融商品或服務外，**對未經主管機關核准或備查之金融商品或服務**，**預為宣傳或促銷**。……
> 故本題(4)有誤。

(2) | **32** 金融從業人員推廣投資型業務時，下列何種行為是正確的？
(1)為提高客戶收益，應推薦有內線消息之明牌
(2)推介經主管機關核准之商品
(3)為達成業績目標，推介自己都無法了解之金融商品
(4)雖沒有合法資格，仍然從事該項推廣業務。

(3) | **33** 金融從業人員辦理充分瞭解客戶作業，以下何種態度是錯誤的？
(1)應由客戶所填資料充分知悉客戶狀況
(2)應由客戶所填資料評估客戶狀況
(3)請客戶隨便填一填以便歸檔備查
(4)辦理充分瞭解客戶作業是推介商品非常重要程序。

> **解析** 金融消費者保護法第9條：金融服務業與金融消費者訂立提供金融商品或服務之契約前，**應充分瞭解金融消費者之相關資料，以確保該商品或服務對金融消費者之適合度。**
> 前項應充分瞭解之金融消費者相關資料、適合度應考量之事項及其他應遵行事項之辦法，由主管機關定之。
> 故本題(3)有誤。

(4) | **34** 金融從業人員辦理充分瞭解客戶作業，應充分知悉並評估客戶之狀況，下列何者為是？
(1)應充分知悉並評估客戶之投資知識及投資經驗
(2)應充分知悉並評估客戶之財務狀況
(3)應充分知悉並評估客戶之承受投資風險程度
(4)以上皆是。

(4) | **35** 以下何者為金融服務業向不特定多數人之銷售行為？
(1)透過發言人公佈商品內容
(2)透過新聞稿通知媒體商品內容
(3)於傳播媒體宣傳金融商品
(4)以上皆是。

> **解析** 不特定多數人係指不具有特定對象，可得隨時增加者之謂。
> 故依題意本題(4)以上皆是。

(2) | **36** 以下何者非為金融從業人員向不特定多數人之銷售行為？
(1)於街頭發放商品廣告DM
(2)向已簽約客戶說明商品內容
(3)於報章雜誌刊登商品廣告
(4)向記者透漏商品內容並請其代為刊登。

> **解析** 向已簽約客戶說明商品內容，此提到的已簽約客戶**屬於少數特定人**，本題(2)為非。

(1) | **37** 金融從業人員招攬業務時，下列何種商品得以向不特定多數人銷售？
(1)經主管機關核准之公開募集金融商品
(2)經主管機關核准之國內私募基金
(3)信託集合管理運用帳戶
(4)國內私募有價證券。

> **解析** 1.證券交易法第7條：本法所稱**募集**，謂發起人於公司成立前或發行公司於發行前，**對非特定人公開招募有價證券之行為**。本法所稱私募，謂已依本法發行股票之公司依第四十三條之六第一項及第二項規定，對特定人招募有價證券之行為。
> 2.信託資金集合管理運用管理辦法第2條：本辦法所稱信託資金集合管理運用，謂信託業受託金錢信託，依信託契約約定，委託人同意其信託資金與其他委託人之信託資金集合管理運用者，由信託業就相同營運範圍或方法之信託資金設置集合管理運用帳戶，集合管理運用。……
> 故本題(1)為正確。

(4) | **38** 金融從業人員招攬業務時，下列行為何者是正確的？
(1)得以電子郵件促銷未經主管機關核准的業務
(2)得以網路向多數人推薦國內私募基金
(3)為爭取業績，應極力推銷收益率最高的商品而避談風險
(4)客戶簽約前應向客戶說明契約內容。

> **解析** 金融服務業提供金融商品或服務前說明契約重要內容及揭露風險辦法第2條：金融服務業與金融消費者**訂立提供金融商品或服務之契約前，應依本辦法規定向金融消費者充分說明該金融商品、服務及契約之重要內容及揭露風險**；本辦法未規定者，應按業務類別，分別適用各該業務法令及自律規範之規定。
> 故本題(4)為正確。

(4)　39 金融從業人員招攬業務時，下列行為何者不宜？
(1)說明財產之管理運用並非絕無風險
(2)說明公司以往之經理績效無法保證最低收益
(3)請客戶簽約前應詳閱說明書
(4)片斷截取報章雜誌之報導作為促銷資料。

> **解析** 金融服務業從事廣告業務招攬及營業促銷活動辦法第5條中提到：金融服務業從事廣告、業務招攬及營業促銷活動，不得有下列各款之情事：……五、**故意截取報章雜誌不實之報導作為廣告內容**。故本題(4)為不宜。

(3)　40 金融從業人員準備促銷資料，以下何者為是？
(1)引用數據、資料作為促銷資料內容時毋須註明出處
(2)引用數據、資料作為促銷資料內容時故意隱匿不利客戶之資訊
(3)促銷資料應載明公司相關資料
(4)故意隱匿資料致誤導投資大眾或客戶。

> **解析** 中華民國證券商業同業公會「會員從事廣告、業務招攬及營業促銷活動管理辦法」第4條：……六、應以公司名義為之，並**列明公司登記名稱**、**地址**、**電話及許可證照字號**。但參與金融控股公司之子公司進行共同行銷、集團內或與其他機構進行共同業務推廣行為之廣告，不在此限。有聲媒體廣告應以語音文字聲明「本公司經目的事業主管機關核准之許可證照字號為○○年○○○字第○○○號」。……
> 故本題(3)為正確。

(1) | **41** 金融從業人員招攬業務時，下列何者不宜？
(1)使人相信能保證獲利
(2)以獲利招攬業務必須同時說明其風險
(3)使用公司名稱應清楚、明確且不得誤導客戶
(4)如涉及比較其他同業應為客觀公平之比較。

> **解析** 中華民國證券商業同業公會「會員從事廣告、業務招攬及營業促銷活動管理辦法」第5條：本公會會員從事廣告、業務招攬及營業促銷活動，不得有下列各款之表示：……十一、藉主管機關核准、許可或同意經營某項業務，作為證實該申請事項、**保證獲利**或衍生性金融商品價值與其他不當連結之宣傳。……
> 故本題(1)為正確。

(3) | **42** 金融從業人員對於客戶開戶之相關文件，應為何種處理？
(1)可幫客戶作假
(2)不須提供任何文件
(3)應確實查核客戶提供相關文件之正確性
(4)不須查證。

(4) | **43** 金融從業人員從事業務推廣與招攬時，應秉持之原則，下列何者為錯誤？
(1)誠實信用原則　　　　(2)客戶資料保密原則
(3)利益迴避原則　　　　(4)利潤至高原則。

> **解析** 金融從業人員從事業務推廣與招攬之基本原則：公平合理原則、資訊公開原則、專業管理原則、**忠實誠信原則**、**保守秘密原則**、**利益迴避原則**、遵守法令原則、自律原則。
> 故本題(4)為非。

(4) 45 金融從業人員在進行商品銷售時，何者行為恰當？
　　(1)以個人銷售獎金之高低為依歸，隱匿該商品可能為客戶
　　　帶來之風險
　　(2)未依客戶要求提供詳實充分之訊息，以誤導客戶進行較
　　　不利之商品交易
　　(3)未事先告知客戶，即自行採取多種商品聯合銷售之行為
　　(4)詳實告知各項商品之特性、風險與報酬。

(3) 46 金融從業人員於執行業務時，下列何者為是？
　　(1)適時提供其他客戶相關的資料以供參考
　　(2)應先向客戶收取保證金以避免客戶流失
　　(3)向客戶提供有關公司之充分資料，應包括公司之營業地
　　　址、公司營業之種類與限制
　　(4)為提供完善服務，儘可能保管客戶之有價證券、款項、
　　　印鑑或存摺。

(3) 47 在開發客戶時，下列何者行為不恰當？
　　(1)審慎客觀評估客戶之財務狀況
　　(2)依客戶財務狀況，再推薦最適合客戶的商品
　　(3)為積極開發客戶，忽略可能存在之風險
　　(4)參酌客戶與其他金融機構往來的情形。

(2) 48 金融從業人員下列行為何者為非？
　　(1)主動提供商品相關資訊　　(2)私下接受客戶禮品及招待
　　(3)寄送生日卡片　　　　　　(4)適時的電話問候。

(4) 49 下列何者非為專業之金融從業人員應有之行為？
　　(1)提供客戶良好的服務品質
　　(2)提供符合客戶需求之商品
　　(3)確認並瞭解客戶之需求
　　(4)以自己的利益優先考量，進而侵占客戶利益。

(4) | **50** 金融從業人員向供應商或客戶建議或徵求業務時，下列何種行為是被禁止的？
(1)提出任何對等交換的建議
(2)表示可能因為對方不接受而取消服務或業務
(3)可能因為對方的接受而給予特別的服務或業務
(4)以上皆是。

(1) | **51** 金融從業人員與客戶維持良好關係，最主要的基礎是？
(1)有服務的熱誠與專業能力　　(2)經常送禮
(3)提供內線消息　　　　　　　(4)以上皆非。

(3) | **52** 金融從業人員在行銷商品時應考慮？
(1)行銷佣金或津貼較多的商品，以提高自己的收入
(2)行銷高風險金融商品，以爭取業績
(3)深入了解客戶需求，提供對客戶最有利最合適的商品
(4)配合公司的營業方針，推展利潤高的商品。

(3) | **53** 金融從業人員提供客戶相關建議前，下列行為何者為非？
(1)充分收集相關資料　　(2)審慎分析各種商品特性
(3)無須做任何事先準備　　(4)考量客戶之經濟能力。

(3) | **54** 金融從業人員從事業務推廣或招攬時，下列何者為非？
(1)應主動推銷
(2)應加強服務
(3)為達到業績，可製作較為誇張的文宣給客戶看
(4)態度應誠懇實在。

> **解析** 金融從業人員從事廣告、業務招攬及營業促銷活動，不得隱匿重要事實，或有**其他明顯誇大**、**偏頗之情事**，致有誤導或欺罔投資大眾之虞。
> 故本題(3)有誤。

(2) 　55　金融從業人員行銷商品時應考慮：
(1)公司的營業方針高低　　(2)顧客真正的需求
(3)公司的獲利　　(4)自身的佣金。

(1) 　56　金融從業人員於業務推廣與招攬時，要成為專業從業人員除須符合特定的專業技術認可外，尚須具備下列何一重要條件？
(1)崇高的道德水準　　(2)創造大量的業績
(3)廣泛的人際關係　　(4)以上皆非。

(3) 　58　金融從業人員若有發生所推薦產品與消費者需求衝突時應如何處理？
(1)以公司產品為優先
(2)將產品說成與客戶需求相同
(3)以客戶需求為最優先原則
(4)以自己所獲報酬為優先考量。

(4) 　59　金融從業人員從事行銷時，對於廣告文宣應遵守之規定？
(1)對過去的業績以誇大不實之方式宣導
(2)只報導獲利而不報導風險
(3)勸誘客戶提前解約或贖回
(4)應以公司名義為之，其內容應經公司核可，並符合法令規定。

(4) 　61　信用卡業務代表推廣卡片時，應遵守下列何種事項？
(1)注意服裝儀容
(2)配帶名牌及名片且明確標示發卡機構名稱
(3)應妥善保管申請人資料，不得挪作他用
(4)以上皆是。

> **解析** 信用卡業務代表推廣卡片，應注意服裝儀容、配帶名牌及名片，並明確標示發卡機構名稱；信用卡業務代表應妥善保管申請人資料，不得挪作他用。
> 故本題(4)為正確。

(1) **62** 發卡機構之行銷人員從事下列行為何者不正確？
(1)自行勾選未經客戶同意申請之卡片
(2)確認客戶申請之卡片
(3)確認客戶資料無誤才送件
(4)確認客戶申請人本人身分，以免冒名申請。

> **解析** 信用卡行銷人員不得於申請書上另行附加勾選其他非經客戶同意申請之卡片。
> 故本題(1)有誤。

(4) **63** 銀行辦理現金卡業務時，下列敘述那一項是正確的？
(1)以卡辦卡　　　　(2)以名片辦卡
(3)送贈品　　　　　(4)審慎核給信用額度。

> **解析** 辦理現金卡業務時，即應審慎核給信用額度，禁止以快速核卡、以卡辦卡、以名片辦卡等行銷手法為訴求，且不得於辦卡或開卡時，給予贈品或獎品。
> 故本題(4)為正確。

(4) **64** 銀行受理開戶時，應實施雙重身分證明文件查核及留存該身分證明文件。若屬個人開戶，下列那些證件可以當作證明文件？
(1)戶口名簿　　　　(2)駕照
(3)健保卡　　　　　(4)以上皆是。

> **解析** 存款帳戶及其疑似不法或顯屬異常交易管理辦法第13條第1項第1款所稱臨櫃受理開立存款帳戶（DBU）應實施雙重身分證明文件之種類釋疑如下：

一、個人戶部分：
(一)持國民身分證者，應徵提其他具辨識力之身分證明文件，如健保卡、護照、駕照或學生證等。
(二)持內政部移民署核發之居留證者，應比照前款徵提其他具辨識力之身分證明文件。
(三)未持有居留證之外國自然人及無戶籍國民，應徵提合法入境簽證（或戳記）之（外國）護照，或僑務委員會核發之華僑身分證明書，及中華民國統一證號基資表。
(四)未持有居留證之大陸地區人民應徵提內政部移民署核發之入出境許可證、中華民國統一證號基資表，及其他具辨識力之身分證明文件。
故本題(4)以上皆是。

(4) 65 有關金融從業人員之行銷行為，下列何者有誤？
(1)應充分告知客戶產品之性質與內容
(2)推廣文宣應清楚、公正及不誤導投資人
(3)應遵守相關法令規定
(4)可自行勾選未經客戶同意申請之事項。

(4) 66 金融從業人員推廣業務時，應遵守下列何種事項？
(1)注意服裝儀容
(2)配帶明確標示公司名稱之名牌及名片
(3)應妥善保管申請人資料，不得挪作他用
(4)以上皆是。

(2) 67 金融從業人員辦理授信案件時，應於何時辦理徵信？
(1)視客戶交情而定　　(2)應於核貸前先辦理徵信
(3)不需辦理徵信　　(4)視客戶是否提供酬謝金而定。

解析 授信準則規定：辦理授信案件，除法令另有規定外，於**核貸前應先辦理徵信**，未辦理徵信者，不應核貸。
故本題(2)為正確。

(4) **68** 金融從業人員執行業務時，不應有下列何種行為？
(1)登載損害同業信譽之廣告
(2)故意毀損同業之申請書架
(3)故意破壞同業之各項宣傳品
(4)以上皆是。

> **解析** 金融從業人員不得故意毀損同業之申請書架、故意破壞同業之各項宣傳品，或洩露信用卡申請人之個人資料。
> 故本題(4)為正確。

(3) **69** 金融從業人員執行業務時，下列陳述何者為非？
(1)與客戶洽談應保持懇切之態度
(2)應秉持公正客觀立場審查
(3)可使用類似大眾所熟悉之他人商標，以混淆客戶
(4)充分告知客戶應徵提之資料。

(4) **70** 登載及製播廣告，應注意下列何款行為？
(1)避免誤導消費者不正確之價值及理財觀念
(2)廣告應清楚、公正
(3)不得使用類似大眾所熟悉之他人商標，以混淆消費者
(4)以上皆是。

> **解析** 金融服務業從事廣告業務招攬及營業促銷活動辦法第5條：金融服務業從事廣告、業務招攬及營業促銷活動，不得有下列各款之情事：
> 一、違反法令、主管機關之規定或自律規範。
> 二、虛偽不實、詐欺、隱匿、或其他足致他人誤信。
> 三、損害金融服務業或他人營業信譽。
> 四、冒用或使用相同或近似於他人之註冊商標、服務標章或名號，致有混淆金融消費者之虞。
> 五、故意截取報章雜誌不實之報導作為廣告內容。
> 六、對於業績及績效作誇大之宣傳。

> 七、藉主管機關對金融商品或服務之核准或備查程序，誤導金
> 　　融消費者認為主管機關已對該金融商品或服務提供保證。
> 八、除依法得逕行辦理之金融商品或服務外，對未經主管機關
> 　　核准或備查之金融商品或服務，預為宣傳或促銷。
> 九、使用之文字或訊息內容使人誤信能保證本金之安全或保證獲利。
> 十、刻意以不明顯字體標示附註與限制事項。
> 故本題(4)為正確。

(4) 71 金融服務業製播廣告，不得有下列何種行為？
(1)損害其他同業信譽之廣告
(2)使用類似大眾所熟悉之他人商標，以混淆消費者
(3)誤導消費者不正確之價值及理財觀念
(4)以上皆是。

(4) 72 銀行受理開戶時，下列何者為非？
(1)應核對開戶人確為本人
(2)由開戶人依約定當面親自簽名或蓋章
(3)留存開戶人身分證影本
(4)自行勾選未經客戶同意申請之事項。

(4) 73 有關金融從業人員之業務推廣文宣，下列何者為是？
(1)推廣文宣應清楚、公正及不誤導投資人
(2)推廣文宣應讓投資人能適當瞭解產品所涉風險
(3)推廣文宣應避免誤導消費者不正確之價值及理財觀念
(4)以上皆是。

(1) 74 一位投顧從業人員告訴投資人：「你應該買台鹽股票，這
支股票保證六個月內給你100%的報酬。」他違反了以下
哪一原則？
(1)禁止為獲利或損失負擔之保證　(2)公平分配原則
(3)忠實誠信原則　　　　　　　　(4)專業原則。

(2) 75 關於金融服務業從事投顧業務製發宣傳文件敘述，何者有誤？
(1)不得保證獲利或負擔損失
(2)以非向公會登記之名稱為之
(3)不得藉卜筮或怪力亂神方式為之
(4)不得擾亂交易市場秩序。

> **解析** 中華民國證券投資信託暨顧問商業同業公會證券投資顧問事業從事廣告及營業活動行為規範第6條：投顧事業及其從業人員，從事廣告、公開說明會及其他營業活動，不論係以自行製播、接受媒體連線或現場訪問、call in節目或以其他形式進行，除應符合證券投資顧問事業負責人與業務人員管理規則有關業務人員之資格條件外，並不得有下列行為：……
> **4.以非向本公會登記之名稱為之。**……
> 故本題(2)為非。

(4) 76 金融服務業從事投顧業務時舉辦投資說明會時，若發表證券市場之投資意見涉及何種事項時應同時說明研判依據？
(1)市場分析　(2)產業趨勢　(3)行情研判　(4)以上皆是。

(4) 77 金融從業人員於舉辦投顧業務投資分析活動時，可引用何者宣傳，保證推介投資標的獲利或承擔其損失？
(1)感謝函　(2)雜誌報導　(3)推薦書　(4)以上皆非。

> **解析** 金融從業人員於推廣業務時，無論使用何種工具宣傳，禁止保證獲利或損失保證，故本題(4)以上皆非。

(4) 78 金融服務業從事投信業務者，廣告宣傳方式，包括下列何者？　(I)投資說明書　(II)公開說明書　(III)傳單　(IV)電子郵件
(1)I、II　　　　　　　(2)II、III、IV
(3)I、II、IV　　　　　(4)I、II、III、IV。

> **解析** 金融服務業從事廣告業務招攬及營業促銷活動辦法第3條：本辦法所稱廣告、業務招攬及營業促銷活動，指以促進業務為目的，利用下列傳播媒體、宣傳工具或方式，就業務及相關事務為傳遞、散布、宣傳、推廣、招攬或促銷者：
> 1.報紙、雜誌、期刊或其他出版印刷刊物。
> 2.**宣傳單**、海報、廣告稿、新聞稿、信函、簡報、**投資說明書**、保險建議書、**公開說明書**、貼紙、日（月）曆、電話簿或其他印刷物。
> 3.電視、電影、電話、電腦、傳真、手機簡訊、廣播、廣播電臺、幻燈片、跑馬燈或其他通訊傳播媒體。
> 4.看板、布條、招牌、牌坊、公車或其他交通工具上之廣告或其他任何形式之靜止或活動之工具與設施。
> 5.與公共領域相關之網際網路、電子看板、**電子郵件**、電子視訊、電子語音或其他電子通訊傳播設備。
> 6.舉辦現場講習會、座談會、說明會、現場展示會或其他公開活動。
> 7.其他任何形式之廣告宣傳、業務招攬及營業促銷活動。
> 故本題(4)為正確。

(2) 79 以下金融從業人員從事投信投顧之業務推廣與招攬行為，哪一項是明顯地違反所謂「公平競爭原則」？
(1)提供客戶基金申購手續費優惠來促銷新基金
(2)散佈同業之不實資料
(3)提供客戶有關同業與自己公司類似產品及手續費或經理費費率差異比較表
(4)以上皆是。

(3) 80 金融服務業從事業務推廣招攬行為下列何者不需標示警語？
(1)基金產品廣告
(2)全權委託投資業務廣告
(3)單純登載投資人管理專門知識
(4)以上皆非。

(3) | **81** 下列何者不是境外基金投資人須知第一部份基金專屬資訊應涵蓋內容？

(1)基金運用狀況（如基金淨資產組成、最近十年度各年度基金報酬率、最近五年度各年度基金之費用率等）

(2)基金基本資料（如基金名稱、基金成立日、基金型態、國內銷售基金級別等）

(3)有關申購、買回及轉換境外基金之方式

(4)投資人應負擔費用之項目及其計算方式（含經理費、保管費、反稀釋費用等）。

> **解析** 依據中華民國證券投資信託暨顧問商業同業公會境外基金投資人須知範本，第一部分專屬資訊包含：
> (1)基金運用狀況（如基金淨資產組成、最近十年度各年度基金報酬率、最近五年度各年度基金之費用率。
> (2)基金基本資料（如基金名稱、基金成立日、基金型態、國內銷售基金級別等）。
> (4)投資人應負擔費用之項目及其計算方式（含經理費、保管費、反稀釋費用等。
> 故本題(3)為非。

(4) | **82** 依境外基金投資人須知第二部分規定，投資人因境外基金之募集及銷售業務與境外基金總代理人或銷售機構發生爭議時得以下列何種方式尋求協助？

(1)向金管會或中華民國證券投資信託暨顧問商業同業公會申訴

(2)向證券投資人及期貨交易人保護中心申請調處

(3)向財團法人金融消費評議中心申請評議

(4)以上皆是。

> **解析** 依據中華民國證券投資信託暨顧問商業同業公會境外基金投資人須知範本，投資人因境外基金之募集及銷售業務與境外基金總代理人或銷售機構發生爭議時得以下列方式尋求協助：

1.向金管會或中華民國證券投資信託暨顧問商業同業公會申訴。

2.向證券投資人及期貨交易人保護中心申請調處。

3.向財團法人金融消費評議中心申請評議。

故本題(4)為正確。

(4) **83** 金融服務業從事投顧業務舉辦投資講習會，應遵守那些原則？

(1)不提供涉及個股未來買賣價位研判

(2)不散布誇大資料取信他人

(3)不對不特定人涉及指數預期

(4)以上皆是。

> **解析** 金融服務業從事廣告業務招攬及營業促銷活動辦法第4
> 條：金融服務業從事廣告、業務招攬及營業促銷活動，應依社
> 會一般道德、誠實信用原則及保護金融消費者之精神，遵守下
> 列原則：
> 一、應致力充實金融消費資訊及確保內容之真實，避免誤導金
> 融消費者，對金融消費者所負擔義務不得低於廣告之內容及進
> 行業務招攬或營業促銷活動時所提示之資料或說明。……
> 故本題(4)為正確。

(3) **84** 下列哪些金融從業人員從事投信投顧之業務推廣與招攬行
為是明顯地違反所謂「公開原則」？　(I)向客戶說明與分
析產品特性與報酬率，但相關風險、提前贖回罰金及費用
成本卻一概省略；(II)向客戶說明與分析產品特性；
(III)向客戶說明與分析產品特性，並強調如投資該產品得
享有稅負上優惠，卻不仔細說明是基於何種理由及內容，
始得享有是項優惠。

(1)I、II　(2)II、III　(3)I、III　(4)I、II、III。

> **解析** 金融服務業從事廣告業務招攬及營業促銷活動辦法第4
> 條：金融服務業從事廣告、業務招攬及營業促銷活動，應依社
> 會一般道德、誠實信用原則及保護金融消費者之精神，遵守下
> 列原則：……

> 二、對金融商品或服務內容之揭露如涉及利率、費用、報酬及
> 風險時，應以衡平及顯著之方式表達。……
> 故本題(3)為正確。

(4) 86 欣欣證券投資信託公司如擬於平面刊登廣告，其警語表示
方式應注意以下哪幾點？
(1)以粗體印刷顯著標示
(2)不得小於廣告上其他部分之最小字體
(3)一般人在快速閱覽相關廣告時，均顯而易見
(4)以上皆是。

(1) 87 下列有關證券投資信託事業以基金績效和業績數字為廣告
或促銷內容之敘述，何者為非？
(1)保本型基金如須採用複雜計算機制者，可無須註明
(2)任何基金績效及業績數字均需註明使用資料之來源和日期
(3)不得為基金投資績效預測
(4)成立滿三年的基金，應以最近三年全部績效為圖表或曲
　線表示。

(4) 88 大大證券投資信託公司擬企劃廣告活動，下列何者非可引
用之資料來源？
(1)財團法人中華民國證券暨期貨市場發展基金會評選之金
　彝獎
(2)台北金融研究發展基金會評選之金鑽獎
(3)嘉實資訊
(4)網路部落格。

> **解析** 任何人都可以建立網站或是發行一本書，並且自稱是某領
> 域的專家。基於這個理由，**絕大多數的自行發表的刊物、個人**
> **網站，以及部落格等都不是可接受的資料來源。**
> 故本題(4)網路部落格為非。

(3) 89 有關會員及其銷售機構從事廣告及營業活動行為規範所稱之「廣告」，何項敘述不正確？
(1)以促進業務為目的　　　　(2)發佈新聞稿
(3)基金收益分配公告　　　　(4)運用傳播媒體為工具。

> **解析** 中華民國證券投資信託暨顧問商業同業公會會員及其銷售機構從事廣告及營業活動行為規範第5條規定：本行為規範所稱廣告，指**以促進業務為目的**，**運用下列傳播媒體**，就第二條業務及其相關事務為傳遞、散布或宣傳：
> 一、報紙、雜誌等出版物、期刊或其他出版印刷刊物。
> 二、DM、信函廣告、貼紙、日（月）曆、投資說明書、傳單、電話簿、海報、廣告稿、簡報、公開說明書或其他印刷物。
> 三、看板、布條、招牌、牌坊、公車或其他交通工具上之廣告或其他任何形式之靜止或活動之工具與設施等。
> 四、電視、電影、電話、電腦、傳真、手機簡訊、幻燈片、廣播、廣播電台、跑馬燈或其他通訊傳播媒體等。
> 五、與公共領域相關之網際網路、電子郵件、電子看板、電子視訊、電子語音或其他電子通訊傳播設備。
> 六、**新聞稿**。
> 七、其他任何形式之廣告宣傳。……
> 故本題(3)有誤。

(3) 93 何者非選擇基金公司的重要條件？
(1)投資研究能力強　　　(2)良好的聲譽與操守
(3)經常於媒體曝光　　　(4)基金績效佳。

(3) 94 金融從業人員於登錄後，應於期滿前辦妥換發登錄證手續，未辦妥前不得為保險之招攬。下列何者為登錄證之有效期間？
(1)2年　　　　　　　(2)3年
(3)5年　　　　　　　(4)6年。

解析 保險業務員管理規則第9條：業務員登錄證有效期間為五年，應於期滿前辦妥換發登錄證手續，未辦妥前不得為保險之招攬。
故本題(3)為正確。

(2) 　97 金融從業人員從事保險業務招攬經所屬公司授權方式，下列何者正確？
(1)口頭即可 　　　　　(2)不拘形式
(3)書面即可 　　　　　(4)書面，並載明於登錄證上。

解析 業務員登錄證係業務員所屬之保險公司依財政部公佈之「保險業務員管理規則」核發，為具有招攬保險之資格證件，業務員招攬保險時，應出示登錄證，並詳細告知授權範圍。
故本題(2)為正確。

(2) 102 以下何者為不得從事保險業招攬之金融從業人員？
(1)保險業務員 　　　　(2)保險公證人
(3)保險代理人 　　　　(4)保險經紀人。

解析 保險公證人管理規則中第37條規定：**公證人不得有**下列行之一者為：……七、**經營執業證照所載範圍以外之保險業務。**
保險公證人，指向保險人或被保險人收取費用，為其辦理海上保險以外保險標的之查勘、鑑定及估價與賠款之理算、洽商，而予證明之人。
故本題(2)不得從事保險業務招攬。

(4) 159 下列那一項為金融從業人員辦理投資型金融商品之推介或銷售業務時，應遵守之事項？
(1)應避免不當銷售或推介之行為
(2)不得誤導消費者不正確之價值及理財觀念
(3)不得使用類似大眾所熟悉之他人商標，以混淆消費者
(4)以上皆是。

(4) 181 下列何者屬於金融從業人員招攬保險，利用其身分從事業務上的不當行為？
(1)招攬過程對客戶有恐嚇、威脅之言語或行動，或有肢體上暴行，經查證屬實者
(2)協助要求醫師開立錯誤或內容不實之診斷及處置證明，或不當誘使客戶要求醫師開立錯誤或內容不實診斷及處置證明
(3)未親晤客致未能取得客戶親簽之保險相關文件
(4)以上皆是。

> **解析** 保險業務員管理規則第19條：業務員有下列情事之一者，除有犯罪嫌疑，應依法移送偵辦外，其行為時之所屬公司並應按其情節輕重，予以三個月以上一年以下停止招攬行為或撤銷其業務員登錄之處分：
> 一、就影響要保人或被保險人權益之事項為不實之說明或不為說明。……
> 七、代要保人或被保險人簽章、或未經其同意或授權填寫有關保險契約文件。……
> 八、以威脅、利誘、隱匿、欺騙等不當之方法或不實之說明慫恿要保人終止有效契約而投保新契約致使要保人受損害。……
> 故本題(4)為正確。

(4) 182 金融從業人員在從事保險招攬時應充分瞭解要保人及被保險人之事項，其內容至少應包含？
(1)要保人及被保險人之基本資料
(2)要保人與被保險人及被保險人與受益人之關係
(3)要保人及被保險人是否符合投保之條件
(4)以上皆是。

> **解析** 保險業招攬及核保理賠辦法第6條：……
> 五、保險業從事保險招攬之業務人員應充分瞭解要保人及被保險人之事項，其內容至少應包括：

(一)基本資料：

  1.要保人及被保險人之基本資料（至少應包括姓名、性別、出生年月日、身分證字號及聯絡方式；若為法人者，為法人之名稱、代表人、地址、聯絡電話）；

  2.要保人與被保險人及被保險人與受益人之關係；

  3.若保險契約係以電子保單型式出單者，至少應取得要保人及被保險人之行動電話號碼、電子郵件信箱或其他經主管機關認可足資傳遞電子文件之聯絡方式；

  4.其他主管機關規定之基本資料。

(二)要保人及被保險人是否符合投保之條件。

(三)要保人及被保險人之投保目的及需求。

(四)繳交保險費之資金來源。

故本題(4)為正確。

(2) | **183** 金融從業人員招攬保險時應出示：

(1)身分證　　　　　(2)登錄證，並詳細告知授權範圍

(3)駕照　　　　　　(4)保險證。

> **解析** 依保險業務員管理規則第6條規定：……業務員於招攬保險時，應出示**登錄證**，並告知授權範圍。但主管機關另有規定者，不在此限。
> 故本題(2)為正確。

(1) | **237** 金融從業人員於推介或銷售投資型金融商品時，應採取下列何者作為，以確保客戶了解商品性質與可能面臨之風險？

(1)應充分了解客戶，審酌客戶年齡等情況予以推介或銷售適當之金融商品，並善盡充分告知投資風險內容之職責

(2)誇大金融商品之可能報酬，並勸誘客戶以借款、舉債等方式從事理財投資以增加業績

(3)待客戶要求再告知投資商品可能之風險，否則毋須主動告知

(4)為避免客戶流失，僅告知投資可能之利益，毋需告知投資風險。

(4) | **239** 金融從業人員在向客戶推介或銷售投資型金融商品時，應告知下列那些事項？
(1)金融商品名稱及主要投資標的內容
(2)客戶須支付之各項費用說明
(3)可能承受之風險說明
(4)以上皆是。

(2) | **251** 金融從業人員於保險業務招攬時，對於被保險人所填要保書，下列何者正確？
(1)於空白要保書簽名即可
(2)要求被保險人親自填寫並簽名
(3)實務上可代填不用簽名
(4)口頭允諾即可不用填寫。

> **解析** 投保應確實**逐一檢視**要保書填寫內容並確認後再簽名，**避免由招攬人員代為填寫**或應招攬人員的要求**在空白的要保書簽名**，以避免衍生爭議。
> 故本題(2)為正確。

(2) | **254** 金融從業人員從事保險業務招攬時，下列何者行為或觀念是錯誤的？
(1)業務人員對於商品應充分了解
(2)惡性殺價是市場競爭正常行為
(3)對被保險人應作適當的商品規劃
(4)各項權利義務須詳細說明清楚。

(2) | **255** 金融從業人員從事保險招攬業務時，下列何種行為是正確的？
(1)為節省客戶費用，提供錯價、放佣
(2)詳實說明客戶依保險契約的權利義務
(3)為增加業務人力，無須所屬公司同意即可招聘人員
(4)其他國家的商品對客戶較為有利，因此雖然未經我國主管機關核准或備查，仍可向客戶推銷。

(3) | **258** 金融從業人員於保險業務招攬時，不慎對商品作出不正確
之解釋，應如何正確處理？

(1)不影響，因口說無憑

(2)口述僅供參考，一切以要保書或文宣為準

(3)立即對客戶提出更正及正確解釋說明

(4)認知不同，難以斷定錯誤與否。

> **解析** 金融從業人員於保險業務招攬時，不慎對商品作出不正確
> 之解釋，應**立即對客戶提出更正及正確解釋說明**。
> 故本題(3)為正確。

(4) | **284** 關於證券商之業務人員誠實信用及禁止行為，下列敘述，
何者為正確？

(1)考量客戶的身體不好，當管理資產發生減損時，選擇不
告知

(2)為了獲取更高利益，可以私下與客戶訂立契約

(3)對客戶作贏利之保證或分享利益之證券買賣

(4)受理辦妥受託契約之客戶買賣有價證券。

> **解析** 證券商負責人與業務人員管理規則第18條：證券商負責人
> 及業務人員執行業務應本誠實及信用原則。證券商之負責人及
> 業務人員，除其他法令另有規定外，不得有下列行為：……
> 三、受理客戶對買賣有價證券之種類、數量、價格及買進或賣
> 　　出之全權委託。
> 四、對客戶作贏利之保證或分享利益之證券買賣。
> 五、約定與客戶共同承擔買賣有價證券之交易損益，而從事證
> 　　券買賣。……
> 故本題(4)為正確。

(4) 　**319** 金融機構登載及製播廣告，不得有下列何款行為？

(1)損害同業信譽之廣告

(2)使用類似大眾所熟悉之他人商標，以混淆消費者

(3)誤導消費者不正確之價值及理財觀念

(4)以上皆是。

> **解析** 金融服務業從事廣告業務招攬及營業促銷活動辦法第5條規定：金融服務業從事廣告、業務招攬及營業促銷活動，不得有下列各款之情事：
>
> 一、違反法令、主管機關之規定或自律規範。
>
> 二、虛偽不實、詐欺、隱匿、或其他足致他人誤信。
>
> 三、損害金融服務業或他人營業信譽。
>
> 四、冒用或使用相同或近似於他人之註冊商標、服務標章或名號，致有混淆金融消費者之虞。
>
> 五、故意截取報章雜誌不實之報導作為廣告內容。
>
> 六、對於業績及績效作誇大之宣傳。
>
> 七、藉主管機關對金融商品或服務之核准或備查程序，誤導金融消費者認為主管機關已對該金融商品或服務提供保證。
>
> 八、除依法得逕行辦理之金融商品或服務外，對未經主管機關核准或備查之金融商品或服務，預為宣傳或促銷。
>
> 九、使用之文字或訊息內容使人誤信能保證本金之安全或保證獲利。
>
> 十、刻意以不明顯字體標示附註與限制事項。
>
> 故本題(4)為非。

(4) 　**327** 金融從業人員在向客戶推介或銷售金融商品時，以下敘述何者有誤？

(1)不得委託無相關金融證照之人員從事之

(2)應審酌客戶年齡等情況予以推介或銷售適當之金融商品

(3)善盡充分告知投資風險內容之職責

(4)為賺取佣金，儘量勸誘客戶於短期間內，以多次贖回、再申購金融商品之方式。

(4) 329 信用卡發卡機構對於信用卡業務需要所登載及製播廣告，應遵守下列何者事項？
(1)避免造成消費者有不當擴張個人信用之價值觀
(2)必須依據法令規範確實登載規定警語
(3)必須充分揭露費用及利率
(4)以上皆是。

> **解析**
> 1.金管銀票字第09900062671號令：信用卡發卡機構應於平面媒體廣告及動態廣告刊出、播出醒語、循環信用利率負擔區間、預借現金手續費用及其他費用查詢管道，如涉及分期付款服務，應增列分期付款利率、手續費及其總費用年百分率負擔區間。
> 2.信用卡業務機構管理辦法第20條：發卡機構之信用卡平面及動態媒體廣告，其應揭露事項、版面及字體等相關事宜，應依主管機關規定辦理。
> 發卡機構與第三人合作時，應確保該第三人所製作之信用卡相關廣告符合主管機關規定。
> 發卡機構之廣告內容如經主管機關邀集相關單位及學者專家評定有誤導消費者不正確之價值及理財觀念等不當情事時，主管機關得命其限期改善，並得視情節暫停該發卡機構之信用卡廣告，或採行相關監理措施。
> 故本題(4)為正確。

(4) 330 金融從業人員於推介或銷售投資型金融商品時，應依下列原則辦理？
(1)應本最大誠信及充分揭露原則
(2)不得藉主管機關對金融商品之核准、核備或備查，而使消費者認為政府已對該金融商品提供保證
(3)不得對於過去之業績作誇大不實之宣傳，或對同業為攻訐之廣告
(4)以上皆是。

(1)｜340 金融從業人員從事保險業務招攬時，明知道保險標的之危險已消滅，仍要求客戶投保，則保險契約：
(1)無效　(2)有效　(3)不得解除　(4)以上皆非。

> **解析** 依據保險法第54-1條：保險契約中有左列情事之一，依訂約時情形顯失公平者，該部分之約定無效：一、免除或減輕保險人依本法應負之義務者。二、使要保人、受益人或被保險人拋棄或限制其依本法所享之權利者。三、加重要保人或被保險人之義務者。四、其他於要保人、受益人或被保險人有重大不利益者。
> **本題意為顯失公平**，則契約無效，故(1)為正確。

(2)｜343 金融從業人員招攬業務時遇市場對手競爭時，應保持如何態度？　(1)惡意攻訐同業　(2)以平常心，給予客戶專業建議　(3)刻意扭曲，陷人錯誤判斷　(4)隱惡揚善，規避責任。

(4)｜351 金融從業人員張三這個月的業績只差500萬元就達到業績目標，為能達到門檻領到目標獎金，張三應採用下列何種方式較為適當？
(1)勸誘客戶李四申購商品並保證獲利
(2)商請另一位從業人員轉單給自己，約定獎金分享
(3)借用客戶名義申購商品，領到獎金再贖回
(4)積極拓展業務、爭取客戶，以達到業績目標。

(4)｜485 下列有關金融從業人員從事保險招攬所用的文宣、廣告、簡介、商品說明書及建議書等文書，何者為是？
(1)應標明所屬公司之名稱
(2)內容應與保險公司報經主管機關審查通過之保險單條款、費率及要保書等文件相符
(3)經所屬公司核可同意使用，其內容並應符合主管機關訂定之資訊揭露規範
(4)以上皆是。

(4) | **490** 金融服務業及其受僱人員，下列敘述何者有誤？

(1)對客戶不得有背信、詐欺或侵害客戶權益之行為

(2)不得非法動支或挪用客戶資金

(3)不得為業務之招攬，而為誇大不實、偏頗之廣告宣傳

(4)為招攬業務，得與客戶約定分享利益或共同承擔損失。

> **解析** 中華民國期貨業商業同業公會「會員自律公約」第6條：
> 本公會會員期貨經營經紀業務及期貨交易輔助業務者，應共同
> 信守下列基本守則：
> 一、對客戶不得有背信、詐欺或侵害客戶權益之行為。
> 二、不得非法動支或挪用客戶保證金專戶內之資金。
> 三、不得為業務之招攬，而為誇大不實、偏頗之廣告宣傳，或
> 　　對客戶作獲利之保證。
> **四、不得與客戶約定分享利益或共同承擔損失。……**
> 故本題(4)為非。

(4) | **558** 金融從業人員辦理投資型金融商品推介或銷售業務時，為
避免糾紛，應遵守下列何種事項？

(1)應以善良管理人之注意義務及忠實義務，本誠實信用原
　則執行業務

(2)應依據客戶風險之承受度銷售或推介客戶適當之商品或
　投資組合

(3)不得銷售或推介逾越客戶財力狀況或合適之投資範圍以
　外之商品

(4)以上皆是。

> **解析** 保險業招攬及核保理賠辦法第7條：……三、瞭解並評估
> 要保人與被保險人保險需求及適合度之政策：
> (一)要保人已確實瞭解其所繳交保險費係用以購買保險商品。
> (二)評估要保人投保險種、保險金額及保險費支出與其實際需
> 　　求已具相當性。
> (三)要保人如係投保外幣收付之保險商品，已評估要保人對匯
> 　　率風險之承受能力。

(四)要保人如係投保投資型保險商品，應遵循下列事項：
　　1.已評估要保人之投資屬性、風險承受能力、繳交保險費之
　　　資金來源，並已評估要保人確實瞭解投資型保險之投資損
　　　益係由其自行承擔。
　　2.不得提供逾越要保人財力狀況或不合適之商品。
　　3.不得承保要保人投資屬性經評估非為積極型且以貸款或保
　　　險單借款繳交保險費者之保件。……
故本題(4)為正確。

(4)　579 金融服務業從事廣告、業務招攬及營業促銷活動，不得有
　　　　下列何種情事？
　　　　(1)故意截取報章雜誌不實之報導作為廣告內容
　　　　(2)對於業績及績效作誇大之宣傳
　　　　(3)使用之文字或訊息內容使人誤信能保證本金之安全或保
　　　　　證獲利
　　　　(4)以上皆是。

> **解析** 金融服務業從事廣告業務招攬及營業促銷活動辦法第5條：
> 金融服務業從事廣告、業務招攬及營業促銷活動，不得有下列各
> 款之情事：……五、故意截取報章雜誌不實之報導作為廣告內
> 容。六、對於業績及績效作誇大之宣傳。……九、使用之文字或
> 訊息內容使人誤信能保證本金之安全或保證獲利。……
> 故本題(4)為正確。

(4)　588 金融服務業招攬、播放廣告及進行業務招攬或營業促銷活
　　　　動時，下列敘述何者為正確？
　　　　(1)對金融消費者所負擔之的義務不得低於前述廣告之內容
　　　　　及進行業務招攬或營業促銷活動時對金融消費者所提示
　　　　　之資料或說明
　　　　(2)不得有虛偽、詐欺、隱匿或其他足致他人誤信之情事
　　　　(3)應確保其廣告內容之真實
　　　　(4)以上皆為正確。

> **解析**
> 1.金融服務業從事廣告業務招攬及營業促銷活動辦法第4條：金融服務業從事廣告、業務招攬及營業促銷活動，應依社會一般道德、誠實信用原則及保護金融消費者之精神，遵守下列原則：一、應致力充實金融消費資訊及確保內容之真實，避免誤導金融消費者，對金融消費者所負擔義務不得低於廣告之內容及進行業務招攬或營業促銷活動時所提示之資料或說明。……
> 2.第5條：金融服務業從事廣告、業務招攬及營業促銷活動，不得有下列各款之情事：……二、虛偽不實、詐欺、隱匿、或其他足致他人誤信。……
> 故本題(4)為正確。

(1) | **589** 金融服務業對金融消費者進行金融教育宣導，下列敘述何者為正確？
(1)不得引薦個別金融商品或服務
(2)對金融消費者說金融商品或服務已獲主管機關核准或備查所以保證安全無虞
(3)對應經而未經主管機關核准或備查之金融商品或服務預為宣傳促銷
(4)使用能保證本金之安全或保證獲利之文字或訊息內容。

> **解析** 金融消費者保護法第8條：……金融服務業**不得藉金融教育宣導，引薦個別金融商品或服務。**
> 故本題(1)為正確。

(3) | **591** 金融服務業從事廣告、業務招攬及營業促銷活動，下列敘述何者不是正確的作法？
(1)應訂定宣傳資料製作規範與散發公布之控管流程
(2)宣傳資料於對外使用前，應按業務種類，先行審核
(3)全權交付廣告公司處理就可以，有問題由廣告公司負全責
(4)應先確認內容無不當、誤導金融消費者、違反法令後始得對外使用。

> **解析** 中華民國證券商業同業公會「會員從事廣告、業務招攬及營業促銷活動管理辦法」第7條：本公會會員從事廣告業務招攬及營業促銷活動者應**訂定廣告、業務招攬及營業促銷活動之宣傳資料製作管理規範，及其散發公布之控管作業流程，並列入公司內部控制及稽核制度管理**。
> 故本題(3)為正確。

(1) | **600** 證券商經營業務應以公平、合理之方式為之，不得以不合理之收費招攬或從事業務，其收取費用應考量下列何種因素：

(1)應考量相關營運成本、交易風險、合理利潤及客戶總體貢獻度等因素

(2)鑑於市場競爭激烈，為順利爭取到業務，不必多考慮公司的營運成本及獲利

(3)應考量競爭同業收費情形，殺價跟進招攬客戶，爭取業務

(4)任由證券商營業主管或營業人員自行決定。

> **解析** 證券商管理規則第5條：證券商經營業務應以公平、合理之方式為之，收取費用應考量相關營運成本、交易風險、合理利潤及客戶整體貢獻度等因素，不得以不合理之收費招攬或從事業務。
> 證券商為廣告之製作及傳播，不得有誇大或偏頗之情事。
> 前項證券商廣告之製作及傳播，由證券商同業公會訂定自律規範，函報本會備查。
> 故本題(1)為正確。

第二章 受託執行業務

✅ 金融從業人員應該做的事情

- 受託買賣的時間應以客戶委託時間之先後為執行優先順序。

- 受理客戶買賣時，不可以進行對作或跟單的行為。

- 對於所有客戶都應一視同仁、一律平等。

- 知悉客戶有操作金融市場之意圖時，不可接受其委託進行金融商品交易。

- 知悉客戶是利用他人名義而無授權書時，應拒絕接受其委託。

- 受託執行業務時，應盡一切可能確認並瞭解客戶的需求，如同處理自己業務一般，當盡力持守榮譽與廉潔以維護公司形象，並遵守專業行為規範。

- 以真實姓名為客戶提供市場分析資訊。

- 應忠於客戶所託，隨時留意並管理客戶資產，以提供最佳之投資服務。

- 受委託代管財產時，應秉持忠實及善良管理原則，並定時報告其資產增減的狀態。

- 應抱持合理基礎判斷原則為客戶做資產管理判斷。

- 辦理衍生性商品業務應充分告知投資人，該產品所涉風險，說明產品之可能最大損失，並加強對非專業善意投資人之保護措施。

- 辦理催收業務時,應對債務人表明身份,不得有脅迫、辱罵債務人之不當行為,且不得對第三人進行催討動作。

- 辦理財富管理業務時,應遵守:
  (1) 避免不當銷售或推介之行為。
  (2) 不誤導消費者不正確之價值及理財觀念。
  (3) 不使用類似大眾所熟悉之他人商標以混淆消費者。

- 從業人員與客戶是以簽約方式受託執行業務,應依與客戶簽訂契約之本旨與所定之運用範圍內執行投資或交易。

- 與客戶所定的契約內容不得違反主管機關業務相關規定。

- 受託執行業務時所應秉持的原則為:
  (1) 盡善良管理人注意義務。
  (2) 以專業及謹慎態度處理事務。
  (3) 忠實執行業務。

- 受託管理運用財產時,應與自有財產分別管理。

- 受客戶委託執行業務時,如具有投資運用決定權,不得兼任以下業務:(1)稽核人員。(2)投資資產保管人員。(3)投資交割人員。

- 為提供投資人良好的服務,應注意:
  (1) 瞭解並遵守相關法令之規定,不得有違反或幫助他人違反法令之行為。
  (2) 確實掌握客戶之資力、投資經驗與目的,以提供適當之服務。
  (3) 妥慎保管客戶資料,禁止洩漏機密資訊或有不當使用之情事。

- 發現客戶有以下之情形,應拒絕簽訂全權委託投資契約:
  (1) 未成年人而未有法定代理人者。
  (2) 受破產之宣告未經復權者。
  (3) 屬法人或其他機構而未能提出該法人或該機構出具之授權證明者。

- 簽訂全權委託投資業務契約前應：
  (1) 指派專人與客戶討論，充分瞭解其資力、投資經驗、投資目的或需求。
  (2) 向客戶告知相關法令限制、詳細說明全權委託投資之相關事項，並交付全權委託投資說明書。
  (3) 如預從事證券相關商品交易，應再交付客戶全權委託期貨暨選擇權交易風險預告書。

- 辦理財富管理業務時，若客戶執意投資風險等級超越客戶投資風險承受度之商品，應視實際情況拒絕客戶之投資申請。

- 與委任人為投資金融商品收益共享或損失分擔之約定。

- 對客戶資料的管理，應指定業務承辦人以外之人員定期查核。

- 受託執行業務時，盡全力持守榮譽及廉潔，以維護所屬公司之信譽。

- 金融從業人員受理存款開戶作業，依據主管機關規定辦理身分證明文件查核，受理開戶時應向客戶宣導，如提供帳戶供非法使用應負法律責任，開戶後發現可疑之客戶，應以電話、書面或實地查訪等方式再確認，並做適當處理。

❌ 金融從業人員不應該做的事情

- 利用內線交易方式替客戶獲利。

- 以提供完整服務為由，保管委任人之印鑑與存摺。

- 利用客戶名義或帳戶為自己或第三人做買賣。

有什麼需要幫忙的嗎？

- 為與委任人有利益衝突之第三人從事代客操作業務。
- 利用衍生性商品幫助客戶遞延、隱藏損失或虛報、提前認列收入等。
- 受託管理運用財產時,將客戶之存款移轉至員工存款以提高收益率。
- 受託管理運用財產時,挪用客戶之資金以補足其他客戶之交易損失。
- 受託管理運用財產時,未經客戶同意以客戶之資產提供作為交易保證金。
- 直接或間接提供或接受金錢或其他利益。
- 無故洩漏公司基金或全權委託帳戶之機密。
- 使人誤信能保證本金之安全或保證獲利。
- 利用客戶為自己或他人從事交易。
- 受託管理客戶資產,利用內線交易方式替客戶獲利。
- 受託執行業務時,幫助客人保管存摺。
- 受客人委託從事投資時,故意誤導受益人有關所投資用商品應收取費用。
- 以職務上所知悉消息,告知第三人。
- 未達成自身績效,忽視授信客戶可能潛藏之倒帳風險。
- 辦理全權受託業務從事踰越委任人授權範圍之交易。

其他重點記憶

- 善良管理人是指具專業資格且適格之管理人。
- 業務員經授權從事保險招攬之行為,視為該所屬公司授權範圍之行為,所屬公司對其登錄之業務員應嚴加管理並就其業務員招攬行為所生之損害依法負連帶責任。

- 金融從業人員應共同信守基本之業務經營原則：守法原則、忠實誠信原則、善良管理原則、公開原則、專業原則、保密原則、公平競爭原則。
- 金融從業人員遇客戶臨櫃提領現金經行員判斷有異常，應詢問客戶辦理動機與目的、是否認識陪同提款的人，經研判客戶顯屬遭詐騙者，應撥打警政署防範詐騙專線或逕向「110」報案。

本章分類題庫

(4) 60 客戶得不到好的意見，錯買了非需要之金融商品，主要歸因於：
(1)從業人員欠缺必要的知識
(2)從業人員欠缺專業倫理道德
(3)客戶過於信任從業人員，未盡瞭解相關資訊內容
(4)以上皆是。

(2) 95 保險經紀人，應基於下列何者利益，代向保險人洽訂保險契約？
(1)要保人　　　　　　(2)被保險人
(3)受益人　　　　　　(4)保險人。

> **解析** 保險經紀人管理規則第27條規定：經紀人於經營或執行業務時，應盡善良管理人之注意，**維護被保險人利益**，確保已向被保險人就洽訂之保險商品之主要內容與重要權利義務，善盡專業之說明及充分揭露相關資訊，確保其作業程序及內容已遵循相關法令規定，並於有關文件簽署及留存建檔備供查閱。
> 故本題(2)為正確。

(2) 96 金融從業人員從事保險業務招攬行為所生之損害，其應與誰負連帶賠償責任？
(1)自己　　　　　　　(2)所屬公司
(3)介紹人　　　　　　(4)以上皆是。

> **解析** 依保險業務員管理規則第15條規定：業務員經授權從事保險招攬之行為，視為該所屬公司授權範圍之行為，**所屬公司**對其登錄之業務員應嚴加管理並就其業務員招攬行為所生之損害**依法負連帶責任**。
> 故本題(2)為正確。

(3) | **98** 客戶投保傷害險後由公務員退休轉為從事建築臨時工維生，金融從業人員得知後應如何正確處理？
(1)與保險無關不必理會
(2)工作辛苦危險，應規勸另覓良職
(3)立即要求客戶向保險公司提出工作變更批改申請
(4)立即請客戶退保。

> **解析** 保險法第59條規定：要保人對於保險契約內所載**增加危險之情形應通知者，應於知悉後通知保險人**。
> 故本題(3)告知保險公司為正確。

(4) | **99** 客戶投保後提出終止保險契約之申請，金融從業人員應如何正確處理？
(1)提出違約之告訴
(2)可拒絕之
(3)從業人員僅從事招攬工作，故不在服務範圍之內
(4)強制汽車責任保險除有法定原因外，不得終止契約，其他保險則應盡力解說保險重要，如仍欲終止，應同意並協助辦理。

(2) | **100** 客戶投保住宅火險後，為增加收入而將客廳兼營火鍋小吃店，金融從業人員得知後應如何正確處理？
(1)客戶仍有居住事實，故不影響
(2)立即要求客戶向保險公司提出使用性質變更批改申請
(3)投保當時是住宅，故只能等到保險契約到期後再說
(4)當作不知而不處理，因不知者無罪。

> **解析** 將客廳兼營火鍋小吃對住宅保險來說是危險增加，危險增加通知義務是指在**保險責任期間內，一旦發生保險標的危險程度的顯著增加，投保人或被保險人應通知保險人**。
> 故本題(2)為正確。

(3) | **101** 以下何者是根據契約或授權書，向保險公司收取費用，並
代理經營業務之金融從業人員？
(1)保險經紀人　　　　　(2)保險公證人
(3)保險代理人　　　　　(4)以上皆是。

> **解析**
> (1)保險經紀人：基於被保險人的利益，代向保險人洽訂保險契
> 　　約，而向承保的保險業收取佣金的人。
> (2)保險公證人：替雙方作某種事實證明的人。受民眾囑託，以
> 　　作與民事有關的公正證書為職務的人。
> (3)保險代理人：依**法律規定**或**委任契約**，而**代理他人為法律行**
> 　　**為者**。
> 保險代理人接受保險公司委託執行業務，故本題(3)為正確。

(3) | **103** 曉華有一筆定存到期，想要運用從事期貨交易，但礙於常
常出差無法注意行情變化，金融從業人員可以：
(1)建議她僅買選擇權，最多損失權利金
(2)建議她授權給其他營業員代理下單交易
(3)建議她找合法的期經公司代操
(4)建議並介紹她授權給期貨作手。

(2) | **104** 金融從業人員於執行業務時，下列敘述何者較適當？
(1)以大戶為優先服務的對象，其他客戶有時間再受理
(2)了解你的客戶，對於不適合的客戶應拒絕之
(3)損及客戶權益之事項如為客戶授權，仍應忠實執行不需
　　要告知交易風險
(4)為牟取客戶最大利益，經紀商可逕行為客戶設定獲利、
　　停損點。

(2) | **105** 金融從業人員受託買賣時應依下列何者確實迅速執行？
(1)依客戶全年貢獻額之多寡為執行優先順序
(2)依客戶委託時間之先後為執行優先順序
(3)依客戶交易金額之大小為執行優先順序
(4)以現場客戶為優先，餘依委託時間之先後為執行優先順序。

(1) | **106** 金融從業人員於受理客戶買賣時：
(1)不可以有進行對作或跟單之行為
(2)同意客戶不需要出具授權書，可以提供帳戶供他人使用
(3)為規避繳稅，提供自己或他人帳戶供客戶使用
(4)為牟取客戶最大利益，逕行為客戶設定獲利、停損點。

(2) | **107** 金融從業人員當知悉客戶有操縱金融市場之意圖時：
(1)仍可接受其委託進行金融商品交易
(2)不可接受其委託進行金融商品交易
(3)有條件地接受其委託進行金融商品交易
(4)經主管同意即可接受其委託進行金融商品交易。

(2) | **108** 當知悉客戶是利用他人名義而無授權書時，從事金融商品交易：
(1)如果客戶承諾補具授權書，可先接受其委託進行金融商品交易
(2)應拒絕接受其委託進行金融商品交易
(3)有條件地接受其委託進行金融商品交易
(4)報經主管同意，即可接受其委託進行金融商品交易。

(3) | **109** 喬大公司為做期貨避險，找上金融從業人員開戶買賣，下
列何者為是？
(1)法人不需徵信
(2)因為期貨交易為保證金交易，不需徵信
(3)不論證券或期貨等，業務員受託前應先對客戶辦理徵
信，了解客戶背景
(4)客戶交易目的為避險，就不需再徵信。

> **解析** 中華民國證券商業同業公會會員辦理受託買賣業務瞭解委
> 託人及徵信與額度管理自律規則第4條規定：本公會會員辦理受
> 託買賣業務，**應先對委託人辦理徵信**，並依本規則規定辦理。
> 故本題(3)為正確。

(1) | **110** 張三的客戶因期貨交易失利，決定全數出金，張三應如何
交付客戶剩餘的權利金？
(1)以轉帳方式撥款至與客戶書面約定之存款帳戶
(2)以轉帳方式撥款至客戶來電時指示之存款帳戶
(3)以現金方式請客戶親臨期貨商簽收確認
(4)以支票禁背方式請客戶親臨期貨商簽收確認。

(2) | **111** 如客戶對金融商品無交易意願，金融從業人員為業績考
量應：
(1)將其從客戶名單刪除，不再提供服務
(2)了解客戶的需求，找尋適合客戶的商品
(3)與客戶約定損失共同承擔，勸誘交易
(4)將客戶轉由其他從業人員服務。

(3) 112 證券商之業務人員從事法令規定證券業務所為之行為，下列敘述何者為正確？

(1)證券商之業務人員所為之行為屬於該業務人員個人之行為，與證券商無關

(2)證券商之業務人員所為之行為不屬於該證券商授權範圍內之行為

(3)證券商之業務人員所為之行為，視為該證券商授權範圍內之行為

(4)證券商之業務人員所為之行為是否為該證券商授權範圍，應由法院判定。

> **解析** 證券投資顧問事業負責人與業務人員管理規則第18條：證券投資顧問事業之負責人、業務人員及其他受僱人執行業務，對於本法第五十九條或本於法令或契約規定事業不得為之行為，亦不得為之。證券投資顧問事業之**負責人**、**業務人員及其他受僱人**，於從事證券投資顧問業務、全權委託投資業務及其他經本會核准之有關業務之行為涉及民事責任者，**推定為該事業授權範圍內之行為**。
> 故本題(3)為正確。

(4) 113 關於證券商及其業務人員從事證券業務之行為，下列何者為正確？

(1)為提供客戶完整之服務，替委任人客戶保管印鑑與存摺

(2)同意他人使用第三者之名義執行業務

(3)與委任人客戶為投資金融商品收益共享或損失分擔之約定

(4)以上皆非。

> **解析** 證券投資顧問事業負責人與業務人員管理規則第15條：證券投資顧問事業之負責人、部門主管、分支機構經理人、業務人員或其他受僱人應以善良管理人之注意義務及忠實義務，本誠實信用原則執行業務。……三、與客戶為投資有價證券收益共享或損失分擔之約定。……七、保管或挪用客戶之有價證

券、款項、印鑑或存摺。……十、同意或默許他人使用本公司或業務人員名義執行業務。……
故本題(4)為正確。

(2) **114** 關於證券商及其業務人員從事證券業務之行為，下列何者為正確？
(1)與委任人客戶為投資商品標的收益共享或損失分擔之約定
(2)以真實姓名為客戶提供市場分析資訊
(3)與委任人客戶有金錢借貸的來往
(4)反向買賣其推介予客戶之金融商品。

> **解析** 證券投資顧問事業負責人與業務人員管理規則第15條：
> 證券投資顧問事業之負責人、部門主管、分支機構經理人、業務人員或其他受僱人應以善良管理人之注意義務及忠實義務，本誠實信用原則執行業務。……不得有下列行為：
> 十六、以**非真實姓名**（化名）從事證券投資分析活動或其他業務行為。
> 故本題(2)為正確。

(4) **115** 證券商受託買賣非集中交易市場且具衍生性商品性質之外國有價證券時，應確認及注意何種事項？
(1)應了解委託人客戶之所得與資金來源、風險偏好及投資目的與需求等，以確認其足以承擔該商品之相關風險
(2)不得受理非專業投資人委託買賣超過其適合等級之商品
(3)考量商品之特性、保本程度、商品設計之複雜度、投資地區市場風險、及商品期限等事項，將商品至少分為三個風險等級
(4)以上皆是。

> **解析** 財團法人中華民國證券櫃檯買賣中心證券商營業處所經營衍生性金融商品交易業務規則第24條：證券商向一般客戶提供結構型商品交易服務，應進行以下評估：

一、證券商應進行客戶屬性評估，確認客戶屬專業客戶或一般客戶；並就一般客戶之年齡、知識、投資經驗、財產狀況、交易目的及商品理解等要素，綜合評估其風險承受程度，且至少區分為三個等級，並請一般客戶簽名確認。

二、證券商應進行商品屬性評估並留存書面資料以供查證，相關評估至少應包含以下事項：

(一)評估及確認該結構型商品之合法性、投資假設及其風險報酬之合理性、交易之適當性及有無利益衝突之情事。

(二)就結構型商品特性、本金虧損之風險與機率、流動性、商品結構複雜度、商品年期等要素，綜合評估及確認該金融商品之商品風險程度，且至少區分為三個等級。

(三)評估及確認提供予客戶之商品資訊及行銷文件，揭露之正確性及充分性。

(四)確認該結構型商品是否限由專業客戶投資。

故本題(4)為正確。

(3) 116 證券商經營營業處所衍生性金融商品業務，為提昇交易業務品質，並確保交易相對人權益，下列證券商的行為何者為正確？

(1)交易相對人應承擔各種風險，證券商提供各種等級之商品供客戶選擇

(2)交易相對人自行決定及承擔風險，不必預告商品之風險

(3)應依據個別衍生性金融商品交易之風險特性、設計複雜度及期限等因素，評定其風險等級

(4)各種客戶皆可為交易相對人，開完戶即可提供衍生性金融商品供客戶選擇。

解析 財團法人中華民國證券櫃檯買賣中心證券商營業處所經營衍生性金融商品交易業務規則第24條：證券商向一般客戶提供結構型商品交易服務，應進行以下評估：……(二)就結構型商品特性、**本金虧損之風險與機率**、流動性、**商品結構複雜度**、**商品年期**等要素，**綜合評估及確認該金融商品之商品風險程度**，且至少區分為三個等級。……

故本題(3)為正確。

(2) | **117** 證券商經營營業處所衍生性金融商品交易業務，為提昇其
交易業務品質，並確保交易相對人權益，下列證券商的行
為何者為正確？
(1)所有證券商從業人員皆可推薦衍生性金融商品給客戶
(2)不得對其商品說明書等行銷文件誇大報酬或隱匿相關交
易風險
(3)隨時報告其交易帳戶的資產增減的狀態
(4)不必對一般資深客戶進行評估。

> **解析** 財團法人中華民國證券櫃檯買賣中心證券商營業處所經營
> 衍生性金融商品交易業務規則第25條：證券商向一般客戶提供
> 結構型商品交易服務，應進行下列行銷過程控制：
> 一、證券商應依第二十四條第二款之商品屬性評估結果，於結
> 構型商品客戶須知及產品說明書上以顯著之字體，**標示該商品
> 之商品風險程度**。
> 故本題(2)為正確。

(1) | **118** 依現行法令規定，證券商辦理財富管理業務，提供接受高
淨值客戶執行資產配置之服務，是基於何種法律關係及基
礎辦理此項業務？
(1)以信託方式辦理
(2)以相互信任方式辦理
(3)完全依客戶指示方式辦理
(4)可代替委託人客戶決定下單買賣有價證券。

> **解析** 證券投資信託事業證券投資顧問事業證券商兼營信託業務
> 管理辦法第4條：證券投資信託事業、證券投資顧問事業或證券
> 商申請兼營信託業務之特定項目，應具備下列條件：……
> 三、證券商申請以**信託方式**辦理財富管理業務，應符合證券商
> 辦理財富管理業務應注意事項所定辦理該業務應具備之條件。
> 故本題(1)為正確。

(2) | **119** 證券經紀商接受委託人客戶開戶及委託買賣有價證券，下列敘述何者為正確？
(1)任何委託人客戶皆可接受其開戶並買賣有價證券
(2)必須先與委託人客戶辦妥受託契約及開戶相關手續，才可接受其委託買賣有價證券
(3)接受委託人客戶訂立委託契約及受託買賣，得由未登記合格之負責人、經理人及業務人員承辦之
(4)可代替委託人客戶決定下單買賣有價證券。

> **解析** 證券商管理規則第37條：證券商經營證券業務，除法令另有規定外，不得有下列行為：……**十、受理未經辦妥受託契約之客戶，買賣有價證券。**
> 故本題(2)為正確。

(4) | **120** 證券商辦理客戶開戶買賣有價證券，要注意事項為何？
(1)與客戶簽訂受託買賣有價證券契約並辦妥開戶手續
(2)應指派專人作契約內容之說明及有關證券買賣程序之講解
(3)對客戶辦理徵信並詳實評估客戶的投資能力
(4)以上皆是。

> **解析** 證券商管理規則第33條：證券商與客戶簽訂受託買賣契約時，應作契約內容之說明及有關證券買賣程序之講解。
> 第36條：證券經紀商推介客戶買賣有價證券，應先評估客戶之投資能力及具備合理之資訊，並不得保證所推介有價證券之價值。
> 故本題(4)為正確。

(1) | **121** 證券商之業務人員接受客戶委託買賣有價證券，應注意是否有涉及違法洗錢情事，下列何者為不正常的交易態樣？
(1)由同一客戶代替或透過多個其他客戶名義或帳戶執行買賣
(2)由客戶本人親自用電話委託買賣
(3)客戶在營業場所當面委託買進或賣出
(4)客戶自行以電子下單系統下單委託買賣。

本題(1)符合金融監督管理委員會公布**疑似洗錢或資恐交易態樣：開立數帳戶而指定同一人為共同或授權委託人。**
故本題(1)為正確。

(3) 122 金融從業人員與客戶以簽約方式受託執行業務，以下何者為是？
(1)應依主管口頭指示辦理
(2)應依業務績效考量辦理
(3)應依與客戶簽訂契約之本旨辦理
(4)應依公司之最大利益辦理。

解析 臺灣證券交易所股份有限公司證券經紀商受託契約準則第3條：證券經紀商於接受委託證券買賣時，必須先與委託人辦妥受託契約，**未經辦妥受託契約者，證券經紀商應不得受理。**……
故本題(3)為正確。

(1) 123 金融從業人員與客戶以簽約方式受託執行業務，以下何者為是？
(1)應依契約所定運用範圍執行投資或交易
(2)雖非為契約約定投資範圍，應爭取市場先機先行投資
(3)如違反契約約定，應經客戶口頭同意才可執行
(4)如逾越契約運用範圍得於事後通知客戶。

(2) 124 金融從業人員與客戶訂定契約內容，以下何者為是？
(1)無論是否違法，應依客戶需求訂定契約
(2)契約內容不得違反主管機關業務相關規定
(3)為爭取考績，契約內容應完全依照主管要求
(4)無論是否違法，為達到業績要求應說服客戶簽約。

(1) 125 金融從業人員受託管理運用財產時，以下何者為是？

(1)應依相關規定登記財產

(2)財產應登記於從業人員名下

(3)財產應登記於主管名下

(4)財產應登記於公司名下。

> **解析** 信託業法第20條：信託業之信託財產為應登記之財產者，
> 應**依有關規定為信託登記**。
> 故本題(1)為正確。

(1) 126 金融從業人員受託執行業務時所應秉持之原則，以下何者是錯誤？

(1)應以達成主管交付業績目標為優先原則

(2)應盡善良管理人注意義務

(3)應以專業及謹慎態度處理事務

(4)應忠實執行業務。

> **解析** 保險業經營保險金信託業務審核及管理辦法第10條：保險業辦理保險金信託業務，應依本法第138條之2第2項之規定簽訂保險金信託契約，並以明顯方式充分告知下列事項：
> 1.保險業辦理保險金信託業務，應盡**善良管理人之注意義務與**
> **忠實義務**。……
> 第16條：保險業經營保險金信託業務應依信託本旨，以善良管理人之注意義務，並以專業及謹慎態度處理信託事務。……
> 故本題(1)為非。

(4) 127 金融從業人員受託管理運用財產時，以下何者為非？

(1)將客戶之存款移轉至員工存款以提高收益率

(2)挪用客戶之資金以補足其他客戶之交易損失

(3)未經客戶同意以客戶之資產提供作為交易保證金

(4)以上皆是。

(2) | **128** 金融從業人員受託管理運用財產時，以下何者為是？
(1)應與自有財產共同管理
(2)應與自有財產分別管理
(3)應與自有財產共同記帳
(4)應將較有利交易價格給自有財產。

> **解析** 依信託法第24條：受託人應將信託財產與其自有財產及其他信託財產分別管理。信託財產為金錢者，得以分別記帳方式為之。故本題(2)為正確。

(1) | **129** 金融從業人員受託執行業務時，應如何記錄客戶資料？
(1)應就各客戶分別保存完整且正確記錄
(2)幫助客戶保管存摺
(3)由稽核人員抽寄對帳單，再與客戶對帳
(4)以上皆非。

(4) | **130** 金融從業人員受客戶委託從事投資時，不得有以下何種行為？
(1)故意誤導客戶所投資運用標的之風險
(2)對投資產品之價值故意為錯誤之記錄
(3)故意誤導受益人有關所投資運用商品應收取之費用
(4)以上皆是。

> **解析** 信託業應負之義務及相關行為規範第5條（虛偽、詐欺或其他足致委託人或受益人誤信之情形）
> 前條第一項第四款所稱其他足致委託人或受益人誤信之行為，係指下列事項：
> 一、偽造信託相關文件。
> 二、**故意誤導委託人或受益人有關信託財產所投資運用標的之風險。**
> 三、**故意誤導委託人或受益人有關信託財產所投資運用商品應收取之費用及其付款方式。**

四、就信託財產所投資運用之商品提供委託人或受益人未來投
　　資報酬，故意為不適當之預測，致誤導委託人或受益人有
　　關該投資商品可能之績效。

五、**對信託財產所投資產品或所運用標的之價值故意為錯誤之**
　　記錄。

故本題(4)為正確。

(1) **131** 金融從業人員受客戶委託執行業務，以下何種行為不正確？

(1)為客戶保管存摺或存單

(2)執行投資人員不得兼任保管投資財產

(3)製作正確或適當記錄

(4)提供存摺、存單或定期投資報告。

> **解析** 銀行防範理財專員挪用客戶款項相關內控作業原則第5
> 條：銀行應於理財專員業務行為準則中明定員工應秉持誠信原
> 則招攬及服務，**不得代客保管存摺**、**印鑑或已簽章空白交易單**
> **據**，及不得有擅自交易、不當招攬等行為。
> 故本題(1)為正確。

(4) **132** 金融從業人員受客戶委託執行業務，如具有投資運用決定
權，不得兼任以下何種業務？

(1)兼任投資執行人員　　(2)兼任投資資產保管人員

(3)兼任投資交割人員　　(4)以上皆是。

> **解析** 證券投資信託事業證券投資顧問事業經營全權委託投資業
> 務管理辦法第31條之1：證券投資信託事業或證券投資顧問事業
> 以信託方式經營全權委託投資業務，應設置信託業務專責部門，
> 並配置適足、適任之主管及業務人員。該信託業務專責部門得併
> 入第八條第一項之專責部門。但併入後之專責部門內對信託財產
> 具有運用決定權者，不得兼任專責部門以外其他業務之經營。
> 前項信託業務專責部門主管及業務人員，不得辦理專責部門以外
> 之業務，或由非登錄專責部門主管或業務人員兼辦。

第一項信託業務專責部門辦理研究分析、投資或交易決策之業務人員，不得與買賣執行之業務人員相互兼任。

證券投資信託事業或證券投資顧問事業以信託方式經營全權委託投資業務，其負責人及經營與管理信託業務人員，應符合兼營信託業務管理辦法所定之資格條件及專門學識或經驗，並應符合證券投資顧問事業負責人與業務人員管理規則所定之資格條件。

故本題(4)為正確。

(3)｜133 金融從業人員辦理管理運用客戶資產應如何處理會計報告？

(1)應依照主管指示作定期報告

(2)應依照業績考量編製獲利報告

(3)應依照契約約定及主管機關規定作定期報告

(4)應推測客戶預期獲益率編製會計報告。

> **解析** 依信託業法第19條：……信託業應依照**信託契約之約定及主管機關之規定，分別向委託人、受益人作定期會計報告，……**。
> 故本題(3)為正確。

(3)｜134 以下何者是正確的？

(1)客戶不得請求閱覽其帳戶明細

(2)客戶不得請求對事務處理情形提供說明

(3)經客戶請求，應於合理營業時間內對事務之處理情形提供說明

(4)客戶財產帳冊屬於業務機密，客戶不得請求閱覽。

> **解析** 保險業經營保險金信託業務審核及管理辦法第17條：
> 保險業經營保險金信託業務應就保險金信託事務之處理情形每季報告委託人及受益人。
> 保險業應依法令及保險金信託契約約定為各項必要之公告與通知。
> 保險業**經委託人**或**受益人**請求，**應於合理營業時間內對保險金信託事務之處理情形提供說明**，並應允許其於合理營業時間內閱覽、抄錄或影印其信託帳戶明細及信託財產帳冊。但法律另有規定者，從其規定。……
> 故本題(3)為正確。

(3) | 135 以下何種行為是正確的？
(1)要求客戶辦現金卡否則不核准其房屋貸款
(2)要求客戶辦信用卡否則不與之簽信託契約
(3)要求客戶填寫瞭解客戶作業相關資料
(4)要求客戶與子公司開立證券戶否則無法接受委託投資。

(3) | 136 金融從業人員之職責要求，下列何者正確？
(1)只照顧自己親朋好友
(2)只照顧行員
(3)公平對待所有客戶，而不偏袒某一客戶
(4)只照顧VIP客戶。

(4) | 137 金融從業人員受託執行業務時，下列何者為非？
(1)客戶利益置於公司或個人的利益之上
(2)受託人必須揭露與客戶的利益衝突
(3)受託人應公平對待所有客戶，不得偏袒某一客戶
(4)受託人應以公司之利益為最高利益。

(4) | 138 金融從業人員提供客戶服務並維持必要的知識及技能，此為下列何者原則？ (1)誠信原則 (2)忠實義務原則 (3)保密原則 (4)專業原則。

(1) | 139 辦理客戶資產或財物的保管時應依下列何項原則辦理？
(1)善良管理原則 (2)追求利潤原則
(3)強制公開原則 (4)互惠原則。

(4) | 140 接受客戶受託執行之業務，何者得為之？
(1)明顯違反相關法令規定者
(2)收受客戶酬庸，而未損及公司利益者
(3)未經主管機關核准承辦之業務活動
(4)符合相關法令規定，且業經主管機關核准之業務。

(1) | **141** 下列何者行為有誤？
(1)將客戶私下轉介於其他同業或交易商
(2)依公司及相關法令規範，執行客戶所託之業務
(3)事先與客戶簽訂受託執行業務範圍之約定書
(4)誠實告知客戶受託業務執行之結果。

(4) | **143** 溢收客戶新台幣壹佰元，但是已聯絡不到客戶，請問下列
處置何者正確？
(1)捐給慈善機構　　　　(2)交給主管
(3)充當公費　　　　　　(4)掛在帳上。

(4) | **144** 金融從業人員進行徵授信業務時，下列何者為非？
(1)徵信時須詳實審查客戶財務及信用狀況
(2)利害關係人授信須符合法令規定
(3)定期辦理覆審
(4)為達成自身績效，可忽視授信客戶可能潛藏之倒帳風險。

(4) | **145** 金融從業人員於受託執行業務時，下列何者正確？
(1)盡一切可能確認並瞭解客戶的需求，如同處理自己業務
一般
(2)盡全力持守榮譽及廉潔以維護所屬公司之信譽
(3)應遵守專業行為規範
(4)以上皆是。

(1) | **146** 在接受客戶委託時，應將誰的利益置於其他利益之上？
(1)委託的客戶　　　　(2)公司
(3)自己　　　　　　　(4)其他大客戶。

(1) | **148** 下列何者屬善良管理人之原則？

(1)為客戶適度分散投資風險

(2)集中購買單一投資商品

(3)以高獲利高風險商品為推介目標

(4)未告知投資風險。

> **解析** 善良管理人原則即要求行為人管理他人事務，不是站在一般普通人的立場上，而是要站在一個具有相當知識經驗人的立場，負擔等同的注意義務。**不以行為人的主觀意志為標準，而以客觀上應不應注意為標準。**
> 故本題(1)較符合。

(1) | **150** 金融商品風險高低不同，對屬於保守型之客戶，從業人員應推薦之商品為何？

(1)穩健保守型商品

(2)高風險高報酬商品

(3)目前公司主力推薦之商品

(4)公司所有之商品。

(2) | **151** 金融從業人員幫客戶遞送契約或申請書時，發現客戶於文件上遺漏簽名，下列行為何者為非？

(1)通知客戶至公司營業場所親自補簽

(2)不用通知，自行幫客戶簽名

(3)親自送自客戶家中，請客戶親自補簽

(4)與客戶於約定地點，送請客戶親自補簽。

> **解析** 幫客戶簽名，在刑事責任上主要牽涉到的是**偽造文書罪，可能構成業務上文書登載不實罪**，故(2)為非。

(1)｜152 金融從業人員辦理投資型金融商品之推介或銷售業務時，應遵循下列何者事項？
(1)應廣泛了解客戶，以期精確銷售或推介適合客戶之商品
(2)應以從業人員自身利益為優先考量
(3)儘量使用類似大眾所熟悉之他人商標，混淆客戶以提升業績
(4)可利用公司內部資訊擅自為自己進行交易而謀取利益。

(4)｜153 金融從業人員辦理衍生性商品業務時，應本持下列何項原則？
(1)誠信原則　　　　　(2)守法原則
(3)善良管理原則　　　(4)以上皆是。

> **解析** 依銀行辦理衍生性金融商品業務內部作業制度及程序管理辦法第22條規定：銀行向客戶提供衍生性金融商品交易服務，應以善良管理人之注意義務及忠實義務，本誠實信用原則為之。
> 故本題(4)為正確。

(2)｜154 有關金融從業人員辦理全權委託業務，下列陳述何者有誤？
(1)不得從事足以損害委任人權益之交易
(2)得對無權過問之同仁洩漏客戶資料
(3)不得違反契約、內部作業規範、內部控制等行為
(4)不得為與委任人有利益衝突之第三人從事代客操作業。

> **解析** 個人資料保護法規範的對象包含金融業，因業務會接觸到個人資料的行業，**除了業務目的之外的使用都屬違法**。自然人的姓名、生日、教育、職業、電話、社會活動，全部都屬於個人資料，非公務機關（含自然人）對於這些資料，除了法律明文規定、契約關係、當事人自行公開、學術研究、經當事人書面同意等五種情況外，都不能蒐集或處理。
> 本題(2)對無權過問的同仁洩漏客戶資料，即違反上述規定，故有誤。

(4) 155 金融從業人員辦理衍生性商品業務時,應遵循下列何者事項?

(1)可幫助客戶遞延、隱藏損失

(2)可幫助客戶粉飾財務報表

(3)可幫助客戶提前認列收入

(4)不得利用衍生性商品幫助客戶遞延、隱藏損失或虛報、提前認列收入等。

> **解析** 銀行辦理衍生性金融商品業務內部作業制度及程序管理辦法第16條規定:**銀行不得利用衍生性金融商品遞延**、**隱藏損失或虛報**、**提前認列收入**或幫助客戶遞延、隱藏損失或虛報、提前認列收入等粉飾或操縱財務報表之行為。選擇權交易應注意避免利用權利金,美化財務報表,進而引發弊端。
>
> 故本題(4)為正確。

(4) 156 有關金融從業人員辦理衍生性商品業務,下列陳述何者有誤?

(1)應充分告知投資人產品所涉風險

(2)應向投資人說明產品之可能最大損失

(3)應加強對非專業善意投資人之保護措施

(4)應以從業人員自身利益為優先考量。

(4) 157 金融從業人員辦理催收業務時,下列行為何者為非?

(1)應對債務人表明身分

(2)不得有脅迫、辱罵債務人之不當收債行為

(3)不得對第三人進行催討

(4)得向債務人收取額外費用。

> **解析** 金融機構辦理應收債權催收作業委外處理要點第14條規定:金融機構應定期及不定期對受委託機構進行查核及監督,確保無違反下列各款規定:……
>
> 6.受委託機構及員工不得向債務人或第三人收取債款或**任何費用**。……
>
> 故本題(4)為非。

(4) | **158** 金融從業人員辦理催收業務時，下列何者為應遵守之事項？
(1)不得違反公共利益
(2)僅能對債務人本人及其保證人催收
(3)不得對非債務之第三人干擾或催討
(4)以上皆是。

> **解析** 依金融機構辦理現金卡業務應注意事項第18條規定：金融機構僅能對債務人本人及其保證人催收，不得對與債務無關之第三人干擾或催討。
> 故本題(4)為正確。

(3) | **160** 金融從業人員辦理衍生性商品業務時，不應有下列何種行為？
(1)於交易契約中揭示可能發生之風險
(2)對客戶善盡風險告知義務
(3)誤導客戶之情事
(4)提醒客戶承作商品之重要注意事項。

(4) | **161** 下列關於金融從業人員辦理投資型金融商品之推介或銷售業務時，應遵守之事項何者正確？
(1)應揭露商品的各項特性及風險
(2)商品設計應符合客戶之風險偏好
(3)推介適合客戶之商品
(4)以上皆是。

> **解析** 銀行辦理財富管理業務作業準則第2條：銀行辦理財富管理業務，應建立一套商品適合度政策，其內容至應包括客戶風險等級、產品風險等級之分類，俾依據客戶風險之承受度提供客戶適當之商品，並應建立監控機制，以避免理財業務人員不當銷售或推介之行為。該商品適合度政策之揭示內容得彈性調整，但應遵循本準則所訂之基本原則。
> 所謂商品適合度政策，係指銀行銷售或推介客戶有關商品時，不僅應揭露商品的各項特性及風險，更應積極考量商品設計之

複雜度、風險高低程度、現金流量方式等，是否能與客戶之風險偏好、對現金流量之期望、預定投資期限、專業理解程度及所得狀況等因素配合，且確能符合客戶需要，而銀行辦理財富管理業務，須廣泛了解客戶之家庭背景、生涯規劃等，以期精確銷售或推介適合客戶之商品。……
故本題(4)為正確。

(4) 162 金融從業人員執行業務時，應本持下列何者原則？
(1)善良管理原則　　(2)保密原則
(3)誠信公正原則　　(4)以上皆是。

(1) 163 下列陳述何者為金融從業人員應遵守之事項？
(1)不可利用客戶名義為自己從事交易
(2)可利用客戶名義為自己從事交易
(3)可利用客戶名義供他人從事交易
(4)以上皆非。

(2) 164 金融從業人員受理開戶時應由客戶提供應備之證件核驗，如客戶拒絕提供者，下列何者行為是不被允許的？
(1)應予婉拒受理
(2)仍予受理以提升業績
(3)經確實查證身分屬實後始予辦理
(4)應與客戶充分溝通，請客戶配合證件核驗。

解析 銀行防制洗錢及打擊資恐注意事項範本第4條：確認客戶身分措施，應依下列規定辦理：
一、有以下情形之一者應**予以婉拒建立業務關係或交易**：
(一)疑似使用匿名、假名、人頭、虛設行號或虛設法人團體。
(二)**客戶拒絕提供審核客戶身分措施相關文件**，但經可靠、獨立之來源確實查證身分屬實者不在此限。……
故本題(2)為非。

(4) 165 金融從業人員辦理全權委託業務，為期精確銷售或推介適
　　　合客戶之商品，應廣泛了解客戶之：
　　　(1)家庭背景　(2)生涯規劃　(3)風險偏好　(4)以上皆是。

(4) 166 金融從業人員辦理全權委託業務，下列何者行為是不被允
　　　許的？
　　　(1)從事足以損害委任人權益之交易
　　　(2)從事逾越委任人授權範圍之交易
　　　(3)違反契約、內部作業規範、內部控制等行為
　　　(4)以上皆是。

(3) 167 下列所述金融從業人員辦理全權委託業務應廣泛了解客戶
　　　之事項，何者有誤？
　　　(1)投資需求　(2)投資經驗　(3)是否提供餽贈　(4)財務狀況。

(4) 169 辦理投資型金融商品推介或銷售業務時，應於受理前進行
　　　下列何項程序，以瞭解客戶並幫助客戶瞭解自身投資屬性
　　　及適合商品或投資組合？
　　　(1)請客戶填具客戶資料表，建檔並妥為保存
　　　(2)瞭解客戶投資經驗及風險偏好
　　　(3)瞭解客戶預計投資期限及期望報酬
　　　(4)以上皆是。

(2) 170 金融從業人員遇有存戶遺忘或未及時領回銀行存摺時，應
　　　採取下列何措施？
　　　(1)可代客保管存摺
　　　(2)應即設簿登記，交指定主管人員集中保管
　　　(3)不發函或電告通知客戶僅需等待洽領
　　　(4)以上皆非。

解析 依據金融機構處理客戶遺留印鑑存摺等作業範本第2條規定：金融機構遇有客戶遺留印鑑、存摺及已蓋章之空白取款條等憑證文件時，**應設簿登記**，**交由指定人員妥善保管。**
故本題(2)為正確。

(3) | **171** 有關金融從業人員辦理全權委託業務，下列敘述何者為非？
(1)應遵守相關法令規定
(2)不可利用委任人之交易帳戶，為自己交易
(3)可將委任操作契約，轉讓他人
(4)不可將已成交之買賣委託，由委任人名義改為其他第三人。

(1) | **172** 客戶申辦業務檢附之文件內含瑕疵時，下列敘述何者正確？
(1)應確實檢視，審慎評估處理方式
(2)應視與客戶之交情決定受理與否
(3)仍照常予辦理，並向客戶示意要求其提供酬謝金或封口費
(4)以上皆非。

(3) | **173** 王大明是一位證券分析人員，因為在餐廳吃飯時偶然聽到日日紅公司員工的談話，回辦公室後就把分析報告中對日日紅公司股票的建議由買進改為賣出。王大明違反了什麼原則？
(1)保密原則　　　　　(2)公平原則
(3)專業原則　　　　　(4)忠實誠信原則。

(3) | **174** 金融從業人員為提供投資人良好的服務，下列敘述何者有誤？
(1)應瞭解並遵守相關法令之規定，不得有違反或幫助他人違反法令之行為
(2)應確實掌握客戶之資力、投資經驗與目的，以提供適當之服務，謀求客戶之最大利益

(3)應盡善良管理之責任及注意，代客戶保管有價證券或其
　　他資產

(4)應妥慎保管客戶資料，禁止洩露機密資訊或有不當使用
　　之情事。

(4) 175 金融從業人員從事全權委託投資業務,不得為下列何種行為?
　　　(1)直接或間接提供或接受金錢或其他利益
　　　(2)無故洩漏公司基金或全權委託帳戶之機密
　　　(3)使人誤信能保證本金之安全或保證獲利者
　　　(4)以上皆是。

(4) 176 金融從業人員從事全權委託投資業務，如發現客戶（委任
　　　人）有下列何種情形時，應拒絕簽訂全權委託投資契約？
　　　(1)係未成年人未有法定代理人者
　　　(2)受破產之宣告未經復權者
　　　(3)係法人或其他機構，卻未能提出該法人或該機構出具之
　　　　授權證明者
　　　(4)以上皆是。

解析 中華民國證券投資信託暨顧問商業同業公會證券投資信託
事業證券投資顧問事業經營全權委託投資業務操作辦法第12
條：受任人發現客戶有下列各款情事之一者，應拒絕簽訂全權
委託投資契約：
1.未成年人未經法定代理人之代理者。
2.受破產之宣告未經復權者。
3.受監護宣告人。
4.受輔助宣告人未經輔助人同意者。
5.法人或其他機構未能提出該法人或該機構出具之授權證明者。
6.金管會證券期貨局及受任人之負責人、業務人員及受僱人。
7.證券自營商未經金管會許可者。
故本題(4)為正確。

(4) 177 金融從業人員欲從事全權委託投資業務者，於簽訂全權委託投資契約前，下列敘述何者為正確？
(1)指派專人與客戶討論，充分瞭解其資力、投資經驗、投資目的或需求
(2)向客戶告知相關法令限制並詳細說明全權委託投資之相關事項，並交付全權委託投資說明書
(3)如擬從事證券相關商品交易，應再交付客戶全權委託期貨暨選擇權交易風險預告書
(4)以上皆是。

(4) 178 天心證券投資信託公司簽訂全權委託契約時，應於契約載明？
(1)負有保密義務　　　　　(2)盡善良管理人之注意義務
(3)對委任事務之報告義務　(4)以上皆是。

(2) 199 依證券投資人及期貨交易人保護法規定，證券投資人有下列何種情形，保護機構財團法人證券投資人及期貨交易人保護中心得動用保護基金償付之？
(1)證券投資人買賣有價證券違約交割而受有損失者
(2)證券投資人於所委託之證券商因財務困難失卻清償能力而違約時，其於證券交易市場買賣有價證券並已完成交割義務者
(3)證券投資人買賣有價證券受有損失者
(4)證券投資人買賣有價證券因重大損失而要求精神補償者。

> **解析** 證券投資人及期貨交易人保護法第21條規定，一、**證券投資人於所委託之證券商因財務困難失卻清償能力而違約時，其於證券交易市場買賣有價證券並已完成交割義務**，或委託該證券商向認購（售）權證之發行人請求履約並已給付應繳之價款或有價證券，而未取得其應得之有價證券或價款。……

(3) 205 證券經紀商接受客戶委託買賣有價證券，於成交後，證券業務人員應即時回報客戶，作成買賣報告書交付客戶，每月編製對帳單分送客戶，其目的為：

(1)增加公司員工的工作內容

(2)創造社會的工作機會

(3)確認交易及買賣委託之完成

(4)維持與客戶的友好關係。

(2) 238 金融從業人員遇有客戶遺留印鑑、存摺及已蓋章之空白取款條等憑證文件時，應如何處理？

(1)私自代客保管

(2)立即交由金融機構指定人員妥善保管

(3)為避免糾紛，不予處理

(4)逕行銷燬。

> **解析** 依金融機構處理客戶遺留印鑑存摺等作業範本第2條規定：金融機構遇有客戶遺留印鑑、存摺及已蓋章之空白取款條等憑證文件時，**應設簿登記，交由指定人員妥善保管**，後續處理如下：
> (一)客戶遺留印鑑、存摺等，應儘速以電話或發函等方式通知該客戶領回，對於經通知仍未領回者，應持續追蹤辦理。
> (二)客戶遺留已蓋章之空白取款條時，應儘速通知該客戶領回；若通知不到、無法通知及通知後未領回者，經保管逾2個月者，應報請單位主管核准後銷燬，由會計人員監燬，並於備查簿註記。
> 故本題(2)為正確。

(4) 240 金融從業人員遇客戶臨櫃提領現金（含由他人領款及陪同領款），經行員判斷有異常者，應如何處理？

(1)詢問客戶辦理動機與目的

(2)詢問客戶是否認識陪同提款的人

(3)經研判客戶顯屬遭詐騙者，應撥打警政署防範詐騙專線或逕向「110」報案

(4)以上皆是。

(4) | **241** 金融從業人員受理存款開戶作業，下列敘述何者正確？

(1)依據主管機關規定辦理身分證明文件查核

(2)受理開戶時應向客戶宣導，如提供帳戶供非法使用應負法律責任

(3)開戶後發現可疑之客戶，應以電話、書面或實地查訪等方式再確認，並做適當處理

(4)以上皆是。

> **解析** 中華民國銀行公會依金融機構開戶作業審核程序暨異常帳戶風險控管之作業範本第2條及第5條規定：
>
> 1.第2條規定：金融機構辦理開立銀行法第六至第八條所稱之支票存款、活期存款及定期存款帳戶，其開戶作業程序應依下列方式辦理：
>
> 　一、以臨櫃方式開戶
>
> 　　(一)應指派資深行員辦理開戶審核工作。
>
> 　　(二)受理開戶時應查核客戶身分：
>
> 　　　　1.依據主管機關規定辦理雙重身分證明文件查核，以確認係其本人。……
>
> 　　(三)受理開戶時應向客戶宣導，如提供帳戶供非法使用應負法律責任。……
>
> 2.第5條規定：金融機構辦理存款帳戶應建立事後追蹤管理機制，並應依下列方式辦理：
>
> 　一、對採用委託開戶或開戶後發現可疑之客戶，應以電話、書面或實地查訪等方式再確認，並做適當處理。……
>
> 故本題(4)為正確。

(2) | **242** 金融從業人員接受客戶委任，提供證券投資顧問服務前，應先向客戶揭露何種資訊，並與客戶簽訂書面證券投資顧問契約，以確定雙方之權利義務？

(1)過去業績

(2)收費之基準及數額

(3)介紹未經主管機關核備之投資商品

(4)以上皆非。

(4)｜243 投信事業從事基金管理業務，有何種告知客戶義務？

(1)提供有關公司之充分資料，包括公司及其分公司之營業地址、公司經營業務之種類與限制，以及代表公司執行業務並可能與客戶有所聯繫的人員之身分和職位

(2)客戶得要求公司揭露其財務狀況，公司應提供可公開之財務報表資料，不得拒絕

(3)向客戶揭露其收費之基準及數額，所有會影響對客戶的收費、相關費用或將費用調高之做法，應符合公平與誠信原則；調高費用者，應於與客戶協議書中揭露，並於定期表件中彙報。

(4)以上皆是。

(4)｜244 金融服務業從事全權委託投資業務，下列哪些事項必須告知客戶？

(1)報酬與收費方式

(2)如有從事證券相關商品交易，其交易風險、交易特性與法律限制

(3)簽約後可要求解約之事由及期限

(4)以上皆是。

> **解析** 證券投資信託事業證券投資顧問事業經營全權委託投資業務管理辦法第22條：證券投資信託事業或證券投資顧問事業經營全權委託投資業務，應與客戶簽訂全權委託投資契約，明定其與客戶間因委任或信託關係所生之各項全權委託投資權利義務內容，並將契約副本送交全權委託保管機構。
> 前項全權委託投資契約，應與客戶個別簽訂，除法令或本會另有規定外，不得接受共同委任或信託；並應載明下列事項，如為信託關係者，應再另依信託業法第十九條第一項記載各款事項：……
> 二、簽約後可要求解約之事由及期限。……
> 十三、委託報酬與費用之計算、交付方式及交付時機。……
> 故本題(4)以上皆是。

(4) 245 金融服務業從事基金管理業務，下列哪些事項必須告知客戶？
(1)收費基準及數額
(2)研究或分析報告與投資結果
(3)公司經營業務之種類與限制
(4)以上皆是。

(1) 246 發發投顧公司透過電腦選股每日提供前五大飆股名單給客戶而不告知任何理由或原因。發發公司有無違反告知義務？
(1)有
(2)無，因為報告只對特定人提供
(3)無，因為系統經多年驗證，並非怪力亂神
(4)無，因為涉及公司之智慧財產權，可不提供給客戶。

(4) 272 下列何者為金融服務業之開戶經辦應有之服務態度？
(1)依當天心情決定是否完成客戶開戶手續
(2)只幫交情好的業務員辦理客戶開戶
(3)將自行來開戶的客戶介紹給業務員代操
(4)為客戶詳細解說開戶程序並交付相關文件。

(4) 286 下列何者是證券商之業務人員於執行業務時本於職業道德不得為之行為？
(1)挪用或代客戶保管有價證券、款項、印鑑或存摺
(2)向不特定多數人推介買賣特定之股票
(3)利用客戶名義或帳戶買賣有價證券
(4)以上皆是。

> **解析** 證券商負責人與業務人員管理規則第18條：證券商負責人及業務人員執行業務應本誠實及信用原則。證券商之負責人及業務人員，除其他法令另有規定外，不得有下列行為：……七、利用客戶名義或帳戶，申購、買賣有價證券。……十一、

挪用或代客戶保管有價證券、款項、印鑑或存摺。……十五、
向不特定多數人推介買賣特定之股票。但因承銷有價證券所需
者，不在此限。……故本題(4)為正確。

(3)｜297 下列何者為正當行為？
(1)利用本公司或個人名義與客戶間有款券借貸關係或挪用
　　情事、為款券借貸之媒介
(2)代理客戶保管存摺、印鑑或有價證券
(3)未經核准，不得全權代理客戶買賣有價證券
(4)利用為客戶操作金融商品之便，為自身利益作價。

(4)｜326 金融從業人員辦理授信業務，以下敘述何者正確？
(1)與客戶洽談應保持懇切之態度
(2)應本平等互惠及誠信公平原則
(3)將有關約定事項載明於書面，並讓客戶充分瞭解
(4)以上皆是。

(4)｜414 下列何者是金融從業人員從事保險業務招攬的不當行為？
(1)代客戶簽章
(2)未經客戶同意或授權填寫有關保險契約文件
(3)未經授權而代收保險費或代收保險費未依規定交付保險
　　業開發之正式收據
(4)以上皆是。

(4)｜463 金融從業人員對客戶之資料，應盡到如何之注意義務？
(1)刑法第十三條過失之注意義務
(2)自己之事務之注意義務
(3)受僱人之注意義務
(4)善良管理人之注意義務。

> **解析** 善良管理人之注意義務,乃係指**從事專業工作者,應有高**
> **於一般人的注意能力與義務**。即依交易上一般觀念,認為有相
> 當知識經驗及誠意之人應盡之注意。行為人注意之程度,依一
> 般社會上之觀念,認為具有相當知識及經驗之人對於一定事件
> 所能注意者,客觀的決定其標準。
> 本題金融從業人員即是專業工作者,應當盡上述注意義務,故
> (4)為正確。

(1) **488** 金融從業人員於執行業務時,下列敘述何者正確?
(1)不得同意或默許他人使用自己之名義執行業務
(2)經主管要求,得同意他人使用自己之名義執行業務
(3)為公司業績考量,得默許他人使用自己之名義執行業務
(4)未考取執照前,得借用其他業務員名義執行業務。

> **解析** 期貨商負責人及業務員管理規則第16條:期貨商負責人及
> 業務員應本誠實及信用原則,忠實執行業務。
> 期貨商之負責人及業務員,除不得有本法第六十三條及期貨商
> 管理規則第五十五條所禁止之行為外,並不得有下列行
> 為:……
> **十、利用他人名義或由他人利用自己名義執行業務**。……
> 故本題(1)為正確。

(1) **553** 信用卡發卡機構之行銷人員從事下列行為何者不正確?
(1)自行勾選未經客戶同意申請之卡片
(2)確認客戶申請之卡片
(3)確認客戶資料無誤才送件
(4)確認申請人本人身分,以免冒名申請。

> **解析** 依信用卡與現金卡及其相關業務委外行銷自律規範第13條規
> 定:發卡機構應要求受委託機構所屬委外行銷人員及其他聘雇人員
> **不得於申請書上自行勾選未經客戶同意申請之卡片**;委外行銷人員
> 並應落實與客戶確認申辦卡片無誤後,才可進行送件作業。
> 故本題(1)有誤。

(3) | **592** 金融服務業所提供之金融商品或服務，下列何者不屬於金融消費者保護法所稱之投資型金融商品或服務？
(1)信託業辦理特定金錢信託業務或特定有價證券信託業務，受託投資國內外有價證券、短期票券或結構型商品
(2)受託買賣非集中市場交易且具衍生性商品性質之外國有價證券業務
(3)受託買賣國內集中交易或櫃檯買賣市場之黃金業務及銀行辦理與客戶間之黃金現貨買賣及保管業務
(4)證券投資信託基金及境外基金。

> **解析** 金融服務業確保金融商品或服務適合金融消費者辦法第5條：前條所稱投資型金融商品或服務，係指下列商品或服務：
> 一、信託業辦理特定金錢信託業務或特定有價證券信託業務，受託投資國內外有價證券、短期票券或結構型商品。……七、黃金及貴金屬業務。**但不包括受託買賣集中市場或櫃檯買賣市場交易之黃金業務及銀行辦理與客戶間之黃金現貨買賣及保管業務**。……八、受託買賣非集中市場交易且具衍生性商品性質之外國有價證券業務。……
> 故本題(3)為非。

(4) | **595** 銀行業及證券期貨業在提供投資型金融商品或服務前，下列何者為應注意的事項？
(1)應評估金融商品或服務對金融消費者之適合度
(2)銀行業並應設立商品審查小組進行上架前審查
(3)應確認金融消費者之風險承受等級足以承擔該金融商品或服務之相關風險
(4)以上皆是。

> **解析** 金融服務業確保金融商品或服務適合金融消費者辦法第4條：銀行業及證券期貨業提供投資型金融商品或服務，於訂立契約前，應充分瞭解金融消費者之相關資料，其內容至少應包括下列事項：

一、接受金融消費者原則：應訂定金融消費者往來之條件。

二、瞭解金融消費者審查原則：應訂定瞭解金融消費者審查作業程序，及留存之基本資料，包括金融消費者之身分、財務背景、所得與資金來源、風險偏好、過往投資經驗及簽訂契約目的與需求等。該資料之內容及分析結果，應經金融消費者以簽名、蓋用原留印鑑或其他雙方同意之方式確認；修正時，亦同。

三、評估金融消費者投資能力：除參考前款資料外，並應綜合考量下列資料，以評估金融消費者之投資能力：

(一)金融消費者資金操作狀況及專業能力。

(二)金融消費者之投資屬性、對風險之瞭解及風險承受度。

(三)金融消費者服務之合適性，合適之投資建議範圍。

故本題(4)為非。

第三章　告知義務與通知

金融從業人員應該做的事情

乾淨儀容

名牌

服裝整齊

儀容不佳

衣衫不整

不適當衣著

- 辦理管理運用客戶資產應依照契約及主管機關規定做定期報告。

- 如客戶要求，應於合理營業時間內對業務之處理情形提供說明。

- 客戶投保後提出終止保險契約之申請時，應再次詳細說明保險內容與保險的重要性，如客戶仍欲終止，應同意並協助辦理。

- 當有足以影響投資結果的新聞事件發生，應立即告知客戶該項訊息，並就其專業立場詳加分析。

- 為客戶解說開戶時，必須告知相關費用、交易流程及業務風險。

- 預告交易風險時，應提醒客戶當行情劇烈波動時，其本金有可能完全損失。

- 期貨信託基金銷售機構辦理期貨信託基金銷售業務，應於銷售前將其自期貨信託事業收取之報酬、費用及其他利益，告知投資人。

- 從業人員對於客戶詢問與必須告知事項，應秉持善良管理人詳實告知及充分揭露之態度，避免刻意隱瞞或選擇性說明，以免發生有誤導客戶之情事。

- 以電話接受委託交易時，應在電話中覆誦客戶的委託內容，確認無誤之後再填寫委託書交付執行。

- 應隨時掌握客戶之交易狀況，當客戶款項不足而低於規定時，應依照相關規定向客戶發出款項追繳通知，通知客戶補繳款項或減少現有之金融商品，若無法取得聯繫，可以契約之約定替客戶執行平倉的動作。

- 進行顧問業務招攬行為時，應告知客戶合理之契約審閱期間。

- 因判斷錯誤造成客戶的資產減少，應據實告知客戶，並與其做事後的分析。

- 金融服務業對客戶有告知義務與通知責任。

- 從業人員欲離職時，該公司應告知其委任客戶，並由委任客戶決定是否與該公司解約或同意委由其他人員繼續操作。

- 善盡告知義務：
  (1) 向客戶介紹商品時，應盡量詳細。
  (2) 若客戶突然有大筆資金流入，明顯與其身份不符，必須向上級報告。
  (3) 每個月定期檢視顧客資產並寄發通知書。
  (4) 與客戶無關的遠房親戚出現財務危機時，可以不必申報。

✖ 金融從業人員不應該做的事情

- 不接受客戶請求閱覽其帳戶明細。

- 進行徵信業務時，為達自身績效，可忽視
  授信客戶可能潛藏之倒帳風險。

- 向客戶提供金融商品明確的價位預測，以博
  取客戶好感，有利於日後簽訂委任契約。

- 隱瞞不利銷售的條件。

- 特別強調商品的獲利率。

- 保險業務員對影響要保人或被保險人權益之事項為不實之說明或不
  為說明。

- 保險業務員唆使要保人或被保險人對保險人為不告知或不實之告
  知、明知要保人或被保險人不告知或為不實之告知而故意隱匿。

- 保險業務員妨害要保人或被保險人為告知。

- 金融服務業於接受客戶委任簽訂全權委託契約前，向客戶說明金融
  商品於特定價位買賣保證獲利。

🗨 其他重點記憶

- 資訊公開原則：提供客戶充足必要、投資可能的風險及投資決定等
  相關訊息。

- 服務人員與客戶雙方都需負有誠實告知的義務。

本章分類題庫 ......

(2) | **57** 金融從業人員對於客戶於填寫相關資料時，若發現客戶有
違反告知之情事應如何處理？
(1)事不關己，不要理他　　(2)即時向客戶求證其真實性
(3)協助造假　　　　　　　(4)自己改正。

(1) | **179** 金融從業人員從事保險業務招攬時，於下列何者情形不負
通知義務？
(1)為他方所知者　　　　　(2)為他方所不知者
(3)已發生者　　　　　　　(4)自己所知者。

> **解析** 保險法第62條規定：當事人之一方對於左列各款，不負通
> 知之義務：
> 一、**為他方所知者**。
> 二、依通常注意為他方所應知，或無法諉為不知者。
> 三、一方對於他方經聲明不必通知者。
> 故本題(1)為正確。

(1) | **180** 保險商品銷售時應於保險商品簡介及要保書首頁之明顯
處，以鮮明字體標示：
(1)查閱公司資訊公開說明文件之方式
(2)公司總經理
(3)公司地址
(4)保險費率。

> **解析** 人身保險商品審查應注意事項規定：保險商品簡介及要保
> 書首頁之明顯處，應**標示查閱公司資訊公開說明文件之方式**，
> 其字體應不小於其他說明內容字體並應**以鮮明字體印刷**。故本
> 題(1)為正確。

(4)｜184 金融從業人員招攬保險時不應告知要保人下列那些事項？
(1)可延欠保費　　　　　(2)可退佣
(3)可折讓　　　　　　　(4)以上皆是。

(2)｜185 金融從業人員招攬保險業務時應告知要保人投保應注意事項，下列何者為非？
(1)要保人親自填寫並簽章
(2)如何逃稅
(3)若要保人或被保險人為未成年人，需經其法定代理人同意，並於要保書上簽章
(4)應據實說明。

(4)｜186 金融從業人員對保險要保書的各項詢問說明，應如何要求客戶？
(1)可避重就輕　　　　　(2)就個人隱私可不必回答
(3)可任由其自由回答　　(4)應據實說明。

(4)｜187 金融從業人員從事保險招攬時，有誠實填寫招攬報告書的義務，下列何者為招攬報告書應包含的內容？
(1)招攬經過
(2)要保人及被保險人是否投保其他商業保險
(3)家中主要經濟來源者
(4)以上皆是。

> **解析** 保險業招攬及核保理賠辦第6條規定：……七、保險業從事保險招攬之業務人員有誠實填寫招攬報告書之義務，其內容至少應包含：
> (一)招攬經過。
> (二)被保險人工作年收入及其他收入。
> (三)要保人及被保險人是否投保其他商業保險。

> (四)家中主要經濟來源者。
> (五)身故受益人是否指定為配偶、直系親屬，或指定為法定繼承人，且其順位及應得比例適用民法繼承編相關規定。若否，應說明原因。
> (六)其他有利於核保之資訊。……
> 故本題(4)為正確。

(2) | **189** 金融從業人員為客戶解說開戶文件時，以下敘述何者正確？
(1)避免提及交易風險，以免嚇跑客戶
(2)必須告知相關交易流程
(3)先請客戶簽署開戶契約，日後有機會再向客戶詳細解說
(4)告知客戶交易的最大風險僅限於手續費。

> 解析 金融從業人員為客戶解說開戶文件時，**必須告知相關交易及作業流程**、相關費用、相關業務及金融商品之風險，不得要求客戶先簽署開戶契約再於日後補行解說，或告知客戶交易的最大風險僅限於手續費或交易風險有限等錯誤訊息。
> 故本題(2)為正確。

(4) | **190** 金融從業人員在向客戶預告交易風險時，以下敘述何者正確？
(1)買空賣空交易最適合家徒四壁的人，因為可以一夕致富
(2)建議客戶萬一面臨追繳時，可以先以信用卡預借現金向銀行週轉應急
(3)告知客戶交易的最大風險僅限於手續費的損失
(4)提醒客戶當行情劇烈波動時，其本金有可能完全損失。

(4) | **191** 金融從業人員在向客戶辦理開戶作業時，應告知下列那些事項？
(1)相關費用　　　　(2)相關交易流程
(3)相關的交易風險　(4)以上皆是。

(1) 192 交易人小王於週一透過某金融服務業完成一筆金融商品交易，以下敘述何者正確？
(1)該金融服務業應依規定製作一份對帳資料，寄送給小王
(2)小王先前已通知該金融服務業，日後毋須寄送交易報告書，故該公司可不必印製該份報告書
(3)為節省作業成本，未經約定一律以電子方式寄送交易報告書
(4)依客戶要求決定寄送與否。

(1) 193 交易人小王以電話委託某金融服務業進行金融商品交易，以下敘述何者正確？
(1)該金融服務業接單之業務員，應在電話中覆誦小王的委託內容，無誤後再填寫委託書交付執行
(2)成交後，由該金融服務業接單之業務員，以電話向小王進行成交回報並錄音即可，毋須再寄送交易報告書給小王
(3)該金融服務業應將小王之交易報告書，依小王之電話指示交付或寄送，不必依契約約定方式進行
(4)該金融服務業已向小王進行成交回報及寄送交易報告書，善盡充分告知之義務，因此毋須再定期交付或寄送對帳資料給小王，避免浪費資源。

(1) 194 金融服務業對客戶有告知義務與通知責任，下列敘述何者正確？
(1)應對須告知及通知事項儘速忠實告知
(2)可自行事先與客戶約定代為處理，毋須另行通知
(3)若主管指示毋須告知，則不告知客戶
(4)只告知有利於客戶之事項。

> **解析** 告知義務為保險契約訂立後，為使保險人得以正確評估其所承擔的危險，並據以計算適當的保險費，要保人應將影響危險估計的危險事實，**在保險人書面詢問的範圍內**，**充分地告知保險人**。

通知義務事故發生時，為使保險人得以確認損害的原因、範圍，並進行證據保全，要保人與被保險人亦應在法定或約定期間內通知保險人。

故本題(1)為正確。

(2) 195 金融從業人員向客戶進行顧問業務招攬行為時，下列敘述何者妥適？

(1)提供精美贈品，勸誘客戶當場簽約及繳付顧問費用

(2)應告知客戶合理之契約審閱期間

(3)可向客戶提供金融商品明確之價位預測，以博取客戶之好感，有利於日後簽訂委任契約

(4)以某位簽約客戶最近1星期內獲利20%之個案，作為宣傳之主要訴求。

> **解析** 信託業營運範圍受益權轉讓限制風險揭露及行銷訂約管理辦法第26條規定：信託業辦理信託業務，應與委託人訂定信託契約及其他依法令應簽署之契約或文件，並交付契約正本或註明與正本完全相符之影本予委託人，未於簽約當時交付者，應於簽約後以郵寄或其他約定之方式交付委託人。訂約前應盡第二十七條之告知義務，並**提供委託人合理審閱期間**。……
> 故本題(2)為正確。

(4) 196 金融服務業於接受客戶委任簽訂全權委託契約前，下列那一事項毋須先向客戶說明？

(1)公司之背景

(2)每一位交易決定人員之學經歷與操作績效

(3)某位客戶控告公司不當運用其所存入之委任資金，一審判處公司勝訴，但客戶不服上訴，目前仍在法院審理中

(4)金融商品於特定價位買賣保證獲利。

> **解析** 金融從業人員於接受客戶委任簽訂全權委託契約前，**禁止保證獲利或損失保證**，故本題(4)金融商品保證獲利不需向客人說明。

(3) 　**197** 某金融服務業甲之交易決定人員李經理，預計於農曆年後跳槽至乙公司任職，下列敘述何者正確？

(1)李經理通知所有委任客戶，與甲公司辦理解約，並於過完年後委由乙公司全權處理交易事宜

(2)李經理直接將所有委任客戶之帳務，轉交另一位交易決定人員吳經理繼續處理

(3)甲公司事先告知委任客戶，並由委任客戶決定是否與甲公司解約，或同意委由其他交易決定人員繼續操作

(4)李經理將所有委任客戶之留倉部位予以平倉，結算損益，並靜待委任客戶決定是否解約或同意委由其他交易決定人員繼續操作。

(1) 　**198** 若原服務客戶之業務員離職，但客戶仍有未完成之委託事項，則接任之業務員，何者作為較適當？

(1)告知客戶，由其處理未完成之委託事項

(2)不須通知客戶，自行處理未完成之委託事項

(3)待客戶察覺再告知，否則毋須告知

(4)客戶察覺亦毋需告知，以避免客戶流失。

> **解析** 若原服務客戶之業務員離職，但客戶仍有未完成之委託事項，則接任之業務員，告知客戶，由其處理未完成之委託事項較為適當。
> 故本題(1)為正確。

(1) 　**201** 為防範利益衝突及保護營業秘密，證券商之董事、監察人及受僱人員等內部人員獲悉承銷部門出售其包銷取得之股票或自營部門欲為買賣股票種類者，下列敘述何者為正確？

(1)於承銷部門出售或自營部門買賣前，不得為同種類股票之買賣委託

(2)為服務客戶，立刻將此消息告知主要客戶先為買賣同種類股票

(3)自己或通知親朋好友先為買賣同種類股票

(4)立刻報告直屬主管因應處理。

> **解析** 臺灣證券交易所股份有限公司證券商內部人員在所屬證券商開戶委託買賣有價證券管理辦法第4條：證券商內部人員獲悉承銷部門出售其包銷取得之股票或自營部門欲為買賣股票種類者，**於承銷部門出售或自營部門買賣前，不得為同種類股票之買賣委託**。
> 故本題(1)為正確。

(2) | **204** 證券商辦理財富管理業務，對客戶之收費應如何處理？

(1)列為公司機密

(2)提供財富管理服務實際收取之手續費、推介銷售商品獲取之佣金及其他名義費用向客戶充分告知

(3)將牌告之收費標準充分揭露

(4)客戶有詢問時才告知大概情形。

> **解析** 證券商辦理財富管理業務應注意事項第17條：證券商訂定防範內線交易及利益衝突之機制，其內容至少應包括下列事項：……(九)**證券商應將提供財富管理服務實際收取之手續費、推介銷售商品獲取之佣金及其他名義費用向客戶充分告知**。
> 故本題(2)為正確。

(1) | **230** 於業務推廣與招攬時，從業人員向客戶應盡之告知義務，下列何者正確？

(1)依商品相關內容據實告知

(2)為爭取業績，隱匿部分應告知內容

(3)於告知時，可加入從業人員主觀之想法

(4)以上皆是。

(3) | **252** 金融從業人員從事保險業務招攬時，對被保險人因連續高
額投保，與其固定收入顯不相當時，應如何處理？
(1)盡速收取保費
(2)維護客戶投保權益
(3)了解其動機，若有不良企圖應予以規勸導正
(4)只要保險公司同意即可。

(4) | **546** 下列有關金融從業人員之敘述何者正確？
(1)向客戶據實告知商品相關內容
(2)不得為所屬公司授權範圍以外之任何承諾
(3)對因執行業務所取得之機密資料應遵守資料保護相關法
　令規定
(4)以上皆是。

(4) | **556** 有關金融從業人員辦理衍生性金融商品業務，應提醒客戶
於交易前充分瞭解之事項，下列何者為正確？
(1)商品之性質
(2)相關之財務、會計、稅制或法律等事宜
(3)自行審度本身財務狀況及風險承受度
(4)以上皆是。

> **解析** 財團法人中華民國證券櫃檯買賣中心證券商辦理衍生性金
> 融商品交易業務應注意事項第11條：……
> 影響衍生性金融商品價格變動之因素極為複雜，證券商所揭露之
> 風險預告事項係列舉大端，對於交易風險與影響市場行情的因素
> 或許無法詳盡描述，因此應提醒客戶於交易前仍應充分瞭解結構
> 型商品之性質，及相關之財務、會計、稅制或法律等事宜，自行
> 審度本身財務狀況及風險承受度，始決定是否進行投資。

(4) | **593** 金融服務業與金融消費者訂立提供金融商品或服務之契約前，下列敘述何者為正確？

(1)應充分了解金融消費者之相關資料，以確保該商品或服務對金融消費者之適合度

(2)應向金融消費者充分說明該金融商品、服務及契約之重要內容，並充分揭露其風險

(3)金融服務業對於金融消費者個人資料之蒐集、處理及利用者，應向金融消費者充分說明個人資料保護之相關權利，以及拒絕同意可能之不利益

(4)以上皆是。

解析 1.金融消費者保護法第9條：金融服務業與金融消費者訂立提供金融商品或服務之契約前，應充分瞭解金融消費者之相關資料，以確保該商品或服務對金融消費者之適合度。

前項應充分瞭解之金融消費者相關資料、適合度應考量之事項及其他應遵行事項之辦法，由主管機關定之。

2.第10條：金融服務業與金融消費者訂立提供金融商品或服務之契約前，應向金融消費者充分說明該金融商品、服務及契約之重要內容，並充分揭露其風險。

前項涉及個人資料之蒐集、處理及利用者，應向金融消費者充分說明個人資料保護之相關權利，以及拒絕同意可能之不利益；……

故本題(4)為正確。

第四章　誠實信用原則

金融從業人員應該做的事情

確實掌握
客戶的相關資訊

資料不外洩
妥善保管客戶

熟讀相關法令

- 發現顧客交易資料有異常時，應該告知主管，與客戶做確認。

- 若遇總體經濟環境不佳等因素，使得客戶資產的規模縮水，基於善良管理原則，仍要告知客戶。

- 金融從業人員應秉持資訊公開原則，以提供客戶充足必要之資訊，告知客戶投資之風險及從事投資決定或交易過程之相關資訊，並向客戶快速揭露最新之資訊。

- 辦理簽訂公債買賣契約業務須填寫「風險預告書」。

- 面臨市場競爭時，應該告知承作短期票券或債券交易之客戶，市場利率近期之波動情形。誠實告知客戶公司及同業之間金融商品報價之差異。針對客戶屬性，建議其承作何種之交易。

- 身為專業金融從業人員，應該客觀分析適合客戶屬性之投資商品。告知客戶所需之各項商品風險與報酬。當客戶投資標的產生劇幅波動時，主動告知。

- 辦理衍生性操作業務，應善盡風險告知義務，包含：提前解約風險、商品條件變更風險、利率風險。

- 信用卡發卡機構在接獲被害人反映，發現有冒名申請信用卡案件時，應儘速通報相關單位，避免損害擴大。

- 辦理全權委託業務，為避免糾紛發生，應：推廣文宣應清楚、公正及不誤導投資人。充分告知產品所涉及風險之性質與內容。向投資人說明產品之可能最大損失。不得有誤導客戶之情事。提醒客戶於交易前應充分審度本身財務狀況及風險承受度，始決定是否進行投資。

- 處理事務應盡善良管理人之注意義務，告知客戶投資運用之風險、應給付相關款項及費用、處理業務有利益衝突、公司背景等相關資料。

- 告知客戶投資風險，必需提供相關書面資料、依產品特性，於交付客戶之公開說明書中揭露風險、招攬業務同時說明其風險及揭露業務所涉及之各類風險。

- 辦理業務告知客戶公司相關資料，得提供公司及其相關分支機構或代理機構之營業地址、聯絡電話、代表公司執行業務的人員之姓名或職稱、代表公司可能與客戶聯繫的人員之姓名或職稱。

- 處理管理運用業務之通知與報告義務，應就事務之處理情形定期報告客戶，應依契約約定為必要之通知，及應公告事項依相關規定辦理。

- 依法令規定，應於提供客戶相關文件中揭露風險警語，但印鑑卡無須揭露警語。

- 與客戶簽訂契約時，於訂約前應先行提供契約或文件內容予客戶閱覽。應使客戶於簽訂契約前有充分機會考慮條款，應就客戶所提出疑義詳細說明之。

292 Part 2 職業道德

- 接受客戶委任，提供證券投資顧問服務前，應先向客戶揭露收費之基準及數額，並與客戶簽訂書面證券投資顧問契約，以確定雙方之權利義務。

- 投信事業從事基金管理業務，需盡告知客戶義務，提供有關公司之充分資料，包括公司及其分公司之營業地址、公司經營業務之種類與限制，以及代表公司執行業務並可能與客戶有所聯繫的人員之身分和職位。客戶得要求公司揭露其財務狀況，公司應提供可公開之財務報表資料，不得拒絕。向客戶揭露其收費之基準及數額，所有會影響對客戶的收費、相關費用或將費用調高之做法，應符合公平與誠信原則；調高費用者，應於與客戶協議書中揭露，並於定期表件中彙報。

- 保險商品銷售時，應於保險商品簡介及要保書首頁之明顯處，以鮮明字體標示查閱公司資訊公開說明文件之方式。

- 招攬保險時應出示登錄證，並詳細告知授權範圍。

- 金融從業人員招攬保險業務時應告知要保人投保應注意事項，要保人親自填寫並簽章。若要保人或被保險人為未成年人，需經其法定代理人同意，並於要保書上簽章，且應據實說明。

- 金融服務業從事全權委託投資業務，必須告知客戶報酬與收費方式，如有從事證券相關商品交易，須告知其交易風險、交易特性與法律限制，簽約後反悔可要求解約之事由及期限。

- 金融服務業從事基金管理業務，必須告知客戶收費基準及數額、研究或分析報告與投資結果、公司經營業務之種類與限制。

- 購買基金之客戶要求投資信託公司揭露其財務狀況，公司人員不得拒絕提供可公開之財務報表資料。

- 各上市上櫃公司金融服務業應揭露其所訂定之道德行為準則於其年報、公開說明書、公開資訊觀測站。

- 客戶詢問某項商品資訊時，應該在自身專業能力內，提供客戶該項商品之完整資訊、客觀分析該項商品可能面臨的風險，及主動積極提供相關商品之資訊。

- 金融從業人員之資訊公開原則，包括告知客戶投資風險、客戶從事投資決定之相關資訊，及客戶交易過程之相關資訊。

- 為謀求客戶之最大利益，應詳盡告知客戶商品特性，以防客戶做出錯誤決定。

- 金融從業人員應忠實執行業務，對客戶詳盡解說風險預告書。

- 不得與客戶作獲利保證，因任何交易皆有風險、職業道德、法令禁止。

- 面臨客戶交易虧損時，應以誠懇的態度告知客戶實際狀況。

- 金融從業人員應忠實執行客戶之委託，確實明白客戶的指示內容才執行委託，避免犯錯。

- 受託執行業務時，應教育客戶利用電子系統買賣，以爭取買賣時間。

- 受理客戶開戶時，應詳盡告知客戶金融商品的交易流程、金融商品的交易費用、稅捐等規定、金融商品風險預告書。

- 金融從業人員秉持誠實信用原則，不以單獨強調或與其他金融商品比較之方式誤導消費者。

- 若有代為收付金錢之行為者，收到客戶款項應馬上歸繳公司。

- 銷售無形金融商品，因商品無樣品可試用，必須透過從業人員說明，故從業人員應對商品內容多做說明使客戶了解，應遵守誠實信用原則，並不斷地充實本身的專業知識，提供更好的服務。

- 被保險人所填要保書，應要求被保險人親自填寫並簽名。

- 金融從業人員從事保險業務招攬時，業務人員對於商品應充分了解、對被保險人應作適當的商品規劃、各項權利義務須詳細說明清楚。

- 從事保險經紀業務時，可向保險公司領取保費佣金。

- 提供保險理賠服務，應提供專業之服務協助，並請申請人據實填寫理賠申請書。

- 發現保險單錯誤記載時，金融從業人員應立即送回保險公司更正或重新製作保單。

- 於保險業務招攬時，不慎對商品作出不正確之解釋，應立即對客戶提出更正及正確解釋說明。

- 掌握客戶之資力、投資經驗與投資目的，提供適當之服務，並謀求客戶之最大利益，不得有誤導、詐欺、利益衝突或內線交易之行為，屬於金融從業人員的忠實誠信原則。

- 道德與誠信的原則：(1)執行業務時，必須將過程詳細記錄。(2)客戶為自己的親朋好友，亦不可釋放出未公開資訊供其投資參考。(3)對於與法律相關的文件，不得任意銷毀及竄改。(4)管理財務的相關人員，不得在公司的財務報表上作假。

- 金融從業人員應忠實執行業務：(1)不得因執行業務而享有個人不當利益。(2)不得設計交易行為以掩飾利害關係人交易。(3)不得對客戶有虛偽、詐欺行為。(4)不得對客戶有足致客戶誤信之行為。

- 執行業務應對所投資產品之價值正確詳實記錄，此為符合誠實原則。

- 證券投信事業對於有業務往來的證券商，應定期對財務、業務及服務品質作評比。

- 依據忠實誠信原則，投信投顧從業人員執行業務時應遵守契約規定、以善良管理人之注意義務執行業務、考慮客戶的財務狀況適度分散投資。

- 未經核准，不得全權代理客戶買賣有價證券、不得私自於同業兼任相關職務。

- 金融從業人員應該參加專業證照之考試以提昇自身素質，配合政府金融政策，促進經濟發展，善盡社會責任。

- 處理客戶資料，應：(1)妥為保管。(2)不得出售。(3)盡保密之義務。(4)不可提供同業參考。

- 客戶資料應不得對外任加討論、對外發表，不得擅自利用客戶資料為自己進行交易而謀取利益。

- 金融服務業從事投資顧問事業其從業人員應以善良管理人之注意處理受任事務，除應遵守主管機關發布之相關函令外，並應確實遵守：(1)不得收受委託者資金，代理從事證券投資行為。(2)除法令另有規定或委託者另有指示外，對因委任關係而得知委託者之財產狀況及其他之個別情況，應保守秘密，不得洩漏予任何第三人。(3)不得另與委託者為證券投資收益共享、損失分擔之約定。

- 客戶委託資產時，應該秉持的原則：(1)忠實管理。(2)善良管理人。(3)誠實原則。

- 就受託人與信託關係而言，忠實義務之原則：(1)受託人不得置身於信託財產利益與受託人個人利益彼此衝突之地位。(2)受託人於處理信託事務時，不得自己得利。(3)受託人處理信託事務時，不得使第三人獲得不當利益。

- 應盡善良管理人之責任及注意義務，為客戶適度分散風險，並提供最佳之專業服務。

- 金融服務業執行全權委託交易時，處理原則為公平合理對待每一委任人。

- 發現客戶需求與其公司所提供保險商品有落差時，應誠實面對，據實說明。

- 對於公司擔任內部稽核部門或法令遵循部門的員工，平時為減少利益衝突及內線交易的機會，應：(1)定期審核各項規則內容，確保符合法令規定及加強查核本項業務執行情形。(2)內部稽核部門應瞭解業務部門及所屬員工之投資額度與範圍之合適性。(3)洗錢防制等作業執行情形加強查核，檢討相關控管及機制建置成效。

- 為公司內部人員執行證券期貨經紀業務時，為避免利益衝突，應依公司內部人員及客戶委託時間之先後順序執行。

- 金融服務機構之自營部門與經紀業務部門應個別獨立作業，且業務資訊不可互為流用。

- 因職務關係獲悉足以影響金融商品價格未公開之重大消息時，應即以書面報告並列管保密。

- 金融從業人員執行業務時，應不以職務所得訊息，為本身牟取利益。

- 獲悉已影響相關客戶利益之訊息時，應盡可能公平合理的通知每一位客戶。

- 應致力充實金融消費資訊及確保內容之真實，避免誤導投資人，對投資人所負擔義務不得低於廣告之內容及進行業務招攬或營業促銷活動時所提示之資料或說明。

- 對金融商品或服務內容之揭露如涉及利率、費用、報酬及風險時，應以衡平及顯著之方式表達。

- 應以中文表達並力求淺顯易懂，必要時得附註原文。

- 從事廣告、業務招攬及營業促銷活動應以公司名義為之。

金融從業人員不應該做的事情

- 為達公司獲利目標，不擇手段欺瞞客戶所有訊息。

- 在考量公司及自身利益下，不須告知客戶其可能面臨之投資風險。

- 發現有冒名申請信用卡案件時：
  (1) 不作任何通報。
  (2) 要求被害人負擔損失。

- 未告知客戶處理業務有利益衝突。

- 屬信託財產運用範圍故無須向客戶揭露風險。

- 於招攬業務時：
  (1) 不提供相關書面資料。
  (2) 代為填寫瞭解客戶作業之資料。
  (3) 太複雜之投資風險不予告知。

- 無法說明之報酬及費用，等客戶詢問時再行告知。

- 告知其他客戶資產運用情形。

- 以不同保險契約內容作不公平或不完全之比較。

- 向所有客戶收取的費用都必須一樣。

- 拒絕提供或隱瞞市場上相關商品之訊息。

- 利用職務上知悉之消息，告知客戶使其獲利。

- 為幫助客戶減少稅負，提供帳戶供其使用。

- 勸誘客戶從事高風險高報酬之金融商品。

- 對客戶承諾絕對獲利。
- 與客戶私下約定分享利益或約定共同承擔損失。
- 如客戶業務繁忙，請其事先在委託書蓋章，再代理買賣。
- 取得客戶密碼代其電子交易。
- 為節省時間，先替客戶買賣，結帳後再請客戶填寫買賣委託書。
- 勸誘客戶解約他公司之商品，將他公司之商品作不公平之比較。
- 商品既已售出，可以不必再理會客戶。
- 客戶為自己的親朋好友，因此釋放出未公開資訊供其投資參考。
- 為了規避公司的罰則，透過人頭戶行使獲取不正當利益的行為。
- 故意設計交易行為以掩飾利害關係人交易。
- 提供客戶內線交易訊息。
- 辦理業務應先爭取業績，無須告訴客戶相關風險。
- 促銷活動時，應：
  (1) 藉主管機關對某項產品或業務之核准，作為證實該申請事項或保證投資價值或獲利之宣傳。
  (2) 提供贈品或其他利益以招攬客戶。
  (3) 對同業為攻訐之廣告。
- 利用客戶名義或帳戶，為自己從事交易。
- 將客戶資料提供同業參考。
- 要求客戶或供應商提供金錢餽贈或招待。

本章分類題庫

(1) **85** 財神證券投資信託公司發行之本國募集投資海外之證券投資信託基金，廣告宣傳可用下列何種方式？
(1)刊登從成立以來的全部績效資料
(2)宣稱該區域經濟穩定成長，是絕對安全、無風險的投資環境
(3)預計年投資報酬率可以達15%以上
(4)預測新台幣未來還會貶值。

> **解析** 境外基金管理辦法第50條：總代理人或其委任之銷售機構從事境外基金之廣告、公開說明會及促銷時，除本會另有規定外，不得有下列行為：……二、使人**誤信能保證本金之安全**或**保證獲利**。……五、為**虛偽**、**欺罔**、或**其他顯著有違事實**或**故意使他人誤信之行為**。……八、為**境外基金績效之預測**。九、**涉及對新臺幣匯率走勢之臆測**。……
> 故本題(1)為正確。

(4) **92** 證券投資信託基金銷售機構的責任包括？
(1)應充分知悉客戶之風險承受度
(2)完成申購前交付簡式公開說明書
(3)注意客戶疑似洗錢之行為
(4)以上皆是。

> **解析** 證券投資信託事業募集證券投資信託基金處理準則第23條規定：基金銷售機構辦理基金銷售業務，應充分知悉並評估客戶之投資知識、投資經驗、財務狀況及其承受投資風險程度。
> 基金銷售機構應於申購人交付申購申請書且完成申購價金之給付前，交付簡式公開說明書，並應依申購人之要求，提供公開說明書。
> 基金銷售機構對於首次申購之客戶，應要求其提出身分證明文件或法人登記證明文件，並填具基本資料。
> 基金銷售機構對於一定金額以上或疑似洗錢之基金交易，其申購、買回或轉換應留存完整正確之交易紀錄及憑證，並應依洗錢防制法規定辦理。……
> 故本題(4)以上皆是。

(1) **149** 金融從業人員應以自己的專業知識替客戶選擇合適的商品，在執行時應遵守之原則為？

(1)最大誠信原則

(2)從業人員利益最大化原則

(3)金融商品風險最大化原則

(4)以上皆是。

> **解析** 金融服務業提供金融商品或服務前說明契約重要內容及揭露風險辦法第3條：金融服務業說明金融商品或服務契約之重要內容及揭露風險，應遵守下列基本原則：
> 一、應本於**誠實信用原則**，並以金融消費者能充分瞭解之方式為之。……
> 故本題(1)為正確。

(2) **202** 證券商之業務人員發現客戶的交易資料有異常時，應該如何處理？

(1)為了避免上級責怪，自己私下改正

(2)一方面告知主管，另一方面則與客戶做確認

(3)與客戶確認即可

(4)若不影響整體作業的流程，為了避免麻煩，可以忽略它。

(3) **203** 對於證券商之業務人員執行業務而言，下列敘述何者正確？

(1)為了自己前途著想，可以把A公司機密帶去B公司，以獲取更高的職位

(2)只要不要太張揚，可以利用公司未公開的資訊，以家人的戶頭投資來獲利

(3)若遇總體經濟環境不佳等因素，使得客戶資產的規模縮水，基於善良管理原則，仍要告知客戶

(4)有時接受供應商的招待，也算是一種正常的交際活動。

(4) | **206** 金融從業人員執行事務明知有下列事項應告知客戶，何者為是？
(1)對於契約之重大條款認知錯誤
(2)對於業務執行之重大事項認知錯誤
(3)對於財產管理之重大事項認知錯誤
(4)以上皆是。

解析 保險業經營保險金信託業務審核及管理辦法第13條：保險業經營保險金信託業務者，應忠實執行信託業務，並應遵守下列規定：……3.不得明知委託人或受益人對於信託契約之重大條款、信託行為或保險金信託管理之重大事項認知錯誤，而故意不告知該錯誤情事。……
故本題(4)為正確。

(3) | **207** 金融從業人員處理事務應盡善良管理人之注意義務，下列何者為錯誤的行為？
(1)告知客戶投資運用之風險
(2)告知客戶應給付相關款項及費用
(3)未告知客戶處理業務有利益衝突
(4)告知客戶公司相關資料。

解析 依信託業應負之義務及相關行為規範第10條規定：信託業有下列情形之一者，應視為違反善良管理人之注意義務；
一、應告知委託人或受益人之重大訊息怠於告知者，其情形包括下列事項：
(一)未依相關法令規定向委託人或受益人告知信託帳戶投資運用之風險。
(二)未依信託業法第二十五條第二項、第二十七條第二項，就信託財產與信託業本身或利害關係人交易之情形充分告知委託人或已確定之受益人。
(三)未依信託業法第二十七條第三項，將外匯相關風險充分告知委託人，或已確定之受益人。

(四)未依本規範第三十六條第二項規定告知委託人或受益人，
其為委託人或受益人處理信託業務有利益衝突之情事。
故本題(3)為錯誤。

(2) | **208** 金融從業人員處理管理運用業務如涉及有價證券之投資應
揭露風險，以下何者為錯誤的？
(1)應依產品特性揭露投資風險
(2)屬信託財產運用範圍無須揭露風險
(3)應於交付客戶之公開說明書中揭露風險
(4)應揭露業務所涉及之各類風險。

解析 中華民國信託業商業同業公會會員辦理信託業務之信託報
酬及風險揭露應遵循事項第3條：信託業辦理信託業務應向委託
人揭露並明確告知信託報酬、各項費用與其收取方式，及可能
涉及之風險等相關資訊。
第4條：信託業受託運用信託財產投資於各項金融商品時，應
視其所運用投資標的之特性，對委託人充分揭露及明確告知投
資可能涉及之風險，例如投資風險、信用風險、市場風險和流
動性風險等；若運用信託財產於國外或涉及外匯之投資，另應
揭露或告知匯兌風險。
故本題(2)為非。

(3) | **209** 金融從業人員告知客戶投資風險，以下何者為是？
(1)無須提供相關書面資料
(2)應代為填寫瞭解客戶作業之資料
(3)以招攬業務必須同時說明其風險
(4)太複雜之投資風險無須告知。

(1) | **210** 金融從業人員辦理業務，對於報酬及費用之告知，以下何
者是錯誤的？
(1)無法說明之報酬及費用，應由客戶詢問再行告知
(2)應告知客戶各項相關報酬及費用及其收取方式

(3)相關報酬及費用之收取應秉公平與誠信原則
(4)辦理業務前或同時應告知客戶。

> **解析** 信託業辦理信託業務，應向委託人充分揭露並明確告知信託報酬、各項費用與其收取方式，及可能涉及之風險等相關資訊，並遵守「信託業營運範圍受益權轉讓限制風險揭露及行銷訂約管理辦法」及信託公會所定相關應揭露之資訊及應遵循事項之自律規範。
> 故本題(1)為錯誤。

(4) 　**211**　金融從業人員辦理業務如需告知客戶公司相關資料，得以提供公司之相關資料為何？
(1)公司及其相關分支機構或代理機構之營業地址、聯絡電話
(2)代表公司執行業務的人員之姓名或職稱
(3)代表公司可能與客戶聯繫的人員之姓名或職稱
(4)以上皆是。

> **解析** 信託業辦理信託業務時，應向委託人提供有關信託業之資料，包括信託業及其相關分支機構或代理機構之營業地址、聯絡電話，以及代表公司執行業務並可能與委託人聯繫的人員之姓名或職稱。
> 故本題(4)為正確。

(2) 　**212**　金融從業人員為客戶管理運用資產應告知客戶相關資訊，以下何者為錯誤的？
(1)應定期告知財產管理情況
(2)應告知其他客戶其資產運用情形
(3)應定期告知財產損益情況
(4)應定期告知財產管理運用紀錄。

(4) | **213** 金融從業人員處理管理運用業務之通知與報告義務為何？

(1)應就事務之處理情形定期報告客戶

(2)應依契約約定為必要之通知

(3)應公告事項應依相關規定辦理

(4)以上皆是。

> **解析** 依信託業應負之義務及相關行為規範第14條規定：信託業運用信託財產從事交易後，除法令另有規定或信託契約另有約定外，應交付委託人及受益人交易報告書，並應至少每季編製對帳單交付委託人及受益人。
>
> 信託業應依法令及信託契約約定為各項必要之公告與通知。
>
> 信託業經委託人或受益人請求，應於合理營業時間內對信託事務之處理情形提供說明，並應允許其請求於合理營業時間內閱覽、抄錄或影印就該委託人或受益人之信託帳戶明細及其信託財產帳冊。但法律另有規定者，從其規定。故本題(4)為正確。

(1) | **214** 金融從業人員以電子媒體方式與客戶聯繫業務，下列何者是錯誤的？

(1)應逐案先經主管機關核准

(2)應確保傳輸安全

(3)應確保收受者確實收受聯繫之內容

(4)應先取得客戶同意。

(2) | **215** 依法令規定應於提供客戶相關文件中揭露風險警語，下列何者無須揭露警語？

(1)行銷文件　　　　　(2)印鑑卡

(3)公開說明書　　　　(4)投資說明書。

> **解析** 金融服務業提供金融商品或服務前說明契約重要內容及揭露風險辦法第7條規定：金融服務業提供金融商品或服務，應按金融商品或服務之性質於公開說明書、投資說明書、商品說明書、風險預告書、客戶須知、約定書、申請書或契約等說明文

件，或經由雙方同意之網際網路或其他約定方式，說明及揭露投資風險之重要內容，並以顯著字體或方式表達。

故本題(2)為正確。

(4) 216 金融從業人員與客戶簽訂契約，以下敘述何者為是？
(1)於訂約前並應先行提供契約或文件內容予客戶閱覽
(2)應盡合理注意使客戶於簽訂契約前有充分機會考慮條款
(3)應就客戶所提出疑義詳細說明之
(4)以上皆是。

解析 信託業應負之義務及相關行為規範第29條：信託業接受委託人委託從事信託業務，應與委託人訂立信託契約或其他依法令應簽署之契約或文件，於訂約前並應先行提供契約或文件內容予委託人閱覽，並應注意以下事項：
1.應盡合理注意使委託人於簽訂信託契約前有充分機會考慮條款。
2.應就委託人所提出之疑義詳細說明。
3.提供予委託人有關信託業務之文件應清楚、明確，不得有虛偽或誤導委託人之情事。
前項第三款所稱清楚、明確，應依委託人對信託業務所具備之知識而判定。
第一項信託契約應記載事項及其格式，應符合信託業法及相關法令規定。
故本題(4)為正確。

(1) 217 金融從業人員應提供客戶充足且必要之資訊，須告知客戶投資之風險及其所從事投資之決定或交易過程。此為以下何項原則？
(1)資訊公開原則　　(2)能力原則
(3)保密原則　　(4)客觀性原則。

(2) **218** 金融從業人員應秉持下列何種原則以提供客戶充足必要之資訊，告知客戶投資之風險及從事投資決定或交易過程之相關資訊，並向客戶快速揭露最新之資訊？
(1)專業誠信原則　　　(2)資訊公開原則
(3)善良管理原則　　　(4)守法原則。

(3) **219** 金融從業人員面臨市場競爭時，何者不是正確的表現？
(1)告知承作短期票券或債券交易之客戶，市場利率近期之波動情形
(2)誠實告知客戶，公司及同業之間金融商品報價之差異
(3)為達公司獲利目標，不擇手段欺瞞客戶所有訊息
(4)針對客戶屬性，建議其承作短期票券或債券之交易。

(1) **220** 何者不是身為專業金融從業人員之表現？
(1)在考量公司及自身利益下，不須告知客戶其可能面臨之投資風險
(2)客觀分析適合客戶屬性之投資商品
(3)告知客戶所需之各項商品風險與報酬
(4)當客戶投資標的產生劇幅波動時，主動告知。

> **解析** 信託業辦理信託業務，應**向委託人充分揭露並明確告知可能涉及之風險**，其中投資風險應包含最大可能損失。
> 故本題(1)為錯誤。

(1) **221** 若有客戶詢問某項商品資訊時，下列何者為不恰當行為？
(1)拒絕提供或隱瞞市場上相關商品之訊息
(2)在自身專業能力內，提供客戶該項商品之完整資訊
(3)客觀分析該項商品可能面臨的風險
(4)主動積極提供相關商品之資訊。

(2) 222 從業人員提供客戶充足必要的資訊，告知客戶投資的風險
及從事投資決定或交易過程之實質資訊等，是屬於下列何
種職業道德原則？
(1)客觀原則　　　　　(2)資訊公開原則
(3)利益衝突原則　　　(4)保密原則。

(2) 223 有關公司之重大訊息，應：
(1)於公司未公開前提供給客戶
(2)基於合法方式取得後提供給客戶
(3)於公司未公開前促使他人利用該訊息獲私利
(4)將此訊息運用於非法用途上。

(1) 224 從業人員接受客戶的委託後應符合資訊公開原則來提供服
務，何謂資訊公開原則？
(1)提供客戶充足必要、投資可能的風險及投資決定等相關資訊
(2)為提供最佳的服務，可將所有的資訊均反應給客戶
(3)將所有未公開的資訊提供給客戶作內線交易
(4)將客戶的資料提供給相關合作廠商。

(4) 225 金融從業人員行銷商品時，應：
(1)一味地促銷商品
(2)批評他公司之商品
(3)重要事項先不予告知
(4)主動並詳細說明此商品之特性及應注意事項。

(4) 226 目前金融商品多樣化，客戶做任何投資或購買各種金融商品，
最需要的就是金融商品的資訊，我們應該如何做資訊揭露？
(1)提供給客戶足夠的資訊
(2)提供給客戶從事投資決定或交易過程應有的資訊
(3)告知客戶投資的風險，並快速揭露最新資訊
(4)以上皆是。

(4) 227 在提供專業服務過程中，從業人員不得有下列哪些行為？
(1)任何欺瞞、詐騙行為　　(2)不實陳述或故意做錯
(3)誤導客戶　　(4)以上皆是。

(1) 228 下列何者行為是金融從業人員的職責？
(1)讓客戶充分了解商品內容　(2)隱瞞不利銷售的條件
(3)特別強調商品的獲利率　　(4)避談商品的風險。

(3) 229 金融從業人員提供充足必要之資訊，告知客戶投資之風險
及從事投資決定或交易過程之資訊，不包括：
(1)交易標的投資風險　　(2)交易標的之市場流通性
(3)其他銷售公司之獲利能力　(4)投資所收取之費用。

解析 投資型保險商品銷售自律規範第9條：各會員銷售屬非全
權委託之投資型保險商品含有連結結構型商品時，應就所連結
之結構型商品標的說明下列資訊：
一、發行機構及保證機構名稱。
二、連結標的資產，及其與投資績效之關連情形。
三、投資報酬與風險告知書，包含情境分析或歷史倒流測試之
解說。
四、保本條件與投資風險、警語。
五、各種費用，包含通路服務費。
六、投資年期及未持有至到期時之投資本金潛在損失。
七、投資部分不受保險安定基金保障之有關說明。
八、在法令許可之前提下，應告知客戶在有急需資金情況下，可
依契約選擇辦理保單質借並將質借利率或其決定方式告知客
戶，以避免因中途解約而承擔投資標的提前贖回之損失。
故本題(3)為非。

(4) 231 各上市上櫃公司金融服務業應於何處揭露其所訂定之道德
行為準則？
(1)年報　　(2)公開說明書
(3)公開資訊觀測站　(4)以上皆是。

(4) | **232** 下列何者屬金融從業人員之資訊公開原則？
(1)告知客戶投資風險
(2)告知客戶從事投資決定之相關資訊
(3)告知客戶交易過程之相關資訊
(4)以上皆是。

(4) | **233** 有關金融從業人員辦理衍生性操作業務之風險告知，下列何者正確？
(1)提前解約風險　　　(2)商品條件變更風險
(3)利率風險　　　　　(4)以上皆是。

(2) | **234** 信用卡發卡機構在接獲被害人反映，發現有冒名申請信用卡案件時，應如何處理？
(1)不作任何通報
(2)儘速通報相關單位，避免損害擴大
(3)要求被害人負擔損失
(4)以上皆非。

解析 信用卡業務委員會所屬機構辦理信用卡業務自律公約規定：發卡機構在徵信作業過程中或接獲被害人反映，發現有冒名申請信用卡案件時，無論是否造成損失，均必需於**三日內主動通報金融聯合徵信中心建檔管制**，**避免損害擴大**。
故本題(2)為正確。

(4) 235 金融從業人員辦理全權委託業務，下列何者有助於避免糾紛之發生？
(1)推廣文宣應清楚、公正及不誤導投資人
(2)充分告知產品所涉風險之性質與內容
(3)向投資人說明產品之可能最大損失
(4)以上皆是。

(4) 236 金融從業人員辦理全權委託業務，為避免糾紛，應遵守下列何種事項？
(1)充分揭露商品所涉及風險之性質與內容
(2)不得有誤導客戶之情事
(3)提醒客戶於交易前應充分審度本身財務狀況及風險承受度，始決定是否進行投資
(4)以上皆是。

(3) 247 以下有關金融服務業從事投信業務對客戶收費資訊之陳述，何者有誤？
(1)應向客戶揭露收費之基準及數額
(2)所有會影響對客戶之收費或將調高之做法，都應符合公平誠信原則
(3)向所有客戶收取的費用都必須一樣
(4)調高費用者，應於與客戶協議書中揭露，並於定期表件中彙報。

(2) | **248** 購買基金之客戶要求投資信託公司揭露其財務狀況，公司
人員應採取何者措施？
(1)得拒絕提供任何資料
(2)不得拒絕提供可公開之財務報表資料
(3)公司人員視情況隨興提供資料
(4)只提供口頭說明資料。

(1) | **249** 基金通路報酬之揭露原則為何？
(1)依基金別揭露　　　(2)依公司別揭露
(3)依註冊地別揭露　　(4)不必揭露。

> **解析** 行政院金融監督管理委員會函釋有關基金通路報酬揭露之
> 辦理方式第4條揭露格式及原則規定：基金通路報酬之揭露應符
> 合原則之一；依「**基金別**」揭露，但同一證券投資信託事業或
> 境外基金機構及總代理人，通路報酬費率相同之基金，得共用
> 一份說明資料。
> 故本題(1)為正確。

(4) | **250** 基金通路報酬揭露內容之通知方式為？
(1)公開網站　　　　　(2)電子郵件
(3)對帳單　　　　　　(4)以上皆可。

> **解析** 行政院金融監督管理委員會函釋有關基金通路報酬揭露之
> 辦理方式第6條規定：揭露內容變動之通知有關告知內容如有變動
> 應通知投資人：……
> (3)通知方式：得採**公開網頁**、**電子郵件**、簡訊、專函或**對帳單**
> 等文件或其他投資人同意之方式為之。……
> 故本題(4)為正確。

(1) | **253** 金融從業人員收取保險費後下列何者行為是正確的？
(1)立即繳交保險公司
(2)累積一定數量後整批繳交可提升效率

(3)避免遺失可以轉用自己支票或信用卡繳交

(4)可由賠款抵扣。

(1) 256 金融從業人員提供保險理賠服務下列何者是正確的？

(1)提供專業之服務協助，並請申請人據實填寫理賠申請書

(2)提供專業之服務協助，並代填寫理賠申請書

(3)理賠金額可任由申請人要求給付

(4)允諾客戶一定可獲公司理賠。

(2) 257 發現保險單錯誤記載時，金融從業人員應如何處理才屬正確的？

(1)只要要保書填寫正確即可

(2)立即送回保險公司更正或重新製作保單

(3)保險從業人員於錯誤處更正後，簽名即可

(4)錯誤處未達三個，可不必更正。

(1) 259 金融從業人員從事保險業務招攬應以何種態度經營及建立客戶群？

(1)專業誠信之態度　　　　(2)得過且過之態度

(3)業績至上　　　　　　　(4)自身利益優先。

(3) 260 金融從業人員發現客戶需求與其公司所提供保險商品有落差時，應採取下列何種作為？

(1)不擇手段，爭取業務　　(2)避重就輕，轉移焦點

(3)誠實面對，據實說明　　(4)藉巧妙說詞掩蓋事實。

(4) 261 金融從業人員於保險業務招攬時，得要求要保人履行據實說明義務，係屬下列何種原則？

(1)損害補償原則　　　　　(2)保險利益原則

(3)主力近因原則　　　　　(4)最大誠信原則。

解析
(1)損害補償原則：是指當保險事故發生時，被保險人從保險人所得到的賠償應正好填補被保險人因保險事故所造成的保險金額範圍內的損失。
(2)保險利益原則：指投保人或被保險人對其所保標的具有法律所承認的權益或利害關係。
(3)主力近因原則：保險人對於承保範圍的保險事故作為直接的、最接近的原因所引起的損失，承擔保險責任，而對於承保範圍以外的原因造成的損失，不負賠償責任。
(4)最大誠信原則：是指**當事人真誠地向對方充分而準確的告知有關保險的所有重要事實，不允許存在任何虛偽、欺瞞、隱瞞行為。**
依題意(4)為正確。

(1) 262 金融從業人員於保險業務招攬時，得約束要保人或被保險人的事項有告知、通知、保證，是基於何種原則？
(1)最大誠信原則　　(2)利益衝突原則
(3)損害賠償原則　　(4)以上皆非。

解析 保險契約簽訂時，要保人或被保險人應將與被保險人有關的重要事實告訴保險人。因為保險契約之簽訂，必須要保人與保險人雙方對契約內容均同意始成立。而保險人對於被保險人之情況並不瞭解，僅能以要保人或被保險人所告知的事實來判斷是否要承保，因此，**要保人或被保險人必須本著最大誠信的原則，將重要事實告知保險人，**稱之為最大誠信原則。
故本題(1)為正確。

(4) 263 下列何者是金融從業人員於保險業務招攬時的不當行為？
(1)客戶外觀明顯可見或業務員明知應告知事項而惡意隱匿或唆使客戶隱匿
(2)協助、任憑客戶偽造、變造或做不實之登載於要保書、理賠申請文件或其他文件
(3)唆使（誘導）客戶對應告知事項做不實之告知
(4)以上皆是。

> **解析** 業務員所屬公司依保險業務員管理規則第19條第1項懲處登錄之參考標準：……二、唆使要保人或被保險人對保險人為不告知或不實之告知；或明知要保人或被保險人不告知或為不實之告知而故意隱匿。
> 1.保戶外觀明顯可見或業務員明知應告知事項而惡意隱匿或唆使客戶隱匿。
> 2.協助、任憑保戶偽造、變造或做不實之登載於要保書、理賠申請文件或其他文件。
> 3.唆使（誘導）要保人或被保險人對應告知事項做不實之告知。
> 故本題(4)為正確。

(4)　264 金融從業人員不得與客戶作獲利保證，係因：
(1)任何交易皆有風險　(2)職業道德
(3)法令禁止　　　　　(4)以上皆是。

(4)　265 金融從業人員張三與客戶李四是青梅竹馬，因此張三可以：
(1)代領李四的對帳單再親手交付
(2)和李四約定利益分享、損失共同承擔
(3)代為保管李四的存摺、印鑑
(4)以上皆非。

(3)　266 金融從業人員張三因疏忽未依客戶指示買賣，結帳時才發現錯誤，下列哪一種處理方式較正確？
(1)請客戶念在多年交情，承認該筆交易
(2)視損益情況，如果獲利可不用處理
(3)誠實告知客戶及公司，協商解決方法
(4)將錯就錯，等客戶發現再處理。

(4) | 267 金融從業人員面臨客戶交易虧損時，如何處理才適當？
(1)保證與客戶共同承擔損失
(2)竄改客戶交易資料、美化帳單
(3)為免責備、避不見面
(4)以誠懇的態度告知客戶實際狀況。

(2) | 268 金融從業人員因個人疏忽，未在申購截止日前向公司提出
客戶之商品申購書，下列何者敘述為正確處理態度？
(1)銷毀客戶的申購書，假裝沒有這回事
(2)誠實告知客戶及公司，協商解決方法
(3)宣稱已繳件，推諉是收件經辦遺失申購書
(4)視客戶態度來決定避不見面或告知協商。

(4) | 269 金融從業人員應忠實執行客戶之委託，下列敘述何者正確？
(1)客戶的委託損及其權益，仍然忠實執行不用告知
(2)A客戶口頭表示想跟隨B客戶的買賣，即應確實代A跟單
(3)未經確認客戶之委託內容即逕行代其買賣
(4)確實明白客戶的指示內容才執行委託，避免犯錯。

> **解析** 中華民國證券投資信託暨顧問商業同業公會私募境外基金
> 受委任機構行為準則第2條：受委任機構應秉持服務客戶之精
> 神，依據雙方約定，忠實執行業務，除充分了解產品外，並辦
> 理**充分了解客戶及產品適合度評估作業程序**，俾滿足客戶之投
> 資需求。……
> 故本題(4)為正確。

(1) | 270 金融從業人員於受託執行業務時，下列何者非禁止行為？
(1)教育客戶利用電子系統買賣，以爭取買賣時間
(2)如客戶業務繁忙，請其事先在委託書蓋章，再代理買賣
(3)代客戶領取密碼
(4)為節省時間，先替客戶買賣，結帳後再請客戶填寫買賣
委託書。

(2) | **271** 金融從業人員為能使客戶儘速交易，下列行為何者可接受？
(1)先行開戶交易，如有缺件後補
(2)事先告知客戶備妥開戶所需證明文件
(3)接受未經授權之代理開戶
(4)代理客戶辦理開戶作業。

(2) | **273** 客戶李四有一筆定存500萬元到期，欲從事商品投資，金融從業人員應：
(1)建議李四申購高額手續費之商品為自己賺取獎金
(2)依李四需求，建議客戶申購適合自己的商品
(3)視公司本月主推商品為何，建議李四申購該商品
(4)如這個月已達到業績目標，勸誘李四下個月再申購。

(3) | **274** 下列何者是證券商之業務人員執行業務公平對待客戶應秉持的原則？
(1)優先考慮自己的業績　　(2)協助客戶炒作股價
(3)應本誠實及信用原則　　(4)完全維護公司利益。

> **解析** 金融消費者保護法第7條：金融服務業與金融消費者訂立提供金融商品或服務之契約，應本**公平合理**、**平等互惠**及**誠信原則**。
> 故本題(3)為正確。

(4) | **275** 證券商辦理財富管理業務，下列敘述何者為正確？
(1)係指針對高淨值客戶，透過業務人員，依據客戶需求，提供下列服務：(一)資產配置或財務規劃等顧問諮詢或金融商品銷售業務；(二)以信託方式接受客戶執行資產配置
(2)證券商經營財富管理業務應符合規定資格條件並經證券主管機關核准
(3)證券商辦理財富管理業務之人員應具備規定資格條件
(4)以上皆是。

解析 證券商辦理財富管理業務應注意事項：

1.第2點：財富管理業務係指證券商針對高淨值客戶，透過業務人員，依據客戶需求，提供下列服務：

(一)資產配置或財務規劃等顧問諮詢或金融商品銷售服務。

(二)以信託方式接受客戶執行資產配置。……

2.第3點：……證券商以信託方式辦理財富管理業務涉及外匯業務之經營，另應經中央銀行同意。

3.第9點：證券商辦理財富管理業務應於總公司設立專責部門，負責業務之規劃與執行及人員之管理。證券商總、分支機構所屬人員辦理財富管理業務，應具備財富管理業務人員之資格條件，未具備資格條件者，不得以財富管理之名義或以理財人員名義執行業務。

故本題(4)為正確。

(4)　276 證券商辦理財富管理業務，下列何者為證券商為防範內線交易及利益衝突之機制？

(1)透過持續教育訓練等方式，加強辦理財富管理業務人員之職業道德

(2)將客戶利益列為優先，業務主管不核准對特定之個人交易與客戶利益有衝突之虞

(3)加強控管辦理財富管理業務之人員，不得與客戶約定分享利益或承擔損失，直接或間接要求、期約或收受不當之金錢、財物或其他利益，致影響其專業判斷與職務執行之客觀性

(4)以上皆是。

解析 證券商辦理財富管理業務應注意事項第17條：證券商訂定防範內線交易及利益衝突之機制，其內容至少應包括下列事項：……(二)證券商應透過持續教育訓練等方式，加強辦理財富管理業務人員之職業道德。(三)辦理財富管理業務人員應將客戶利益列為優先，業務部門主管對於特定之個人交易與客戶利益有衝突之虞而不適當時應予不予核准。(四)證券商應加強控管辦理

財富管理業務之人員，不得與客戶約定分享利益或承擔損失，直接或間接要求或收受不當之金錢、財物或其他利益，致影響其專業判斷與職務執行之客觀性。……
故本題(4)為正確。

(4) 277 證券商辦理財富管理業務推廣時，下列敘述何者為正確？
(1)加強對客戶宣導金融常識，提升客戶風險辨識能力，俾利建立正確理財觀念
(2)證券商宜採防止財富管理業務人員收受佣金回扣，或接受招待等不當利益之措施
(3)證券商宜採防止財富管理業務人員未經客戶授權，擅自為客戶進行交易，或私自挪用客戶款項之措施
(4)以上皆是。

解析 證券商辦理財富管理業務推廣之自律規範：
1.第6條：加強對客戶宣導金融常識，提升客戶風險辨識能力，俾利建立正確理財觀。
2.第4條：……四、注意財富管理業務人員是否有勸誘客戶於短期間內，以多次贖回、再申購金融商品之方式不當賺取佣金之情事。
3.第8條：證券商宜採下列措施，以防止財富管理業務人員未經客戶授權，擅自為客戶進行交易，或私自挪用客戶款項。
故本題(4)為正確。

(4) 278 對於證券商之業務人員而言，下列敘述何者正確？
(1)由於獲悉某上市公司內部未公開訊息，然受限於在證券商上班，因此，只能利用人頭戶來買賣該公司股票以獲取利益
(2)對於客戶資產帳面價值的增減，為了不讓客戶壓力太大，善意的謊言是必要的
(3)若客戶答應，除了公司契約外，私下亦可與客戶另訂一份契約
(4)以上皆非。

解析
(1)證券商之負責人及業務人員，除其他法令另有規定外，不得有為獲取投機利益之目的，以職務上所知悉之消息，從事上市或上櫃有價證券買賣之交易活動。
(2)證券商及其基金銷售業務人員，應盡善良管理人之注意義務，本誠實信用原則，辦理基金銷售業務。
(3)證券商之負責人及業務人員，除其他法令另有規定外，不得有受理客戶對買賣有價證券之種類、數量、價格及買進或賣出之全權委託。
故本題(4)為正確。

(1) | **279** 下列何項屬於證券商從業人員的忠實誠信原則？
(1)掌握客戶之資力、投資經驗與投資目的，提供適當之服務，並謀求客戶之最大利益，不得有誤導、詐欺、利益衝突或內線交易之行為
(2)對客戶的要求與疑問，適時提出說明。無論和現有客戶、潛在客戶、雇主或職員進行交易時，都必須秉持公正公平且充分尊重對方
(3)持續充實專業職能，並有效運用於職務上之工作，樹立專業投資理財風氣
(4)妥慎保管客戶資料，禁止洩露機密資訊或有不當使用之情事。

解析 中華民國證券投資信託暨顧問商業同業公會證券投資顧問事業從業人員行為準則第3條：負責人、業務人員及所有受僱人員應秉持下列之業務經營原則，共同為維護證券投資顧問公司之聲譽與發展而努力：
1.忠實誠信原則：應遵守並奉行高標準的誠實、清廉和公正原則，**確實掌握客戶之資力、投資經驗與投資目的，據以提供適當之服務，並謀求客戶之最大利益，不得有誤導、詐欺、利益衝突或內線交易之行為**。……
故本題(1)為正確。

(4) **280** 一個具有誠信的證券商及其從業人員,其基本該遵守的行
為規範為何?
(1)服務誠信　　　　　　(2)財務與公司的紀錄誠信
(3)善盡保密之責　　　　(4)以上皆是。

> **解析** 中華民國證券投資信託暨顧問商業同業公會證券投資顧問
> 事業從業人員行為準則第3條:負責人、業務人員及所有受僱人
> 員應秉持下列之業務經營原則,共同為維護證券投資顧問公司
> 之聲譽與發展而努力:
> 一、忠實誠信原則:應遵守並奉行高標準的誠實、清廉和公正
> 　　原則,確實掌握客戶之資力、投資經驗與投資目的,據以
> 　　提供適當之服務,並謀求客戶之最大利益,不得有誤導、
> 　　詐欺、利益衝突或內線交易之行為。
> 二、勤勉原則:公司員工應於其業務範圍內,注意業務進行與
> 　　發展,對客戶的要求與疑問,適時提出說明。無論和現有
> 　　客戶、潛在客戶、雇主或職員進行交易時,都必須秉持公
> 　　正公平且充分尊重對方。
> 三、善良管理人注意原則:應以善良管理人之責任及注意,確
> 　　實遵守公司內部之職能區隔機制,以提供證券投資顧問服
> 　　務及管理客戶委託之資產,並提供最佳之證券投資服務。
> 四、專業原則:應持續充實專業職能,並有效運用於職務上之
> 　　工作,樹立專業投資理財風氣。
> 五、保密原則:妥慎保管客戶資料,禁止洩露機密資訊或有不
> 　　當使用之情事,以建立客戶信賴之基礎。
> 故本題(4)為正確。

(1) **281** 對證券商及其業務人員而言,下列何者屬於「正當利益」?
(1)佣金收入　　　　　　(2)私下收受一袋的黃金
(3)私下收受供應商的回扣　(4)與客戶間私下簽約的利益。

> **解析** 委託者委託買賣成交後,按實際成交金額數的一定比例向
> 承辦委託的證券商繳納的費用。佣金也就是**證券商代理委託買賣**
> **成交後的經營收入**,或者說**手續費收入**,稱之為**證券交易佣金**。
> 故本題(1)為正確。

(1) 282 為促進證券業遵循法規及落實金融消費者保護，下列何者為證券業及其業務人員向客戶提供衍生性金融商品交易服務公平對待客戶應秉持之原則？

(1)應以善良管理人之注意義務及忠實義務，本誠實信用原則為之

(2)客戶為自己的親朋好友，因此釋放出未公開資訊供其投資參考

(3)對於與法律相關的文件，為保護客戶得任意銷毀及竄改

(4)為服務及保護客戶，提供客戶經過美化的績效報告。

> **解析** 財團法人中華民國證券櫃檯買賣中心證券商營業處所經營衍生性金融商品交易業務規則第19條：證券商向客戶提供衍生性金融商品交易服務，**應以善良管理人之注意義務及忠實義務，本誠實信用原則為之**。故本題(1)為正確。

(4) 283 下列何者是證券商之業務人員於執行業務時本於職業道德應避免的行為？

(1)以職務上所知悉之消息，從事上市或上櫃有價證券買賣之交易活動

(2)使用人頭戶買賣有價證券獲取不正當利益

(3)私下將公司所有設備提供客戶使用

(4)以上皆是。

> **解析** 證券商負責人與業務人員管理規則第18條：證券商負責人及業務人員執行業務應本誠實及信用原則。
>
> 證券商之負責人及業務人員，除其他法令另有規定外，不得有下列行為：……一、為獲取投機利益之目的，以職務上所知悉之消息，從事上市或上櫃有價證券買賣之交易活動。……七、利用客戶名義或帳戶，申購、買賣有價證券。……
>
> 本題(4)為正確。

(4) | **284** 關於證券商之業務人員誠實信用及禁止行為，下列敘述，何者為正確？

(1)考量客戶的身體不好，當管理資產發生減損時，選擇不告知

(2)為了獲取更高利益，可以私下與客戶訂立契約

(3)對客戶作贏利之保證或分享利益之證券買賣

(4)受理辦妥受託契約之客戶買賣有價證券。

> **解析** 證券商受託買賣外國有價證券管理規則第8條：證券商受託買賣外國有價證券，應**與委託人簽訂受託買賣外國有價證券契約，始得接受委託辦理買賣有價證券**。
> 故本題(4)為正確。

(2) | **285** 證券商之業務人員執行業務應本誠實及信用原則，下列何者為其本於職業道德而不得有之行為？

(1)依據法令規定執行業務

(2)招攬、媒介、促銷未經核准之有價證券或其衍生性商品

(3)依據客戶委託事項及條件，執行有價證券之買賣

(4)受理客戶本人開戶。

> **解析** 證券商負責人與業務人員管理規則第18條：證券商負責人及業務人員執行業務應本誠實及信用原則。
> 證券商之負責人及業務人員，除其他法令另有規定外，**不得有下列行為**：……
> 二十三、**招攬、媒介、促銷未經核准之有價證券或其衍生性商品**。……
> 本題(2)為非。

(2) | 287 金融從業人員應忠實執行業務，以下何種行為是錯誤的？
(1)不得因執行業務而享有個人不當利益
(2)故意設計交易行為以掩飾利害關係人交易
(3)不得對客戶有虛偽、詐欺行為
(4)不得對客戶有足致客戶誤信之行為。

> **解析** 保險業經營保險金信託業務審核及管理辦法第13條：……
> 保險業經營保險金信託業務者，應忠實執行信託業務，並應遵守下列規定：
> 1.為信託事務之管理，應盡力為委託人或受益人謀求利益。
> 2.不得意圖為自己或第三人不法之利益，或損害委託人或受益人之利益，而為委託人或受益人執行資金運用或交易行為。
> 3.不得明知委託人或受益人對於信託契約之重大條款、信託行為或保險金信託管理之重大事項認知錯誤，而故意不告知該錯誤情事。
> 4.經營保險金信託業務，不得對委託人或受益人有虛偽、詐欺或其他足致委託人或受益人誤信之行為。
> 5.**不得故意設計以掩飾或隱匿其違反法令為目的之交易行為**。……
> 故本題(2)為錯誤。

(2) | 288 金融從業人員從事信託業務，以下何種行為是錯誤的？
(1)具運用決定權人，如有不法之利益時，應拒絕投資運用
(2)提供客戶內線交易訊息
(3)明知不適當之投資，不得故意建議客戶投資
(4)有不法利益，不得故意建議客戶進行交易。

(1) | 289 金融從業人員為客戶管理運用財產，管理運用之利益應如何處理？
(1)不得以任何名義享有利益
(2)得與他人交換而享有利益
(3)得與客戶以代付差旅費方式分享利益
(4)得與客戶約定收益共享或損失分擔。

(4)｜290 金融從業人員執行業務，以下何種行為是正確的？

(1)有偽造之行為

(2)有詐欺之行為

(3)有足致客戶誤信之行為

(4)應秉忠實信用原則處理事務。

(4)｜291 金融從業人員不得有下列何者足致客戶誤信之行為？

(1)偽造相關文件

(2)故意誤導客戶所投資運用標的之風險

(3)故意誤導客戶收取之費用及其付款方式

(4)以上皆是。

> **解析** 中華民國信託業商業同業公會第5條：……（虛偽、詐欺或其他足致委託人或受益人誤信之情形）前條第一項第四款所稱其他足致委託人或受益人誤信之行為，係指下列事項：
> 1.偽造信託相關文件。
> 2.故意誤導委託人或受益人有關信託財產所投資運用標的之風險。
> 3.故意誤導委託人或受益人有關信託財產所投資運用商品應收取之費用及其付款方式。
> 4.就信託財產所投資運用之商品提供委託人或受益人未來投資報酬，故意為不適當之預測，致誤導委託人或受益人有關該投資商品可能之績效。
> 5.對信託財產所投資產品或所運用標的之價值故意為錯誤之記錄。
> 故本題(4)為正確。

(3)｜292 金融從業人員執行業務何種行為符合誠實原則？

(1)對於客戶未來投資報酬，故意提供不適當之預測

(2)誤導客戶可能之績效

(3)對所投資產品之價值正確詳實記錄

(4)誤導客戶所投資運用標的之風險。

(3) | 293 以下敘述何者為非？
(1)信託關係是高度信賴關係，客戶辦理業務首重公司信用
(2)委託投資關係有賴客戶對公司管理資產能力之肯定
(3)辦理業務應先爭取業績，無須告訴客戶相關風險
(4)辦理業務應維護消費者權益。

(2) | 294 應以誠信之態度提供專業服務，誠信係由誠實與公正所組
合，不能附屬於個人利益，以上敘述屬於何項原則？
(1)資訊公開原則　　　　(2)誠信原則
(3)客觀性原則　　　　　(4)能力原則。

(4) | 296 金融服務業稽核人員得兼任下列何種職務？
(1)銀行存款櫃檯人員　　(2)證券商債券交易員
(3)保險公司核保人員　　(4)以上皆非。

解析
(1)金融控股公司及銀行業內部控制及稽核制度實施辦法第10
條：金融控股公司及銀行業應建立總稽核制，綜理稽核業
務。總稽核應具備領導及有效督導稽核工作之能力，其資格
應符合各業別負責人應具備資格條件規定，職位應等同於副
總經理，且不得兼任與稽核工作有相互衝突或牽制之職務。
(2)證券商負責人與業務人員管理規則第4條：……證券商之下
列業務人員不得辦理登記範圍以外之業務或由其他業務人員
兼辦，但其他法令另有規定者，從其規定：
一、辦理有價證券自行買賣業務之人員。
二、內部稽核人員。
三、風險管理人員。
(3)保險業內部控制及稽核制度實施辦法第11條第2項，總稽核
不得兼任與稽核工作有相互衝突或牽制之職務，係包括該保
險業內應受稽核單位查核之單位主管，及該保險業之董
（理）事或監察人。
故本題(4)以上皆非。

(3) **299** 金融從業人員不得有下列何種行為？
(1)參加專業證照之考試以提昇自身素質
(2)配合政府金融政策，促進經濟發展，善盡社會責任
(3)利用客戶名義或帳戶，為自己從事交易
(4)以上皆是。

> **解析** 證券商負責人與業務人員管理規則第18條：……不得有下
> 列行為：……7.**利用客戶名義或帳戶**，**申購**、**買賣有價證**
> **券**。……
> 故本題(3)為正確。

(1) **300** 金融從業人員與客戶間之往來：
(1)不得接受禮品或收取任何有價值物品
(2)可收禮品
(3)可收現金
(4)可收現金及禮品。

(2) **302** 金融從業人員應遵守忠實義務原則，故：
(1)仍可從事內線交易　　(2)禁止短線交易，禁止不當得利
(3)應與客戶發生衝突　　(4)不一定要遵守法規。

> **解析** 忠實義務原則主要意涵可概分為客戶利益優先、利益衝突
> 避免、**禁止短線交易**、**禁止不當得利**與公平處理等五原則。
> 故本題(2)為正確。

(3) **303** 金融機構對交易對手承諾事項負有進行交易之義務，係基
於下列何種原則？
(1)專業原則　　　　　(2)保密原則
(3)忠實誠信原則　　　(4)管理謹慎原則。

(1) | **304** 對公司有控制能力之法人股東，應訂定相關之執行職務守則以為遵循，此為擔任董事、監察人之何種義務？
(1)忠實與注意義務　　(2)保密義務
(3)善良管理義務　　(4)守法義務。

> **解析** 所有董事除具備執行職務所必須之專業知識、技能及素養外，均本著**忠實誠信原則**及**注意義務**，為所有股東創造最大利益。
> 故本題(1)為正確。

(1) | **305** 對公司有控制能力之法人股東或其代表人，於參加股東會應本於何項原則，行使其投票權？
(1)誠信原則　　(2)能力原則
(3)善良管理原則　　(4)守法原則。

> **解析** 誠信原則是指對於權利人和義務人雙方利益的公平衡量，所以必須使雙方當事人均能獲得公平對待。
> 故本題依據(1)誠信原則行使投票權。

(4) | **306** 金融從業人員應遵守善良管理原則，故應盡善良管理人之責任及注意義務。以下何者為是？
(1)不管客戶風險
(2)不提供客戶服務
(3)對客戶說謊
(4)為客戶適度分散風險，並提供最佳之專業服務。

> **解析** 中華民國證券投資信託暨顧問商業同業公會會員自律公約第3條：……3.善良管理原則：盡善良管理之責任及注意，**為客戶適度分散風險，並提供最佳之證券投資服務。**
> 故本題(4)為正確。

(3) | **307** 身為金融從業人員應保持尊嚴，不得有玷辱職業信譽之任何行為，且與委託人間應有之約定，應如何應對？
(1)可以違反　　(2)視情況違反
(3)不得違反　　(4)以上皆非。

(3) | **308** 下列何者係金融從業人員秉持誠實信用原則之行為？
(1)假借銀行存款名義招攬保險
(2)以高預定利率作不實比較，誘使消費者抱持錯誤認知而購買保險
(3)不以單獨強調或與其他金融商品比較之方式誤導消費者
(4)以上皆是。

> **解析** 保險業招攬及核保作業控管自律規範第2條：各會員對其業務員（含電話行銷人員）在執行人身保險商品招攬業務時，應要求依社會一般道德、誠實信用原則及保護要保人、被保險人及受益人之精神進行招攬，並確實遵守相關法令、自律規範及公司內部之業務招攬處理制度及程序等規定，**不得有虛偽不實、誇大、誤導、不當比較或其他足致他人誤信之招攬行為。**
> 故本題(3)為正確。

(1) | **309** 客戶將資產委託給金融從業人員從事投資，身為一位優秀的金融從業人員，應為公司及客戶盡何種責任及義務？
(1)善良管理人之責任及注意義務　　(2)提供內線交易
(3)隨時透露客戶財產狀況給其他人　(4)以上皆非。

(3) | **310** 關於金融從業人員執行業務時，下列敘述何者正確？
(1)勸誘客戶解約他公司之商品
(2)將他公司之商品作不公平之比較
(3)不散播不實言論及文宣
(4)販售非經主管機關核准之商品。

(2) | **311** 金融從業人員若有代為收付金錢之行為者應遵守下列何項行為規範？
(1)收現但轉以自己之支票付款
(2)收到客戶款項應馬上歸繳公司
(3)收到隔幾天再給公司
(4)存於自己帳戶再處理。

(3) | **312** 金融從業人員銷售無形的金融商品，因商品無樣品可試用，必須透過從業人員說明，下列敘述何者為非？
(1)對商品內容應多做說明使客戶了解
(2)應遵守誠實信用原則
(3)商品已售出，可以不必再理會客戶
(4)不斷地充實本身的專業知識，提供更好的服務。

(4) | **313** 有關忠實義務原則下列何者正確？
(1)客戶利益優先　　　　(2)衝突避免、禁止短線交易
(3)禁止不當得利、公平處理　(4)以上皆是。

解析 忠實義務原則，主要意涵可概分為客戶利益優先、利益衝突避免、禁止短線交易、禁止不當得利與公平處理等五原則。
故本題答(4)以上皆是。

(1) | **314** 金融從業人員對於公司之相關資產，不應採取何種態度？
(1)以非法手段取得後成為私人財產
(2)使用於正當目的
(3)無論有形或無形資產皆有責任加以保護
(4)不得疏忽大意或浪費。

(1) | **315** 金融從業人員在銷售金融商品時，應對銷售之商品詳細說明，不得為業績而隱藏不告知金融商品應有之風險，係屬何種原則？
(1)誠實信用原則　　　　(2)內線交易原則
(3)服務原則　　　　　　(4)善良風俗原則。

解析 本題意指對於權利人和義務人雙方利益的公平衡量，所以必須使雙方當事人均能獲得公平對待，係屬於誠實信用原則。
故本題(1)為正確。

(2) | **316** 金融從業人員基於招攬業務時，應秉持誠實信用原則，下列行為何者不屬誠實信用原則？
(1)客戶對商品有不懂之處應再仔細說明
(2)商品一旦售出，即使客戶對商品內容有疑問也置之不理
(3)客戶交給我們的資料，不可隨意散播
(4)以上皆是。

> **解析** 誠實信用原則，是指當事人按照合同約定的條件，確實履行自己所承擔的義務，取得另一方當事人的信任，相互配合履行，共同全面地實現合同的簽訂目的。
> 基於此，本題(2)違反此原則。

(4) | **318** 信用卡發卡機構應約束業務代表不得從事下列行為？
(1)故意毀損同業之申請書架
(2)故意破壞同業之各項宣傳品
(3)洩露信用卡申請人之個人資料
(4)以上皆是。

(3) | **320** 金融從業人員對於客戶資料處理方式，以下何者為非？
(1)不得對外任加討論
(2)不得任意對外發表
(3)得對無權過問之同仁洩漏
(4)不得擅自利用客戶資料為自己進行交易而謀取利益。

(4) | **321** 金融從業人員得以何種名義，向顧客收受不當佣金、酬金？
(1)個人
(2)經理
(3)主管機關
(4)以上皆非。

> **解析** 金融從業人員**不得以任何一種名義**，向顧客收受不當佣金、酬金。
> 故本題(4)以上皆非。

(1) | **323** 金融從業人員應依何項考量辦理徵信？
(1)誠信公正原則　　　(2)個人好惡
(3)公司規模大小　　　(4)政商關係良好與否。

(3) | **325** 金融從業人員應尊重消費者合法權益，當其權益受到侵害時，應如何處理？
(1)不予受理
(2)請客戶自行負擔損失
(3)秉誠信原則妥適處理
(4)應視與客戶之交情決定受理與否。

(4) | **328** 信用卡發卡機構辦理催收欠款業務時，以下敘述何者正確？
(1)不得違反公共利益
(2)不得以損害他人為主要目的
(3)應依誠實及信用原則行使權利
(4)以上皆是。

(4) | **331** 投信投顧從業人員為廣告、公開說明會及其他營業促銷活動時，不得有下列何種行為？
(1)藉主管機關對某項產品或業務之核准，作為證實該申請事項或保證投資價值或獲利之宣傳
(2)提供贈品或其他利益以招攬客戶
(3)對同業為攻訐之廣告
(4)以上皆是。

> **解析** 中華民國證券投資信託暨顧問商業同業公會「會員及其銷售機構從事廣告及營業活動行為規範」第8條規定：證券投資信託事業、總代理人及基金銷售機構從事基金之廣告、公開說明會及其他營業活動時，不得有下列行為：
> 一、藉金管會對該基金之核准或申報生效，作為證實申請（報）事項或誤導投資人認為主管機關已保證基金價值之宣傳。……

三、提供贈品、或定存加碼、貸款減碼等金融性產品或以其他
利益或方式等,勸誘他人購買基金。但金管會另有規定
者,不在此限。
四、對於業績及績效作誇大之宣傳或對同業或他人為攻訐或損
害營業信譽之廣告。
故本題(4)以上皆是。

(2) | **332** 證券投信事業對於有業務往來的證券商,應採何種管理事項?
(1)應簽訂書面約定,將退還手續費捐予慈善機構
(2)定期對財務、業務及服務品質作評比
(3)除退還的手續費之外,得接受證券商的其它利益
(4)以上皆是。

(4) | **333** 依據忠實誠信原則,下列哪一項非投信投顧從業人員執行
業務時應有的行為?
(1)遵守契約規定
(2)以善良管理人之注意義務,本誠實信用原則執行業務
(3)考慮客戶的財務狀況,適度分散投資
(4)依所有人的最佳利益行事,包含客戶、公司及股東。

(2) | **334** 金融從業人員對誰負有忠實誠信義務?
(1)所有投資大眾　　　(2)客戶
(3)公司股東　　　　　(4)以上皆是。

(1) | **335** 發發證券公司向基金經理人小王表示,如果在該公司下單
量三個月內成長兩成,將免費供其使用在陽明山的渡假別
墅一星期。小王完整向公司報告了這件事,三個月後在發
發證券的下單量成長達到了兩成,小王於是接受了這個渡
假邀約。小王有違反忠實誠信原則嗎?

　(1)有，小王是基金經理人不得接受證券商退還之手續費或
　　　其他利益
　(2)沒有，因為這不是金錢餽贈
　(3)沒有，因為他已經向公司報告
　(4)沒有，因為他可以接受第三人提供的間接利益。

(4) 336 金融服務業從事投資顧問事業其從業人員應以善良管理人
　　　之注意處理受任事務，除應遵守主管機關發布之相關函令
　　　外，並應確實遵守何種事項？
　(1)不得收受委託者資金，代理從事證券投資行為
　(2)除法令另有規定或委託者另有指示外，對因委任關係而
　　　得知委託者之財產狀況及其他之個別情況，應保守秘
　　　密，不得洩漏予任何第三人
　(3)不得另與委託者為證券投資收益共享、損失分擔之約定
　(4)以上皆是。

(4) 337 李四是一位證券分析師，於電視上向觀眾分析產業趨勢時，
　　　宣稱他取得國外某知名大學商學院MBA學位，但事實上，
　　　李四僅於該校取得商學院學分課程，且真實學歷僅限於國
　　　內大學經濟系學士學位。試問李四違反以下哪一原則？
　(1)專業原則　　　　　　(2)保密原則
　(3)公平競爭原則　　　　(4)忠實誠信原則。

(1) 338 忠實誠信義務原則之主要涵義為：
　(1)客戶利益優先　　　　(2)公司利益優先
　(3)個人利益優先　　　　(4)以上皆是。

(4) | **342** 金融服務業推動重點業務或專案，不符客戶或從業人員之利益時，從業人員應採取之態度？
(1)消極抵抗
(2)設法將不利益移轉給客戶
(3)不合則去
(4)勇於建言，提供個人專業意見。

(4) | **348** 張三因職務得知公司即將與某公司合併為一則大利多消息，下列何種行為較適當：
(1)利用他人名義大筆買進公司股票
(2)私下告知客戶該項訊息，使其蒙利
(3)以配偶名義大筆買進公司股票
(4)在消息未公開前，或公開後18小時內，不得自行或以他人名義買入公司股票。

(1) | **349** 金融服務機構之自營部門與經紀業務部門：
(1)應個別獨立作業，且業務資訊不可互為流用
(2)不須個別獨立作業，惟業務資訊不可互為流用
(3)應個別獨立作業，惟業務資訊可互為流用
(4)不須個別獨立作業，且業務資訊可互為流用。

(3) | **350** 當金融從業人員張三的客戶在未告知其不滿的情況下，轉向李四交易時，張三應：
(1)醜化客戶，告訴李四，該客戶是位麻煩人物
(2)聯合其他同事排擠李四，讓李四離職
(3)試圖了解原因並虛心改進，以提升服務品質
(4)醜化李四，向主管告狀，宣稱李四行為惡劣。

(4) | **355** 金融從業人員獲悉已影響相關客戶利益之訊息時：

(1)依客戶之重要性決定是否通知

(2)依與客戶之交情決定是否通知

(3)不須做任何處理

(4)應盡可能公平合理的通知每一位客戶。

(1) | **498** 證券商之業務人執行務應本誠實及信用原則，下列何者是其本於職業道德而不得有之行為？

(1)約定與客戶共同承擔買賣有價證券之交易損失，而從事證券買賣

(2)對於客戶買賣證券之委託成交立刻回報

(3)客戶開戶時必須向客戶說明契約內容的重要事項

(4)以公司及業務人員之名義接受客戶委託買賣證券。

> **解析** 證券商負責人與業務人員管理規則第18條：證券商負責人及業務人員執行業務應本誠實及信用原則。
> 證券商之負責人及業務人員，除其他法令另有規定外，不得有下列行為：……
> **五、約定與客戶共同承擔買賣有價證券之交易損益，而從事證券買賣。**
> 故本題(1)為正確。

(4) | **583** 證券商為證券市場的重要專業中介機構，是受高度監理的行業，基於公平、誠實、守信、透明原則從事證券商業活動。為落實誠信經營，並防範不誠信行為，下列何者屬於證券商規範從業人員於執行業務時應注意的事項？

(1)指定隸屬於董事會的專責單位統籌辦理相關事宜

(2)禁止公司人員直接或間接提供、收受、承諾或要求不正當利益

(3)禁止提供或承諾任何輸通費

(4)以上皆是。

(1) | **594** 證券商之業務人員執行業務應本誠實及信用原則，下列何者是其本於職業道德而不得有之行為？
(1)知悉客戶有利用公開發行公司尚未公開而對其股票價格有重大影響之消息或有操縱市場行為之意圖，而拒絕接受委託買賣
(2)辦理有價證券承銷業務之人員與發行公司或其相關人員間有獲取不當利益之約定
(3)向客戶或不特定多數人提供某種有價證券將上漲或下跌之判斷
(4)向不特定多數人推介買賣特定之股票。

> **解析** 證券商負責人與業務人員管理規則第18條：證券商負責人及業務人員執行業務應本誠實及信用原則。
> 證券商之負責人及業務人員，除其他法令另有規定外，不得有下列行為：……
> 十四、向客戶或不特定多數人提供某種有價證券將上漲或下跌之判斷，以勸誘買賣。
> 十五、向不特定多數人推介買賣特定之股票。但因承銷有價證券所需者，不在此限。……
> 二十一、知悉客戶有利用公開發行公司尚未公開而對其股票價格有重大影響之消息或有操縱市場行為之意圖，仍接受委託買賣。
> 二十二、辦理有價證券承銷業務之人員與發行公司或其相關人員間有獲取不當利益之約定。……
> 本題題目有誤，應為做正確之選擇。

(3) | **597** 金融服務業說明金融商品或服務契約之重要內容及揭露風險，下列何者不是應遵守的基本原則？
(1)應本於誠實信用原則，並以金融消費者能充分瞭解之文字或其他方式為之
(2)任何說明或揭露之資訊均須正確完整，不得有虛偽、詐欺、隱匿或其他足致他人誤信之情事

(3)應以達到業績目標為最高指導原則
(4)銷售文件之用語應以中文表達並力求淺顯易懂，必要時得附註原文。

解析 金融服務業提供金融商品或服務前說明契約重要內容及揭露風險辦法第3條：金融服務業說明金融商品或服務契約之重要內容及揭露風險，應遵守下列基本原則：

一、應本於誠實信用原則，並以金融消費者能充分瞭解之文字或其他方式為之。

二、任何說明或揭露之資訊或資料均須正確，所有陳述或圖表均應公平表達，並不得有虛偽不實、詐欺、隱匿、或足致他人誤信之情事，上述資訊或資料應註記日期。

三、銷售文件之用語應以中文表達，並力求淺顯易懂，必要時得附註原文。

四、所有銷售文件必須編印頁碼或適當方式，俾供金融消費者確認是否已接收完整訊息。

故本題(3)為非。

第五章 有關利益衝突

✅ 金融從業人員應該做的事情

拜託...給個明牌...

沒辦法！

- 金融服務業應注意下列哪些人，會因其在公司擔任董事、監察人或經理人職務之便而獲得不當利益，為避免利益衝突，應迴避本人、配偶、父母、子女、兄弟姐妹。

- 若某項活動、利益或關係可能妨礙從業人員追求公司及客戶之最高利益行事之能力時，應保持警覺，此屬防範利益衝突行為。

- 金融服務業應避免董事、監察人或經理人進行：(1)透過使用公司財產、資訊或藉由職務之便而有圖私利之機會。(2)透過使用公司財產、資訊或藉由職務之便以獲取實質利益。(3)與公司競爭。

- 為避免與客戶之利益衝突，應於法律許可範圍內為客戶之利益執行專業判斷，不受客戶忠誠與否之影響，不受個人利益、其他客戶利益或任何其他人意願之影響。

- 發現保險商品條款涉及被保險人利益之解釋，如有爭議時，應作有利被保險人之解釋。

- 從事保險業務招攬時，明知道保險標的之危險已消滅，仍要求客戶投保，則保險契約無效。

- 金融從業人員從事保險業務招攬時，其利益與客戶之利益無法兼顧面臨取捨時，從業人員應給予客戶專業分析，爭取合理之利益。

- 金融服務業推動重點業務或專案，不符客戶或從業人員之利益時，從業人員應勇於建言，提供個人專業意見。

- 若發生金融從業人員對其與客戶之利益衝突或不同客戶間之利益衝突情事，應以契約約定為依據。

- 本身業績與公司規定衝突時，應該以公司的規定為主。

- 符合法令之公開股票交易不屬於利益衝突的範圍。

- 各獨立的個體，會因某一方的利益被歸優先，而使另一方可能蒙受損失，稱為利益衝突。

- 利益衝突若以代理制度來解釋，是指受託人及委託人發生利益衝突。

- 利益衝突包含：(1)數種正當利益存在有彼此競爭矛盾的現象。(2)利益衝突屬於一種狀態或情境。(3)避免利益衝突亦屬道德範疇。

- (1)為個人私利竊取公司機密。(2)透過公司財產或資訊以取得獲利。(3)與公司競爭，皆可能發生利益衝突的狀況。

- 利用公司資源，進而獲取跳槽機會，屬非財產上的利益。

- 金融從業人員辦理全權委託業務，為避免利益衝突，不得與委任人有利益衝突之第三人從事全權委託業務，以及從事足以損害委任人權益之交易。

- 辦理全權委託業務不得與客戶約定分享利益或共同承擔損失、不得利用客戶帳戶或名義為自己從事交易、不得利用他人或自己名義供客戶從事交易、不得任意對外發表客戶資料。

- 金融從業人員辦理業務應防止利益衝突，(1)應注意業務特性不同所造成之利益衝突。(2)應注意不同部門資產移轉產生利益衝突。(3)部門間資訊不可以無限制互相交流。(4)應注意利益不當輸送。

- 與業務相關人員有利害關係者不得參與投資決策。

- 建置利害關係人檔案，應詳實提供資料並定期更新。

- 執行資產管理事務時，為避免與公司發生利益衝突，應避免購買公司發行之有價證券、不動產及由公司購買客戶委託管理的財產。

- 與客戶間有重大利害關係致有發生利益衝突情事時，得告知利益衝突之情形並取得客戶書面同意。

- 為防止利益衝突，應：(1)資訊交互運用應注意內部資訊控管流程。(2)信託專責部門應指派專人負責內部資訊控管流程。(3)客戶信託財產內容不得提供其他部門分析運用。(4)共用營業設備應注意內部資訊控管流程。

- 依據投信投顧公會會員自律公約，會員對其與客戶間或不同客戶之間的利益衝突情事，應避免之。

- 依據投信投顧公會訂定之投資顧問從業人員行為準則規定，經手人員為本人帳戶投資國內上市股票、國內上櫃公司股票、具股權性質之衍生性商品，應事先以書面報告經督察主管或所屬部門主管核准。

- 當一個基金經理人管理一個以上基金時，公司應建立「中央集中下單制度」，將投資決策及交易過程予以獨立，落實職能區隔之「中國牆」制度。

- 對於業務往來之公司，其董事、監察人或經理人無法以客觀及有效率的方式處理公務時，應特別注意前述人員所屬之關係企業資金貸與或為其提供保證、重大資產交易、進（銷）貨往來之情事。

- 為避免利益衝突：
  (1)與自身利益相關的業務應該迴避。
  (2)因業務知悉公司股票將上漲，不可以事先買進。
  (3)不收受客戶的餽贈。

- 公司董事、監察人或經理人應：
  (1)對於本身及客戶之資訊負有保密責任。
  (2)不得透過使用公司資產、資訊或藉由職務之便以獲取私利。
  (3)遵循法令規章。
  (4)保護並適當使用公司資產。

- 有關利益衝突原則：
  (1)公司得要求員工不得擁有非公開資訊而從事任何事業體或個人之交易。
  (2)公司得要求員工不得有內線交易行為。
  (3)公司得要求員工避免以非法套裝商品強迫客戶購買。

- 為了防範公司可能與客戶或員工發生利益衝突的問題，內部的作業準則應包括：(1)組織架構與人員資格。(2)風險管理制度。(3)內部控制制度。

- 為因應客戶申訴問題，公司應該制訂相關措施包括：
  (1)成立客戶申訴中心。
  (2)加強對相關經辦人員的教育宣導。
  (3)強化售後服務。

- 金融服務業董事對董事會所列議案如有涉其本身利害關係致損及該公司利益之虞時，應自行迴避，不加入表決。

- 從業人員對於市場或同事間之違法行為，應採取主動告發之精神，俾利發揮互相監督之效果，建立市場的公信力。

- 從業人員必須善盡善良管理人之職責來維護客戶利益，因此當遇有利益衝突時，應以客戶之利益為優先考量。

- 應公平對待所有客戶，以避免造成不同客戶間的利益衝突。

❌ 金融從業人員不應該做的事情

- 在公司擔任職務時使配偶、父母、子女獲得不當利益。

- 董事、監察人或經理人(1)透過使用公司財產、資訊或藉由職務之便而有圖私利之機會。(2)透過使用公司財產、資訊或藉由職務之便以獲取實質利益。(3)與公司競爭。

- 視客戶之忠誠度再決定執行業務之程度。

- 本身業績與公司規定衝突時，為了本身業績考量，可以忽略規定。

- 利用客戶資料為自己謀取利益。

- 利用委任人之交易帳戶，為自己或委任人以外之第三人從事交易。

- 任意對外發表客戶資料。

- 部門間資訊可以無限制互相交流。

- 與業務相關人員有利害關係者參與投資決策。
- 公司進行自有資金交易時,優先執行基金買賣,並以利於公司之成交價格分配予客戶。
- 金融從業人員得隨時擔任同業之負責人,不須任何同意。
- 透過使用公司資產、資訊或藉由職務之便以獲取私利。
- 為了績效考量,隱瞞自身職務之缺失。
- 接受客戶委託買賣短期票券或債券時,同時以自己之計算為買入或賣出之相對行為。
- 挪用或代為保管客戶之短期票券、債券或款項。
- 意圖獲取利益,以職務上所知悉消息,從事短期票券或債券之買賣。

本章分類題庫

(3) 　44　有關金融從業人員之業務行為規範，下列何者為錯誤？
(1)應確實告知客戶之權利與義務
(2)須與客戶簽訂相關之買賣契約書或相關文件以供日後糾紛之確認
(3)得與客戶私自約定或提供特定利益、對價以促銷金融商品
(4)須告知客戶買賣之金融商品可能面臨的風險與損失。

(3) 147　金融從業人員基於職業道德應如何對待客戶，下列何者行為是不對的？
(1)公平對待所有的客戶
(2)將客戶的利益置於公司利益或員工利益之上
(3)將公司利益或員工利益置於客戶的利益之上
(4)以客戶最高利益行事。

(4) 200　證券商辦理財富管理業務，為防範內線交易及利益衝突，對於辦理財富管理業務人員之規範，下列何者為正確？
(1)不得接受客戶不合法交易
(2)從客戶獲知其買賣某標的商品之相關訊息，有利益衝突或不當得利之虞者，不得從事該等標的之買賣
(3)應明確告知客戶執行財富管理業務人員之所屬部門，不得有混淆客戶之行為
(4)以上皆為正確。

> **解析** 證券商辦理財富管理業務應注意事項：
> 十七、證券商訂定防範內線交易及利益衝突之機制，其內容至少應包括下列事項：……(七)辦理財富管理業務之人員，應以客戶之適合性推介商品，其薪酬宜衡平考量佣金、客戶委託規劃之資產成長情形及其他相關因素，不得以收取佣金多寡為考量推介商品，亦不得以特定利益或不實廣告，利誘客戶買賣特定商品。……

(十三)證券商總、分支機構業務人員執行財富管理業務，應明確告知客戶其所屬部門，不得有混淆客戶之行為。

故本題(4)為正確。

(3) 295 金融從業人員對不當利益應：

(1)可接受招待　　　　(2)不可收現金，有價證券則不限

(3)不得接受　　　　　(4)可收禮品。

> **解析** 金融控股公司法第17條：金融控股公司負責人及職員**不得以任何名義**，向該公司或其子公司之交易對象或客戶**收受佣金、酬金或其他不當利益**。
> 故本題(3)為正確。

(3) 301 下列何者為金融從業人員爭取業務時之禁止行為？

(1)與往來客戶或相關人員有不當利益之約定

(2)收受往來客戶或相關人員之不當利益

(3)選項(1)、(2)皆是

(4)選項(1)、(2)皆非。

(2) 339 金融從業人員發現保險商品條款涉及被保險人利益之解釋，如有爭議時，應如何處理？

(1)作有利保險公司之解釋　　(2)作有利被保險人之解釋

(3)以訴訟方式處理　　　　　(4)不需理會。

> **解析** 保險法第54條規定：本法之強制規定，不得以契約變更之。但有利於被保險人者，不在此限。
> 保險契約之解釋，應探求契約當事人之真意，不得拘泥於所用之文字；**如有疑義時，以作有利於被保險人之解釋為原則**。
> 故本題(2)為正確。

(2) 341 金融從業人員從事保險業務招攬時，其利益與客戶之利益無法兼顧面臨取捨時，從業人員應如何處理？
(1)以自身利益為重
(2)給予客戶專業分析，爭取合理之利益
(3)以達成公司要求為準則
(4)以客戶意見為準，忽略自身之專業。

(2) 344 金融從業人員從事保險業務招攬時，除考慮到自身利益外，以下哪一項更加必須顧到？
(1)公司利益　　　　　(2)社會責任
(3)業績成長　　　　　(4)以上皆非。

> **解析** 保險業招攬及核保作業控管自律規範第2條：各會員對其業務員（含電話行銷人員）在執行人身保險商品招攬業務時，應要求**依社會一般道德、誠實信用原則**及**保護要保人、被保險人及受益人之精神進行招攬**，並確實遵守相關法令、自律規範及公司內部之業務招攬處理制度及程序等規定，不得有虛偽不實、誇大、誤導、不當比較或其他足致他人誤信之招攬行為。
> 故本題(2)為正確。

(3) 345 金融從業人員同時具有核保及理賠人員資格者，是否可同時擔任二者職務？
(1)可以
(2)只要所屬保險公司允許則可
(3)僅得擇一擔任，以避免利益衝突
(4)依其個人意願。

> **解析** 保險業招攬及核保理賠辦法第15條：**同時具有核保及理賠人員資格者，僅得擇一擔任核保或理賠人員。**
> 保險業理賠人員不得對其三年內核保簽署之案件執行理賠審核或簽署業務。
> 保險業核保或理賠人員不得對其招攬之案件執行核保或理賠審核或簽署業務。
> 故本題(3)為正確。

(2) | **346** 金融從業人員同時兼有保險代理人、經紀人資格者,是否可同時申請二者執業書?
(1)可以 　　　　　　(2)為避免利益衝突,僅得擇一
(3)視情況而定 　　　　(4)依其個人意願。

(2) | **347** 金融從業人員為公司內部人員執行證券期貨經紀業務時,為避免利益衝突:
(1)應優先執行公司內部人員之委託
(2)應依公司內部人員及客戶委託時間之先後順序執行
(3)應依委託金額多寡決定執行順序
(4)應由金融從業人員自行決定。

(1) | **352** 金融從業人員因職務關係獲悉足以影響金融商品價格未公開之重大消息時:
(1)應即以書面報告並列管保密
(2)應廣為眾知,造福親朋好友
(3)應立即為客戶交易,牟取其最大利益
(4)應立即利用他人名義交易,牟取個人最大利益。

(1) | **353** 金融從業人員執行業務時,下列敘述何者不當?
(1)應善加利用職務所得訊息,為本身牟取利益
(2)不以職務所得訊息,為本身牟取利益
(3)應以客戶利益優先,不以個人業績為考量
(4)不以本身利益仲介客戶從事非法交易。

> **解析** 中華民國證券投資信託暨顧問商業同業公會會員自律公約第3條:本會會員應共同信守下列基本之業務經營原則:……
> 2.忠實誠信原則:確實掌握客戶之資力、投資經驗與投資目的,據以提供適當之服務,並謀求客戶之最大利益,禁止有誤導、虛偽、詐欺、利益衝突、足致他人誤信或內線交易之行為。
> 故本題(1)有誤。

(4)｜354 有關金融從業人員行為之敘述，何者正確？
(1)可要求客戶提供金錢餽贈或招待
(2)可要求供應商提供金錢餽贈或招待
(3)選項(1)及(2)皆可
(4)以上皆非。

(3)｜356 下列何者不是金融服務事業之從業人員關於職業道德的基本條件？
(1)法令規章遵循
(2)專業之資格、技能、態度、與服務
(3)擅長交際應酬
(4)品德、誠信、責任、與保密。

> **解析** 金融服務事業之從業人員不需擅長交際應酬。
> 故本題(3)為非。

(2)｜357 若發生金融服務業之業務人員對其與客戶之利益衝突或不同客戶間之利益衝突情事時，應如何處理：
(1)以個別客戶對公司之貢獻度為依據
(2)以契約約定為依據
(3)以多數客戶之利益為依據
(4)以損益標準為處理原則。

> **解析** 除法令另有規定外，如信託業就其為委託人及受益人所執行之交易行為有重大利害關係致有發生利益衝突之虞，或與信託業其他委託人或受益人有利益衝突情事時，除非信託業採取適當措施確保對其委託人及受益人合理公平處理，否則不得為委託人及受益人執行該項有利益衝突之交易行為。
> 故本題(2)為正確。

(2) | 358 金融服務業之業務人員面對本身業績與公司規定衝突時，
應該如何面對？
(1)為了本身業績考量，可以忽略它
(2)以公司的規定為主
(3)先把公司提供的金融商品或服務銷售出去，再向上級反應
(4)以上皆非。

(2) | 359 在證券業所提供的業務服務過程中，下列那種情事不屬於
利益衝突的範圍？
(1)提供金融商品與服務給客戶，而它與公司有直接或間接
之不合規利益
(2)符合法令之公開股票交易
(3)未經公司同意，擅自雇用自己的親友在公司任職
(4)在公司以外自行開業或任職

(1) | 360 防止利益衝突是從事金融服務業職業道德的要項，何謂利
益衝突？
(1)各獨立的個體，會因某一方的利益被歸優先，而使另一
方可能蒙受損失
(2)利益衝突一定會造成雙方獲利
(3)利益衝突一定是某一方觸犯法律
(4)以上皆非。

解析 利益衝突是指個人或組織涉及不同方面相同的利益時，向
自己或與自己相關人士作出偏袒或優待的不當行為。
故本題(1)為正確。

(2) | 361 防止利益衝突是從事金融服務業職業道德的要項，利益衝突
若以代理制度來解釋，是指哪兩方面的人發生利益衝突？
(1)受益人及受託人　　(2)受託人及委託人
(3)受益人及委託人　　(4)受託人及經理人。

> 解析 利益衝突是指專業服務領域的一種現象，即委託人的利益
> 與提供專業服務的業者本人或者與其所代表的其他利益之間存
> 在某種形式的對抗，進而有可能導致委託人的利益受損，或者
> 有可能帶來專業服務品質的實質性下降。
> 本題(2)為正確。

(4) 362 防止利益衝突是從事金融服務業職業道德的要項，以下何
項屬於利益衝突的含意？
(1)數種正當利益存在有彼此競爭矛盾的現象
(2)利益衝突屬於一種狀態或情境
(3)避免利益衝突亦屬道德範疇
(4)以上皆是。

(4) 363 防止利益衝突是從事金融服務業職業道德的要項，在利益
衝突當中若與親屬牽涉到關係，當中的親屬不包括：
(1)子女　　　　　　(2)父母
(3)配偶　　　　　　(4)房客。

(4) 364 防止利益衝突是從事金融服務業職業道德的要項，下列那
種情況可能發生利益衝突？
(1)為個人私利竊取公司機密
(2)透過公司財產或資訊以取得獲利
(3)與公司為業務之競爭
(4)以上皆是。

> 解析 利益衝突為因其作為或不作為，直接或間接使本人或其關
> 係人獲取利益者。需特別指明的是，所謂的獲取利益，是指獲
> 取私人利益而言，不包括獲取公共利益。
> 故本題(4)為正確。

(1) | **365** 防止利益衝突是從事金融服務業職業道德的要項,下列何種狀況屬於利益衝突的問題?
(1)經辦人員常常接受供應商招待、私下收受回扣
(2)員工有轉換跑道的打算
(3)有親戚朋友在同業
(4)以上皆是。

(3) | **366** 防止利益衝突是從事金融服務業職業道德的要項,關於利益衝突所謂之「利益」,若將利益分成財產上利益,及非財產上利益,下列何者屬非財產上的利益?
(1)汽車及房子
(2)現金、存款、外幣、有價證券
(3)利用公司資源,進而獲取跳槽機會
(4)具有經濟價值或得以金錢交易取得之利益。

> **解析** 利益係指「財產上利益」及「非財產上利益」。其中財產上利益包括動產、不動產、現金、存款、外幣、有價證券、債權或其他財產上權利與其他具有經濟價值或得以金錢交易取得之利益。**非財產上利益指有利人員或其關係人於事業機構之任用、陞遷、調動及其他人事措施。**
> 故本題(3)屬於非財產上的利益。

(4) | **367** 為了防範公司可能與客戶或員工發生利益衝突的問題,下列何者是公司的內部管理規章應規範的內容?
(1)組織架構與人員資格條件　(2)風險管理制度
(3)內部控制制度　　　　　　(4)以上皆是。

> **解析** 信託業應負之義務及相關行為規範第36條規定:……三、銀行經營信託業務若其信託業務專責部門與銀行其他部門間資訊交互運用或共用營業設備時,應注意信託財產內容、運用方式及交易紀錄等內部資訊控管流程,並應指派專人負責,以防止資訊之不當流用及維護委託人及受益人資料之安全性,且不

得有利害衝突與損及委託人及受益人權益之情事，並應遵守
「銀行經營信託業務風險管理規範」。
故本題(4)為正確。

(4)｜369　在證券市場中，下列何者存在有利害衝突關係？
(1)公開發行公司與證券承銷商之間對於公司發行證券募集
　資金承銷價格之訂定
(2)上市（櫃）公司與證券投資人之間對於公司資訊公開之
　期求
(3)上市（櫃）公司經營者與股東之間對於公司利益之考量
(4)以上皆是。

(4)｜370　以下何者之間於辦理業務時可能有利益衝突情事？
(1)行使投資運用時客戶與從業人員間
(2)銷售商品時客戶與其他客戶間
(3)辦理業務時客戶與金融集團其他子公司間
(4)以上皆是。

(3)｜371　金融從業人員辦理業務應防止利益衝突，下列所述何者為
錯誤的？
(1)應注意業務特性不同所造成之利益衝突
(2)應注意不同部門資產移轉產生利益衝突
(3)應注意部門間資訊可以無限制互相交流
(4)應注意利益不當輸送。

(4)｜372　以下何種行為有利益衝突之虞？
(1)向放款客戶強力推銷無法賣出之金融商品
(2)為全權委託客戶購入公司本身股票
(3)將客戶之信託財產投資公司利害關係人發行之股票
(4)以上皆是。

(1) 373 以下何者不得參與投資決策？
(1)與業務相關人員有利害關係者 (2)投資決策人員
(3)具有運用決定權人　　　　　(4)以上皆是。

(2) 374 應如何建置利害關係人檔案？
(1)隨便填填交差了事
(2)應詳實提供資料並定期更新
(3)稽核人員查到再提供
(4)應參考其他同仁所填資料填寫。

> **解析** 利害關係人資料應確實建立，並應配合人員異動隨時更新。
> 故本題(2)為正確。

(4) 375 金融從業人員執行資產管理事務時，為避免與公司發生利益衝突，應避免以下何種行為？
(1)購買公司發行之有價證券
(2)購買公司之不動產
(3)由公司購買客戶委託管理的財產
(4)以上皆是。

(1) 376 金融從業人員與客戶間有重大利害關係致有發生利益衝突情事時，得採取何種措施？
(1)告知利益衝突之情形並取得客戶書面同意
(2)無須取得客戶之書面同意
(3)不得拒絕接受有利益衝突之委託
(4)應為公司積極爭取業務，接受委託。

> **解析** 信託業應負之義務及相關行為規範第36條：（利益衝突之規範與防火牆之設置）信託業應遵守信託業法及相關法令有關利害關係人之規範。
> 信託業應確保對委託人與受益人合理公平及合理保障委託人與受益人之權益，並應注意下列事項：

1.除法令另有規定外，如信託業就其為委託人及受益人所執行之交易行為有重大利害關係致有發生利益衝突之虞，或與信託業其他委託人或受益人有利益衝突情事時，除非信託業採取適當措施確保對其委託人及受益人合理公平處理，否則不得為委託人及受益人執行該項有利益衝突之交易行為。

2.為處理前款規定之利益衝突情事，信託業得採取下列一種或數種措施：

(1)告知委託人及受益人利益衝突之情形（以**口頭**或**書面，告知衝突之情形及所涉及之交易**），並取得委託人及受益人之書面同意。……

故本題(1)為正確。

(3) 377 以下所述何者違反防止利益衝突？

(1)資訊交互運用應注意內部資訊控管流程

(2)信託專責部門應指派專人負責內部資訊控管流程

(3)客戶信託財產內容得提供其他部門分析運用

(4)共用營業設備應注意內部資訊控管流程。

解析 銀行經營信託業務風險管理規範第5條：銀行經營信託業務與其他業務間資訊交互運用時，應依下列規定辦理：

1.客戶資料除法令另有規定外，得由銀行信託業務專責部門或銀行其他部門專案建檔列管。

2.與信託業務有關之各種款項收受交易記錄得由銀行各總分支機構留存，相關之信託財產管理處分之資料統籌由銀行信託業務專責部門控管，信託財產報告書類須經信託業務專責部門編製後傳送予客戶。

3.銀行信託業務專責部門與銀行其他部門間，應注意信託財產之內容、運用方式及交易記錄等內部資訊控管流程，並指定專人負責，以防止資訊之不當流用。……

故本題(3)有誤。

(1) | 378 金融從業人員對於業務往來之公司，其董事、監察人或經理人無法以客觀及有效率的方式處理公務時：

(1)應特別注意前述人員所屬之關係企業資金貸與或為其提供保證、重大資產交易、進（銷）貨往來之情事

(2)隨意由前述人員進行私人利益輸送之交易

(3)隨意由前述人員利用職務之便進行投機交易

(4)隨意由前述人員利用各種管道進行洗錢交易。

> **解析** 上市上櫃公司訂定道德行為準則參考範例第2條：各上市上櫃公司考量其個別狀況與需要所訂定之道德行為準則，至少應包括下列八項內容：
>
> 1.防止利益衝突：個人利益介入或可能介入公司整體利益時即產生利害衝突，例如，當公司董事、監察人或經理人無法以客觀及有效率的方式處理公務時，或是基於其在公司擔任之職位而使得其自身、配偶或二親等以內之親屬獲致不當利益。公司應特別注意與前述人員所屬之關係企業資金貸與或為其提供保證、重大資產交易、進（銷）貨往來之情事。公司應該制定防止利益衝突之政策，並提供適當管道供董事、監察人或經理人主動說明其與公司有無潛在之利益衝突。……
>
> 故本題(1)為正確。

(2) | 379 擔任公司之董事、監察人或經理人：

(1)可使用公司之財產圖利自己

(2)應避免圖私利之機會

(3)以不正當之方法圖利自己

(4)利用公司之財產圖利自己之親朋好友。

(4) | 380 金融服務業之董監事對與本公司有利害關係之交易，應採取下列何項原則辦理？

(1)善良管理原則　　　(2)公平競爭原則

(3)專業原則　　　　　(4)利益迴避原則。

(2) 381 有關利益衝突，下列敘述何者為非？
(1)個人投資如可能對公司產生利益衝突，應避免之
(2)金融從業人員得隨時擔任同業之負責人，不須任何同意
(3)利用公司資源發現屬於公司的機會，不得據為己有
(4)不得接受客戶提供之優惠待遇。

(2) 382 客戶利益優先及禁止不當得利是屬於下列何者原則？
(1)公開原則 　　　　　　　(2)忠實義務原則
(3)保密原則 　　　　　　　(4)能力原則。

(4) 383 下列就金融從業人員之敘述何者為非？
(1)與自身利益相關的業務應該迴避
(2)因業務知悉公司股票將上漲，不可以事先買進
(3)客戶的餽贈不能收受
(4)只要對公司有益，所有法律規範可以先行放下。

(2) 384 公司董事、監察人或經理人，對下列何種行為應予避免？
(1)對於本身及客戶之資訊負有保密責任
(2)透過使用公司資產、資訊或藉由職務之便以獲取私利
(3)遵循法令規章
(4)保護並適當使用公司資產。

> **解析** 依上市上櫃公司訂定道德行為準則參考範例：公司應避免
> 董事、監察人或經理人為下列事項：
> 1.透過使用公司財產、資訊或藉由職務之便而有圖私利之機會。
> 2.透過使用公司財產、資訊或藉由職務之便以獲取私利。
> 3.與公司競爭。當公司有獲利機會時，董事、監察人或經理人
> 　有責任增加公司所能獲取之正當合法利益。
> 故本題(2)為正確。

(4) | 385 金融從業人員基於維護公司利益不應有何種表現？

(1)知悉授信客戶財務狀況惡化，應立即告知主管，並加以妥善處理

(2)當利率可能出現鉅幅波動而侵蝕公司獲利時，應主動告知主管

(3)不得收受競爭對手之酬庸，以洩露公司內部機密

(4)為了績效考量，隱瞞自身職務之缺失。

(1) | 386 金融服務業董事對董事會所列議案如有涉其本身利害關係致損及該公司利益之虞時，應採行下列何種措施？

(1)自行迴避，不加入表決

(2)加入表決

(3)本身不加入表決，但代理其他董事行使其表決權

(4)依其自由意志為之。

> 解析 上市上櫃公司治理實務守則第32條：董事應秉持高度之自律，對董事會所列議案如涉有董事本身利害關係致損及公司利益之虞時，即應**自行迴避，不得加入表決**，亦不得代理其他董事行使其表決權。董事間亦應自律，不得不當相互支援。
> 董事自行迴避事項，應明訂於董事會議事規則。
> 故本題(1)為正確。

(4) | 387 金融服務業應注意下列哪些人，會因其在公司擔任董事、監察人或經理人職務之便而獲得不當利益，為避免利益衝突，應予迴避？

(1)本人及配偶　　　　(2)父母及子女

(3)兄弟姐妹　　　　(4)以上皆是。

> 解析 依上市上櫃公司訂定道德行為準則參考範例：個人利益介入或可能介入公司整體利益時即產生利害衝突，例如，當公司董事、監察人或經理人無法以客觀及有效率的方式處理公務時，或是基於其在公司擔任之職位而使得其自身、配偶、父

母、子女或二親等以內之親屬獲致不當利益。公司應特別注意
與前述人員所屬之關係企業資金貸與或為其提供保證、重大資
產交易、進（銷）貨往來之情事。公司應該制定防止利益衝突
之政策，並提供適當管道供董事、監察人或經理人主動說明其
與公司有無潛在之利益衝突。

故本題(4)以上皆是。

(2)　388 若某項活動、利益或關係可能妨礙從業人員追求公司及客戶
之最高利益行事之能力時，應保持警覺，此屬何種行為？

(1)能力原則　　　　　　　(2)防範利益衝突行為

(3)客觀性原則　　　　　　(4)誠信原則。

(4)　389 金融服務業董事、監察人或經理人在公司擔任職務時應避
免下列何人獲得不當利益？

(1)配偶　　　　　　　　　(2)父母

(3)子女　　　　　　　　　(4)以上皆是。

解析 上市上櫃公司誠信經營守則第16條（董事、監察人及經理
人之利益迴避）上市上櫃公司應制定防止利益衝突之政策，並
提供適當管道供董事、監察人與經理人主動說明其與公司有無
潛在之利益衝突。

上市上櫃公司董事應秉持高度自律，對董事會所列議案，與其
自身或其代表之法人有利害關係，致有害於公司利益之虞者，
得陳述意見及答詢，不得加入討論及表決，且討論及表決時應
予迴避，並不得代理其他董事行使其表決權。董事間亦應自
律，不得不當相互支援。

上市上櫃公司董事、監察人及經理人不得藉其在公司擔任之職
位，使其自身、**配偶**、**父母**、**子女**或任何他人獲得不正當利益。

故本題(4)為正確。

(4) 390 金融服務業應避免董事、監察人或經理人進行以下何者
行為？
(1)透過使用公司財產、資訊或藉由職務之便而有圖私利之機會
(2)透過使用公司財產、資訊或藉由職務之便以獲取實質利益
(3)與公司競爭
(4)以上皆是。

(2) 391 為避免與客戶之利益衝突，下列何者不正確？
(1)於法律許可範圍內為客戶之利益執行專業判斷
(2)視客戶之忠誠度再決定執行業務之程度
(3)不受客戶忠誠與否之影響
(4)不受個人利益、其他客戶利益或任何其他人意願之影響。

(4) 392 有關利益衝突原則，下列何者正確？
(1)公司得要求員工不得擁有非公開資訊而從事任何事業體
或個人之交易
(2)公司得要求員工不得有內線交易行為
(3)公司得要求員工避免以非法套裝商品強迫客戶購買
(4)以上皆是。

(1) 393 金融從業人員處理某項業務時，若與公司之利益發生衝突
應採取何種方式？
(1)基於利益衝突原則應予以迴避
(2)仍應繼續辦理
(3)因對自己有利，更應加強爭取該業務
(4)將該業務轉移給自己的配偶來執行。

(2) 394 金融從業人員銷售對自己有利益的商品，如果該商品不符
合客戶的需求，將會違反什麼原則？
(1)能力原則　　　　　　(2)利益衝突原則
(3)損失原則　　　　　　(4)以上皆是。

(4) 395 金融從業人員辦理全權委託業務應遵守事項，下列敘述何者有誤？
(1)應公正對待客戶避免糾紛之發生
(2)應確實瞭解客戶之財務狀況
(3)應確實瞭解客戶投資需求及承擔潛在損失的能力
(4)可利用客戶資料為自己謀取利益。

(1) 396 金融從業人員辦理全權委託業務，為避免利益衝突，應遵守下列何種事項？
(1)不得與委任人有利益衝突之第三人從事全權委託業務，以及從事足以損害委任人權益之交易
(2)可利用委任人之交易帳戶，為自己從事交易
(3)可利用委任人之交易帳戶，為委任人以外之第三人從事交易
(4)以上皆是。

(4) 397 有關金融從業人員辦理全權委託業務，下列敘述何者有誤？
(1)不得與客戶約定分享利益或共同承擔損失
(2)不得利用客戶帳戶或名義為自己從事交易
(3)不得利用他人或自己名義供客戶從事交易
(4)得任意對外發表客戶資料。

(1) 398 有關金融從業人員辦理全權委託業務，下列敘述何者正確？
(1)應避免利益衝突
(2)得與客戶約定分享利益
(3)得對外任加討論客戶資料
(4)得將已成交之買賣委託，由委任人名義改為其他第三人。

(1) | **399** 下列關於金融從業人員辦理投資型金融商品推介或銷售業務時，應遵守之事項何者有誤？
(1)可與客戶約定分享利益或共同承擔損失
(2)應妥為保管客戶資料
(3)應避免不當銷售或推介之行為
(4)不可利用客戶帳戶或名義為自己謀取不當利益。

> **解析** 依外匯市場交易準則規定：為維持市場交易之公平性，交易相關人員不應利用公司內部資訊，擅自為自己或相關人員進行交易而謀取利益，並禁止下列行為：
> **1.與客戶約定分享利益或共同承擔損失。**
> 2.利用客戶帳戶或名義為自己從事交易。
> 3.利用他人或自己名義供客戶從事交易。
> 故本題(1)為正確。

(2) | **400** 為維持市場交易之公平性，金融從業人員可否利用公司內部資訊擅自為自己或相關人員進行交易而謀取利益？
(1)可以　　　　　　(2)不可以
(3)客戶同意即可　　(4)視交易金額高低而定。

> **解析** 依外匯市場交易準則規定：為維持市場交易之公平性，交易相關人員**不應利用公司內部資訊，擅自為自己或相關人員進行交易而謀取利益**。
> 故本題(2)為正確。

(2) | **401** 下列何者不符合投信管理基金的利益衝突處理原則？
(1)管理一個以上基金的經理人，不得對同一支股票有同時或同日作相反投資決定
(2)公司進行自有資金交易時，應優先執行基金買賣，並以利於公司之成交價格分配予客戶
(3)經手人員知悉公司管理基金對特定股票的交易時，不得於該買賣前後7日進行個人交易
(4)經手人員買賣具股權之衍生性商品須持有至少30日。

(1) | **402** 依據投信投顧公會會員自律公約，會員對其與客戶間或不同客戶之間的利益衝突情事，處理原則為：
(1)應避免之
(2)以口頭約定作為依據
(3)以多數客戶之利益為依據
(4)以損益標準作為處理原則。

> **解析** 依據中華民國證券投資信託暨顧問商業同業公會會員自律公約第13條規定：本公會會員為信守忠實誠信及保密之業務經營原則，維護其業務之獨立性及隱密性、妥慎保管業務機密、避免其與客戶之利益衝突或不同客戶間之利益衝突情事，應遵守本公會就會員經營之各項業務而訂定之業務操作辦法或管理規章。
> 故本題(1)為正確。

(4) | **403** 依據投信投顧公會訂定之投資顧問從業人員行為準則規定，經手人員為本人帳戶投資何項商品，應事先以書面報經督察主管或所屬部門主管核准？
(1)國內上市股票
(2)國內上櫃公司股票
(3)具股權性質之衍生性商品
(4)以上皆是。

> **解析** 依據中華民國證券投資信託暨顧問商業同業公會證券投資顧問事業從業人員行為準則第6條規定：經手人員於在職期間應依公司所制定之制式表格每月十日前彙總申報前一月本人帳戶及利害關係人帳戶每一筆交易狀況，應申報之資料範圍，股票部分，其股票名稱、成交日期、交易別（買或賣）、交易股數、交易單價及總額、淨增（減）股數、累計持有股數；具股權性質之衍生性商品，其名稱、交易日期、交易別（買或賣）、交易數量、交易單價及總額、及累計持有數量等，……。
> 本題(1)(2)(3)皆是，故選(4)以上皆是。

(4) 404 當一個基金經理人管理一個以上基金時，應遵守那些事項？
(1)公司應建立「中央集中下單制度」
(2)將投資決策及交易過程予以獨立
(3)落實職能區隔之「中國牆」制度
(4)以上皆是。

> **解析** 證券投資信託事業經理守則規定：……一個基金經理人管理一個以上基金時，除應依據主管機關規定辦理外，並應遵守下列事項：
> 1.為維持投資決策之獨立性及其業務之機密性，除應落實職能區隔機制之「中國牆」制度外，公司應建立「中央集中下單制度」，即完善建構投資決策過程的監察及稽核體系，以防止利益衝突或不法情事；並基於內部控制制度之考量，應將投資決策及交易過程分別予以獨立。……
> 故本題(4)為正確。

(4) 405 投資顧問事業從業人員行為準則針對經手人員及利害關係人帳戶往來有所規範。所謂的利害關係人不包括：
(1)未成年子女
(2)本人
(3)配偶利用他人名義投資衍生性金融商品而間接受有利益者
(4)以上皆非。

> **解析** 依據中華民國證券投資信託暨顧問商業同業公會證券投資顧問事業從業人員行為準則第7條規定：前二條所稱之利害關係人包括：一、本人配偶及其未成年子女。二、本人、配偶及其未成年子女利用他人名義投資有價證券及其衍生性金融商品而直接或間接受有利益者。
> 本題(1)(2)(3)皆包含，故應選(4)以上皆非。

(4) | **406** 林莉莉轉換生涯跑道，從銀行財務部主管轉任投信基金經理人，依據證券投資信託事業經理守則，就林莉莉的個人交易資料下列敘述何者為正確？
(1)不用申報，因為是到職前所為的交易
(2)股票交易不用申報
(3)只有以自己名義進行之交易投資必須申報
(4)以上皆非。

(4) | **407** 發發公司向全權委託經理人張三表示，如果該公司的全權委託績效報酬三個月內成長兩成，將免費提供其使用在林口高爾夫球場的公司會員證為期一個月。三個月後發發公司的委託資金代操績效如期成長達到了兩成，張三應該：
(1)不顧公司主管反對，仍執意接受該邀約
(2)未向公司報告逕自接受該邀約
(3)接受該邀約，因為這不是金錢餽贈
(4)應拒絕，並依公司所訂規範辦理。

(2) | **408** 基金銷售時有關贈品之規範為何？
(1)可以送贈品
(2)不可以送贈品
(3)可以送贈品但不能超過新台幣200元
(4)無規範。

> **解析** 依境外基金廣告及營業促銷活動行為規範第8條規定：總代理人或其委任之銷售機構從事境外基金之廣告、公開說明會及其他營業促銷活動時，不得有下列行為之一：……三、**提供贈品或以其他利益勸誘他人購買境外基金**。
> 故本題(2)不得送贈品為正確。

(4) | 409 下列何種人員不得以特定身分取得初次上市之股票？
(1)基金經理人　　　　(2)交易部主管
(3)全權委託投資經理人 (4)以上皆是。

> **解析** 依中華民國證券投資信託暨顧問商業同業公會證券投資信託事業經理守則規定：……申報之經手人員範圍：
> 1.董事與監察人屬法人者（指法人董監事及以法人股東代表人身分擔任董監事之該法人股東）。……
> 2.負責人（自然人）、部門主管、分支機構經理人、全權委託投資業務之投資經理人及基金經理人。……
> 3.其他經手人員：本人、配偶、未成年子女、本人與配偶及未成年子女利用他人名義持有者之他人。……
> 故本題(4)為正確。

(2) | 410 圓滿投信招待光明證券新竹分公司人員五天四夜泰國之旅作為基金銷售目標達成之獎勵，請問是否可行？
(1)可以接受，因為非金錢報酬
(2)不能接受
(3)經主管機關核准即可
(4)向分公司主管報備即可。

(4) | 560 金融從業人員於推介或銷售投資型金融商品時，不得有下列何者行為？
(1)向業者收受佣金回扣
(2)未經客戶授權，擅自為客戶進行交易
(3)私自挪用客戶款項
(4)以上皆是。

第六章　保密原則

✅ 金融從業人員應該做的事情

- 對帳單寄送時應注意客戶資料之隱密性，以保障客戶權益。

- 以電子郵件方式寄對帳單時，應比照網路交易認證機制，透過憑證機構之資料加密等功能才能傳送給客戶。

- 可提供客戶委託之事項給依法進行調查之主管機關或檢調單位。

- 需經過客戶同意才可以將客戶的基本資料、財務資料相互流用。

- 對提出申訴或檢舉之人的姓名與地址應予以保密，以言詞提出之案件應留存談話記錄，若以匿名或非真實姓名提出者，可不受理。

- 基於保密原則，應將客戶買賣報告書依約定方式交付客戶本人。

- 對於未能出示身份證明者、有妨礙第三人重大利益之虞者以及有妨礙職務執行之慮者，得以拒絕其個人資料申請查詢。

- 不論在職與否，對於客戶的資料都必須遵守保密原則。

- 如在應保密的訊息中發現有涉及違法行為，將有依情況向公司高層或主管機關報告之義務。

- 公司委任第三人處理相關事務，受委任的第三人應將客戶資料之使用建立內部控制機制。

- 為保護客戶資料，應使用安全的軟硬體設備，以安全傳輸、建立防火牆機制防止非法存取、應依業務權責限制使用資料人員。

- 對於金融業而言，公司的商業資料、員工的個人資料、由客戶告知的資料皆屬於機密，不能隨意給第三人。

金融從業人員不應該做的事情

- 交付給顧客關於公司未公布的財報或商業機密。
- 私下向其他人員調閱客戶之委託資料。
- 為牟取客戶最大利益，可將其他客戶之委託資料提供給自己的客戶做參考。
- 利用職務之便，洩漏或利用公司及客戶之資料圖利。
- 利用或竊用他人電子帳號及密碼進行業務或非業務行為。
- 將機密文書誤印之廢紙回收後再次利用。
- 將受託操作績效較佳的交易決策提供給自營部門參考。
- 對客戶委託交易事項及職務上所知悉之秘密，未盡保密之責。
- 金融服務業對於其客戶個人資料，放置公開場所，以便其他同仁隨時連絡服務。

- 公司委任第三人處理相關事務，受任第三人將客戶資料提供關係企業促銷業務。

- 基於職務的關係而獲得的客戶資料轉賣給別人。

💬 其他重點記憶

- 保密原則：
  (1) 不得以任何方式洩漏予和執行該業務無關之人。
  (2) 不得為交付目的以外之利用。
  (3) 應以善良管理人之注意義務管理之。

- 不適用保密原則的情況：
  (1) 於資料揭露前已為公眾所知。
  (2) 依相關法令要求被揭露者，非因從業人員違反保密義務時。

本章分類題庫 ....

(3) | **15** 證券商之業務人員平常執行業務，下列敘述何者為正確？

(1)基於業務之便，可以任意調閱客戶資料

(2)工作時無意間看見公司機密，基於服務客戶與利益共享，於是與客戶分享

(3)關於客戶的基本資料或買賣證券資料，基於職業道德之保密原則，不對外洩漏

(4)為了業務需要，業務人員可以自行製作誇大績效的文宣，以吸引並招攬客戶。

> **解析** 中華民國證券投資信託暨顧問商業同業公會證券投資顧問事業從業人員行為準則第3條：……
> 五、保密原則：妥慎保管客戶資料，**禁止洩露機密資訊或有不當使用之情事**，以建立客戶信賴之基礎。
> 故本題(3)為正確。

(1) | **142** 金融從業人員不應該有下列何種行為？

(1)以職務上所知悉消息，告知第三人

(2)不得利用客戶名義或帳戶，為自己或第三人買賣

(3)不得有隱瞞、利誘客戶之行為

(4)接受客戶委託買賣時，不得以自己之計算為買入或賣出之相對行為。

> **解析** 證券投資信託基金管理辦法第60條：……基金保管機構之董事、監察人、經理人、業務人員及其他受僱人員，**不得以職務上所知悉之消息從事有價證券買賣之交易活動或洩漏予他人**。
> 故本題(1)為正確。

(1) | **168** 有關金融從業人員辦理全權委託業務，下列敘述何者為非？
(1)對於客戶資料，沒有保密之義務
(2)不可誤導客戶不正確之價值及理財觀念
(3)應充分告知客戶產品之性質與內容
(4)應避免不當銷售或推介之行為。

> **解析** 中華民國證券投資信託暨顧問商業同業公會證券投資信託事業證券投資顧問事業經營全權委託投資業務操作辦法第十七條第七項之法律意見書要點第3條：……8.各該契約當事人因處理全權委託投資業務所知悉契約相對人或第三方之相關資訊內容，均應負保密義務。……
> 故本題(1)為正確。

(4) | **317** 金融從業人員對於客戶資料，不應有下列何種行為？
(1)妥為保管　　　　　(2)不得出售
(3)應有保密之義務　　(4)提供同業參考。

(4) | **411** 金融從業人員從事保險業務招攬後，擅自將所蒐集客戶之個人資料，轉交給第三人，該行為如何？
(1)正常行為　　　　　(2)異常行為
(3)適法行為　　　　　(4)違法行為。

> **解析** 依信託業應負之義務及相關行為規範規定：信託業對於委託人及受益人之往來、交易資料除法律或主管機關另有規定外，應保守秘密，嚴禁洩漏或有不當使用之情事。
> 故本題(4)為正確。

(4) | **412** 金融從業人員得否蒐集或利用他人個人資料？
(1)不可以　　　　　(2)視情況而定
(3)可以　　　　　　(4)可以，但須依相關法規辦理。

解析 個人資料保護法第19條：非公務機關對個人資料之蒐集或處理，除第六條第一項所規定資料外，應有特定目的，並符合下列情形之一者：
一、**法律明文規定**。……
故本題(4)為正確。

(1) 413 金融從業人員違反相關法律之規定，致當事人權益受損者，應負之責任為何？
(1)損害賠償責任　　　　(2)道義責任
(3)不需負責　　　　　　(4)以上皆是。

(1) 415 金融從業人員從事保險業務招攬，於下列何時，應對客戶資料盡保密之義務？
(1)業務員在職時或離職後　　(2)僅於業務員招攬業務時
(3)僅於業務員將資料歸檔時　(4)以上皆非。

(4) 416 下列何者為金融從業人員從事保險業務招攬時，應注意之事項？
(1)除非有法律規定，否則不得洩露客戶資料
(2)妥善保管客戶資料，避免讓不相關的第三人取得
(3)不得銷售或販賣客戶資料
(4)以上皆是。

(1) 417 金融從業人員於業務上獲取客戶之個人資料，應以何種態度面對？
(1)不得隨意直接或間接對第三人洩露
(2)只要非出於故意之揭露，即無庸負責
(3)以漠不關心態度面對
(4)基本資料可以洩露無妨。

> **解析** 依中華民國證券投資信託暨顧問商業同業公會「證券投資信託及顧問事業與兼營他事業或由他事業兼營之利益衝突防範實務守則」規定：客戶資料保密：……契約簽訂之雙方原則上均負有保密義務。非依法令規定，提供服務業務握有客戶資料之一方，其任一職員不得洩漏客戶之個人（或團體）資料、或洩漏其職務上所獲悉涉及客戶之秘密。
> 故本題(1)為正確。

(2) | **418** 金融從業人員對於客戶資料之維護，應如何處理才算適當？
(1)客戶特別叮嚀時再注意就好
(2)應盡善良管理人之注意義務
(3)可用以換取利益
(4)視與客戶關係而定。

(3) | **419** 金融從業人員對於經手業務所得知之客戶訊息，應抱持如何態度始屬適當？
(1)可在市場上交換獲取利益
(2)反正我不洩露，別人也會洩露
(3)本於職業道德，應予維護
(4)視狀況而定。

(4) | **420** 金融從業人員基於保密原則：
(1)應注意對帳單寄送時客戶資料之隱密性，以保障客戶權益
(2)以電子郵件方式寄對帳單者，應比照網路交易認證機制，透過憑證機構之資料加密等功能，始得傳送予客戶
(3)非依法令所為之查詢，不得洩露客戶委任事項及其他業務上所獲悉之秘密
(4)以上皆是。

> **解析** 基於保密原則，應妥慎保管客戶資料，禁止洩露機密資訊或有不當使用之情事，藉以建立客戶信賴之基礎。
> 本題(1)(2)(3)皆符合保密原則，故(4)以上皆是為正確。

(1) | **421** 金融服務業如經客戶同意以電子郵件方式寄送對帳單者：

(1)應比照網路交易認證機制，須透過憑證機構之資料加密等功能，始得傳送予期貨交易人

(2)經客戶同意，不需網路交易認證機制，只需有客戶電子郵件信箱即可寄送

(3)電子郵件寄送方式，只要能取得客戶的電子郵件閱讀回條，即可不需網路交易認證機制

(4)為預防電腦駭客取得客戶資料，不可以電子郵件方式寄送對帳單。

> **解析** 依已建立網路認證機制之期貨商，對已取得網路認證機構電子簽章之客戶，以電子郵件方式寄送買賣報告書或對帳單相關作業程序規範：以電子郵件方式寄送買賣報告書或對帳單者，**應比照網路交易認證機制**，**須透過憑證機制之資料加密等功能，始得傳送予期貨交易人**。
> 故本題(1)為正確。

(2) | **422** 金融服務事業基於金控共同行銷策略：

(1)不須經客戶同意，可將客戶之基本資料、財務資料相互利用

(2)必須經客戶同意，方可將客戶之基本資料、財務資料相互利用

(3)若未經客戶同意，僅可將客戶之基本資料相互利用，財務資料不可利用

(4)若未經客戶同意，僅可將其客戶之財務資料相互利用，基本資料不可利用。

> **解析** 金融控股公司子公司間共同行銷管理辦法第11條規定：金融控股公司之子公司間交互運用客戶資料，基於行銷目的蒐集個人資料時，不得為行銷目的外之利用，並應切實依下列規範辦理：一、於揭露、轉介或交互運用客戶資料時，除法令另有

規定、**經客戶簽訂契約或書面明示同意者外**，所揭露、轉介或
交互運用之資料不得含有客戶姓名或地址以外之其他資料。
故本題(2)為正確。

(4) 　**423** 對於客戶之申訴或檢舉案件，下列敘述何者適當？
(1)若以匿名或不以真實姓名檢舉提出者，可以不受理
(2)對於申訴或檢舉人之姓名、地址須予以保密
(3)以言詞提出申訴或檢舉之案件，應留存談話紀錄
(4)以上皆是。

(4) 　**424** 對於金融從業人員應有之態度，下列敘述何者正確？
(1)應妥慎保管客戶資料，除依法令所為之查詢外，不得洩
露客戶委託事項
(2)不得利用職務之便，洩露或利用公司及客戶之資料圖利
(3)不得利用或竊用他人電子帳號及密碼，為任何業務或非
業務行為
(4)以上皆是。

(3) 　**425** 當金融從業人員知悉客戶未經授權利用他人名義從事商品
交易時：
(1)應接受其委託並為其保守秘密
(2)在客戶承諾補具授權書的情況下，先接受其委託進行交易
(3)拒絕接受其委託進行交易
(4)可有條件地接受其委託進行交易。

(1) 　**426** 金融服務業寄送客戶買賣報告書時，何者敘述適當？
(1)基於保密，應依約定方式交付客戶本人
(2)基於保密，一律由客戶親至公司領取
(3)選項(1)及(2)皆是
(4)以上皆非。

解析 依期貨商管理規則第39條規定：期貨商受託從事期貨交易，應於成交後製作買賣報告書，交付期貨交易人簽名或蓋章。故本題(1)為正確。

(2) 427 金融服務業對於其客戶個人資料之處理方式，何者敘述有誤？
(1)依照個人資料保護法辦理
(2)可放置公開場所，以便其他同仁隨時連絡服務
(3)須經客戶同意，方可將客戶之基本資料、財務資料通用
(4)資訊人員應對客戶資料具保密之義務。

(3) 428 金融從業人員應本保密原則，忠實執行業務，何者敘述有誤？
(1)可提供客戶委託之事項予依法進行調查之主管機關或檢調單位
(2)如經客戶同意，可將客戶之基本資料、財務資料互為通用
(3)可為了保護個人隱私，以非真實姓名從事金融商品交易分析
(4)未能出示身分證明文件者，可拒絕就其個人資料申請查詢。

(1) 429 金融服務業之委任客戶A君之配偶，若未經授權要求提供A君之買賣報告書供其參考：
(1)不可提供A君之買賣報告書給其配偶
(2)可提供A君之買賣報告書給其配偶
(3)需A君之配偶填寫申請書並簽名才可以提供
(4)僅能陪同A君之配偶現場閱覽。

(2) 430 下列何者不是金融服務業之從業人員必須禁止的行為？
(1)交付給客戶公司未公佈的財報
(2)交付給客戶公司依法已公開的資訊
(3)交付給客戶公司的商業機密
(4)以上皆非。

(2) | **431** 基於職務的關係而獲得的客戶資料，金融服務業之從業人
員應該如何做才正確？
(1)由於大環境不佳，基於自己未來生活著想，可以將客戶
資料轉賣給別人
(2)必須忠於保密原則，決不對外洩露
(3)隨意丟棄，不整理
(4)以上皆是。

(4) | **432** 證券商基於防制洗錢及打擊資恐目的，需要持續監控客戶
之帳戶及其交易，下列何者屬於疑似洗錢、資恐或武擴客
戶帳戶類的交易態樣？
(1)開立多個帳戶，且實質受益人為同一人者
(2)客戶係屬重要政治性職務人員，但意圖規避正確且完整
的填寫申請表格，或未充分說明其資金或有價證券之來
源正當性者
(3)以不同公司名義但皆有相同之法定代表人或有權簽署
人，開立數個帳戶者
(4)以上皆是。

> **解析** 疑似洗錢、資恐或武擴交易態樣：
> (二)無正當理由開立多個帳戶，且實質受益人為同一人。……
> (七)客戶係屬重要政治性職務人士，但意圖規避正確且完整的
> 填寫申請表格，或未充分說明其資金或有價證券之來源正當
> 性。……(九)以不同公司名義但皆有相同之法定代表人或有權
> 簽署人，開立數個帳戶。
> 故本題(4)為正確。

(3) **433** 證券商之從業人員，如發現公司內部有違反法令規章或職業道德之情事時，下列何者是最好的作法？
(1)與自己沒有利害關係，假裝沒有看到
(2)私下告訴同業的朋友
(3)立刻向公司總經理或董事長或其他適當人員呈報
(4)直接向檢調機關檢舉。

解析 證券商從業人員發現公司內部有違反法令規章或職業道德之情事，應立即向總經理或董事長或其他適當人員呈報。
故本題(3)為正確。

(4) **434** 證券商基於防制洗錢及打擊資恐目的，需要持續監控客戶之帳戶及其交易，下列何者屬於疑似洗錢、資恐或武擴交易類的交易態樣？
(1)新開戶或一定期間內無交易之帳戶突然大額交易者
(2)客戶突然大額匯入或買賣冷門、小型或財務業務不佳之有價證券，且無合理原因者
(3)無正當理由短期內連續大量買賣特定股票者
(4)以上皆是。

(4) **435** 關於政府對證券商管理之保密及不得為之行為的法令規定，誰應該遵守？
(1)證券商之業務人員　　(2)證券商之受僱人
(3)證券商本身　　　　　(4)以上皆是。

解析 中華民國證券投資信託暨顧問商業同業公會證券投資顧問事業從業人員行為準則第3條：負責人、業務人員及所有受僱人員應秉持下列之業務經營原則，共同為維護證券投資顧問公司之聲譽與發展而努力：……五、保密原則：妥慎保管客戶資料，禁止洩露機密資訊或有不當使用之情事，以建立客戶信賴之基礎。
故本題(4)為正確。

(1) | **436** 下列何者屬於證券商的商業機密，身為公司的員工，不可
對第三者透露？
(1)客戶及其買賣交易證券的相關資料
(2)公司名稱、營業處所、聯絡電話、電子郵件信箱等資料
(3)公司官方網站提供的資訊
(4)以上皆是。

> **解析** 中華民國證券投資信託暨顧問商業同業公會證券投資顧問
> 事業從業人員行為準則第26條：非因職務需要或公司書面同
> 意，不得於任職期間內或期間終止後，**洩露或利用公司或其客**
> **戶任何機密、通訊往來、帳戶、關係或交易**，或任何其於受僱
> 期間所接觸獲得之資訊，亦不得藉由該項資訊獲取財務利益。
> 故本題(1)為正確。

(2) | **437** 關於證券之從業人員職業道德行為之保密規範，下列敘述，
何者為非？
(1)未經主管機關同意，不得對執行職務無關之人洩漏主管
機關金融檢查報告
(2)出席公司股東會領取該公司議事手冊或年報
(3)不得洩漏或交付依洗錢防制法規定向法務部調查局申報
疑似洗錢交易案件相關資料
(4)證券商對於非應依法令所為之查詢，不得洩漏客戶委託
事項及其他業務上所獲悉之秘密。

(4) | **438** 金融從業人員辦理業務應予保密，下列何者為非？
(1)客戶資料　(2)商品機密　(3)公司業務機密　(4)業務簡介。

(1) | **439** 金融從業人員辦理業務對客戶資料之保密，以下何者為非？
(1)客戶基本資料無須保密
(2)客戶帳務資料應予保密
(3)客戶信用資料應予保密
(4)客戶投資及保險資料應予保密。

(3) 440 為保護客戶資料，以下措施何者是錯誤的？

(1)應使用安全的軟硬體設備以安全傳輸

(2)應建立防火牆機制防止非法存取

(3)應限制客戶登錄公司網站

(4)應依業務權責限制使用資料人員。

(3) 441 下列何種情況客戶資料可與子公司間得以進行共同行銷？

(1)與客戶簽訂契約   (2)經客戶書面同意

(3)選項(1)或(2)   (4)以上皆非。

> **解析** 金融控股公司子公司間共同行銷管理辦法第11條規定：金融控股公司之子公司間交互運用客戶基於行銷目的蒐集個人資料時，不得為行銷目的外之利用，並應切實依下列規範辦理：一、於揭露、轉介或交互運用客戶資料時，除法令另有規定、**經客戶簽訂契約或書面明示同意**者外，所揭露、轉介或交互運用之資料不得含有客戶姓名或地址以外之其他資料。
> 故本題(3)正確。

(3) 442 金融從業人員使用客戶資料於第三人間交互運用，應如何處理？

(1)可以直接使用   (2)應經客戶口頭同意

(3)應經客戶書面同意   (4)應經客戶事後同意。

> **解析** 金融控股公司及其子公司自律規範第6條規定：金融控股公司之各子公司間進行共同行銷，於揭露、轉介或交互運用客戶資料時，應符合下列情形之一：
> 一、符合法令或主管機關之規定者。
> 二、**經客戶簽訂契約或書面同意者**。
> 故本題(3)為正確。

(2) 443 金融從業人員使用公司機密文件，以下何者有誤？
(1)如非必要應儘量免用或減少副本
(2)機密文書誤繕誤印之廢紙應予回收再利用
(3)非經權責主管人員核准，不得攜出辦公處所
(4)會議使用之機密資料，會議結束應當場收回。

(3) 444 金融從業人員受託管理客戶財產時應注意保密事項，以下何者是錯誤的？
(1)管理決策執行過程應保守秘密
(2)受託交易之執行應保守秘密
(3)受託操作績效佳之交易決策應供自營部位參考
(4)管理決策與交易之執行嚴禁洩露或不當使用。

(1) 445 公司委任第三人處理相關事務，受任第三人應注意下列保密事項，何者為錯誤？
(1)客戶資料得提供關係企業促銷業務
(2)客戶資料不得外洩
(3)客戶資料不得不當利用
(4)客戶資料之使用應建立內部控制機制。

(2) 446 以下所述有關客戶資訊之使用，何者是錯誤的？
(1)於公司內部應設置防火牆防止資訊外洩
(2)為提高業務績效，得提供予非相關業務人員使用
(3)拒絕提供予其他非辦理業務人員使用
(4)應適當監管以防止客戶之資訊不當交流或不當共用。

> **解析** 依信託業應負之義務及相關行為規範第36條規定：……
> (二)於公司內部設置防火牆，**辦理信託業務人員得拒絕或不使用某項資訊或拒絕提供或透露予信託業內其他非辦理信託業務人員使用**，以防止委託人或受益人之資訊不當交流或不當共用，並為適當監管。
> 故本題(2)有誤。

(1) 447 妥慎保管客戶資料，確認與客戶相關資料及客戶隱私之保密性，屬下列何項原則？
(1)保密原則　(2)能力原則　(3)資訊公開原則　(4)客觀性原則。

(4) 448 金融從業人員對於客戶之相關資料：
(1)可任意放置　(2)可隨便公開　(3)不須保密　(4)確實保密。

(3) 449 所謂保密原則，下列何者為非？
(1)對存款人的法定代理人不必保密
(2)客戶的住址資料必須保密
(3)存款餘額100萬元以上才須保密，100萬元以下請示主管即可
(4)保密對象包含駐守銀行的警察。

(2) 450 若有第三人欲索取當事人之帳戶資料，何者為非？
(1)須經當事人書面同意方可為之
(2)須主動積極提供之，以表現金融從業人員之熱誠
(3)經當事人之法定代理人書面同意方可為之
(4)依保密原則，可直接拒絕對方之要求。

(3) 451 身為金融從業人員不得有下列何種行為？
(1)對客戶委託交易事項嚴加保密
(2)對職務上所知悉之秘密，盡其保密之責
(3)對外散播誇大、偏頗或不實之訊息，有礙金融市場之穩定
(4)對於所擁有、使用、管理或交易之紀錄資料保持合理之正確性及完整性。

> **解析** 票券商負責人及業務人員管理規則第12條：票券商負責人及業務人員不得有下列行為……十、**對外散播誇大、偏頗或不實之訊息，有礙金融市場之穩定**。
> 故本題(3)為非。

(4) | **452** 從業人員對於自客戶取得之機密資料應盡保密義務，所謂
保密原則下列何者正確？
(1)不得以任何方式洩露予與執行該業務無關之人
(2)不得為交付目的以外之利用
(3)應以善良管理人之注意義務管理之
(4)以上皆是。

(4) | **453** 基於職務關係而獲悉與業務相關尚未公開之重大消息，於
該重大消息未公開前不得為誰使用？
(1)自己　(2)客戶　(3)其他第三者　(4)以上皆是。

(3) | **454** 從業人員對於所屬公司之機密資料在下列何種情形下可不
適用「保密原則」？
(1)於資料揭露前已為公眾所知
(2)依相關法令要求被揭露者，非因從業人員違反保密義
　　務者
(3)選項(1)及(2)
(4)以上皆非。

(4) | **455** 下列何人對於公司本身或客戶之資訊，除經授權或法律規
定公開外，應負有保密責任？
(1)董事　　　　　　　　(2)監察人
(3)經理人　　　　　　　(4)以上皆是。

> **解析** 金融控股公司子公司間共同行銷管理辦法第11條規定：對
> 客戶資料使用之作業，應建立完善之保密措施，設置專責單位
> 或人員負責，且應建立客戶資料庫，妥善儲存、保管及管理客
> 戶相關資料，及建立該客戶資料庫之安全措施，僅被授權員工
> 始可使用客戶資料。
> 故本題(1)(2)(3)皆應負保密責任，故選(4)以上皆是。

(1) | 456 金融從業人員對於客戶的資料，應如何處理？
  (1)予以保密
  (2)未經客戶同意，提供給關係企業做行銷
  (3)告知同事給予參考
  (4)讓其他客戶瞭解。

(1) | 457 金融從業人員得知客戶個人資料，應如何處理？
  (1)予以保密   (2)可用於私人用途
  (3)販售給非法單位 (4)隨意揭露給他人。

> **解析** 金融從業人員得知客戶個人資料，應予以保密。
> 故本題(1)為正確。

(1) | 458 金融從業人員在公共場所不得有之行為：
  (1)談論公司重要機密 (2)談論國家大事
  (3)談論藝文趣事 (4)談論個人未來計畫。

(2) | 459 金融從業人員為客戶辦理財富管理，對客戶本身的資產、各項資料及隱私都應該妥慎保管不得洩露或不當使用，以符合下列何種原則？ (1)利益衝突原則 (2)保密原則(3)禁止原則 (4)告知原則。

(4) | 460 金融從業人員對於取自客戶之相關資料或資訊應不得為下列之行為？ (1)公開 (2)販售 (3)複製 (4)以上皆是。

(4) | 461 金融從業人員對公司或其客戶之資訊，除經授權或法律規定公開外，應負有保密義務，理由為何？
  (1)可能為競爭對手所利用
  (2)洩露未公開資訊之後對公司有所損害
  (3)洩露未公開資訊之後對客戶有所損害
  (4)以上皆是。

(2) | 462 妥善保管客戶資料，確保客戶相關資料及客戶隱私之保密性，是屬下列哪一原則之表現？
(1)守法原則 　　　　　(2)保密原則
(3)能力原則 　　　　　(4)誠信原則。

(4) | 464 有關銀行授信資料，下列敘述何者為正確？
(1)應有保密之義務
(2)不得向他人出售、洩露
(3)不得提供自己或他人使用
(4)以上皆是。

> **解析** 依金融機構作業委託他人處理應注意事項：金融機構應要求受託機構之聘僱人員對於客戶資料均有保密之義務，不得向他人出售、洩漏或提供自己或他人使用。
> 故本題(4)為正確。

(4) | 465 信用卡推廣人員與特約商店辦理簽約時所檢附之合約資料，應如何處理？
(1)妥為保管 　　　　　(2)不得移做他用
(3)不將資料外洩給第三人 (4)以上皆是。

(4) | 466 金融從業人員對經辦業務所取得之客戶資料，下列行為何者是正確的？
(1)可販售予第三人
(2)不可販售予其他客戶，但可以跟其他同業交換
(3)可提供給自己親友開設的公司參考
(4)除法律另有規定外，應保守秘密。

(4) | 467 信用卡發卡機構之聘僱人員對於客戶資料，下列何者為正確？
(1)應有保密之義務 　　　　　(2)不得向他人出售、洩露
(3)不得提供自己或他人使用 (4)以上皆是。

> **解析** 信用卡與現金卡及其相關業務委外行銷自律規範第12條規定：發卡機構應要求受委託機構與委外行銷人員及其他聘雇人員對於有關發卡機構業務及客戶資料均有保密之義務，不得向他人出售、洩漏或提供自己或他人使用。
> 故本題(4)為正確。

(2) | **468** 下列有關金融從業人員對於客戶資料之陳述，何者為是？
(1)得對外任加討論　　　　(2)不得任意對外發表
(3)得對無權過問之同仁洩漏　(4)沒有保密之義務。

> **解析** 金融從業人員對於客戶資料之陳述：
> 1.不得對外任加討論。
> 2.不得任意對外發表。
> 3.不得對無權過問之同仁洩漏。
> 故本題(2)為正確。

(3) | **469** 金融從業人員對於客戶資料處理方式，下列何者為正確？
(1)得提供他人使用　　　　(2)得向他人出售、洩露
(3)不得出售或提供他人使用　(4)可與同業交換使用。

(4) | **470** 為強化客戶對金融機構的信賴，金融從業人員對客戶資料之處理，以下敘述何者正確？
(1)對於客戶資料之保密應依據相關主管機關之法令規定辦理，善盡對客戶資料保密之職責
(2)對於客戶資料之保密，除法令規定外，未經客戶簽訂契約或書面表示同意前，不得以任何方式洩露往來客戶之相關業務資料
(3)若發生客戶資料外洩時，應依內部之通報程序向相關主管報告，儘速研議緊急補救措施，並審酌案件內容通報主管機關或治安單位
(4)以上皆是。

(3)｜471 投信投顧公會公司對於會員負責人與受僱人基於職務關係而獲悉公開發行公司尚未公開的重大消息，應如何規範？
(1)應訂定內部處理程序
(2)獲悉消息者應立即向公司指定人員或部門提出書面報告
(3)選項(1)及(2)
(4)以上皆非。

(4)｜472 進行全權委託投資業務之金融從業人員得將客戶帳戶往來資料透露給誰？
(1)同集團的投顧公司　　　　(2)人事部門主管
(3)投信旗下基金的經理人　　(4)以上皆非。

(4)｜473 下列對金融從業人員保密義務之敘述，何者正確？
(1)離開原職後即不受拘束
(2)客戶因個人資料洩露所受損害全數由公司賠償，相關人員完全免責
(3)只要不洩露客戶資訊，用來獲取財務利益無妨
(4)以上皆非。

> **解析** 對金融從業人員保密義務之敘述：
> 1.離開原職後仍應負保密義務。
> 2.客戶因個人資料洩露所受損害全數由公司賠償，相關人員付連帶責任。
> 3.不可洩露客戶資訊來獲取財務利益。
> 故本題(4)為正確。

(3)｜474 下列就金融從業人員對客戶資料之保密原則的陳述何者正確？
(1)不得透露予依法所進行調查行為之主管機關或司法人員
(2)不得透露予公司指定之授權人員
(3)應妥慎保管客戶資料
(4)提供關係企業進行業務促銷。

(3) | **557** 下列關於金融從業人員辦理投資型金融商品推介或銷售業務時，下列應遵守之事項何者有誤？
(1)依據客戶風險之承受度提供客戶適當之商品
(2)避免不當銷售或推介之行為
(3)不可販售客戶資料，惟可提供給自己親友開設的公司參考
(4)廣泛了解客戶之家庭背景、生涯規劃。

第七章 遵守法律規範與自律

 金融從業人員應該做的事情

這樣的投資比較適合你...

- 基於職務關係而獲悉公開發行公司尚未公開之重大消息應訂定處理程序，於該重大消息未公開前，不得為自己、客戶、其他第三人或促使他人買賣該公開發行公司之有價證券。

- 對於客戶之資料應盡到善良管理人之注意義務。

- 面臨利益誘惑或不當威脅時，均應遵守法令與道德規範。

- 對內部人員有違規事件發生時，應主動向主管報告。

- 如有觸法經主管機關發函要求暫停職務者，應依法暫停執行業務並自我改進。

- 遵守從業人員自律規範、政府機關命令與公司規章。

- 銷售商品的廣告，應遵守公平交易法、消費者保護法與其他相關法令。

- 在法律範圍、道德範圍之內，並以不影響公眾利益為原則之下自由經營。

- 遇到利益衝突事件，應主動向上級報告。

- 客戶合法權益受到侵害時，應正面回應，並做妥善處理。

- 需隨時注意業務相關法律之更新。

- 需具有專業才識，能遵守最高執業倫理道德標準，並具備「慈善」的基本優點及「愛」的觀點。

- 面對客戶的所有要求，不論合理與否，都應該遵照公司規定辦理。

- 金融從業人員應確實遵守法令規範，如有觸法，經主管機關發函要求暫停職務者，則依法暫停執行業務並自我改進。

- 法律規範與道德的基本原則包括：忠實執行工作，並以事實為根據，以公司規定的條款為準則，嚴明紀律，保守秘密，互相尊重，相互配合。

- 資本市場是信用市場，市場參與者相互間的信用是市場存在的基礎及價值，證券交易法對於破壞市場信用的行為，內線交易、人為操縱股價、有價證券之募集、發行、私募或買賣有虛偽、詐欺或其他足致他人誤信之行為，通常會處以最嚴屬的處分。

- 金融從業人員自律規範中，有關個人交易須申報的帳戶規範對象，為以自己、利害關係人名義、直接或間接受有利益之配偶開立之帳戶。

金融從業人員不應該做的事情

- 對外散播誇大、偏頗或不實之訊息，阻礙金融市場之穩定。

- 違反法令、相關規章、會員自律公約，破壞同業和諧及公共利益。

- 未考取執照前，借用其他業務員名義來執行業務。

- 客戶之委託下單與自己的判斷不同時，為替客戶牟取最大利益而延遲執行交易。

- 以所獲得之未公開、具價格敏感性之相關資訊從事交易。

- 拉攏同業一起炒作特定商品。

- 掩飾或隱匿因自己或他人重大犯罪所得財物或財產上利益。

- 收受、搬運、寄藏或收買他人因重大犯罪所得財物或財產上利益。

- 洩漏或交付關於申報疑似洗錢交易或洗錢犯罪嫌疑之文書、圖畫、消息或物品。

- 向上市公司募集基金，並將所經理的基金投資於該上市公司的股票。

- 掩飾或隱匿因自己或他人重大犯罪所得財物或財產上利益者。

- 對於公司各項文件、函電、簿冊、圖表、典章制度、公物等,得以攜出並對外談論。

- 為保障自身利益,對授信客戶重大不良訊息不宜互相通報。

◎ 其他重點記憶

- 保險業送審保險商品時,應依相關法令、主管機關訂定審查保險商品應注意事項及主管機關指定或委託之國內專業學會或其他相關單位訂定之實務處理原則、自律規範或職業道德規範辦理。

- 金融服務業不得以下列手法招攬人才:(1)以高額簽約金不當挖角。(2)以誹謗同業的方式惡意挖角。(3)誇大不實的宣稱公司福利優於同業來騙取人才。

- 金融服務業應制訂完整的內部控制及稽核制度,並確實遵循。

- 金融服務業應秉持誠信公平原則,儘速處理交易糾紛,確實遵守洗錢防制法及相關規定,建立完備的內控內稽制度並確實實行。

- 自律規範藉由本業自我約束力量使市場秩序更臻完善。

- 懲戒違反道德行為準則之員工時,應給予申復機會及救濟管道。

- 道德行為規範包括以下原則:(1)守法原則。(2)誠信原則。(3)自律原則。(4)保密原則。(5)能力原則。(6)資訊公開原則。(7)客戶利益優先原則。(8)利益衝突原則。(9)禁止不當得利原則。

- 保險法強制規定在有利被保險人的情況之下可變更契約內容。

- 保險契約簽訂後,契約雙方應遵守簽訂條件與條款,確實履行各自的義務與責任,明確使被保險人的利益受到法律的保障。

- 法律規範與道德的基本原則包括:(1)忠實執行工作,並以事實為根據。(2)以公司歸訂的條款為原則,嚴明紀律,保守秘密。(3)相互尊重,相互配合。

- 違反會員自律公約者將處以違約金,並停止其應享有之部分或全部權益。

- 下列身份不得擔任票券金融公司之董事或經理人:(1)票券金融公司監察人二親等內之血親或一親等姻親。(2)票券金融公司監察人之配偶。

- 各公司有管理事務及簽名權利的人受到道德行為準則所規範。

- 金融消費者保護法之立法目的:保護金融消費者權益,公平、合理、有效處理金融消費爭議事件,增進金融消費者對市場之信心,促進金融市場健全發展。

- 金融服務業應充分瞭解客戶,以確保商品或服務對金融消費者之適合度。

- 金融服務業應說明金融商品、服務、契約之重要內容,並充分揭露風險。

- 財團法人金融消費評議中心之任務:(1)處理金融消費爭議。(2)辦理金融消費教育宣導。

- 金融消費者就金融消費爭議事件應先向金融服務業提出申訴,金融服務業應於收受申訴之日起30內為適當之處理。

- 金融消費者不接受處理結果者或金融服務業逾期不為處理者,金融消費者得於收受處理結果或期限屆滿之日起60日內,向爭議處理機構申請評議。

- 投顧事業業務廣告如違反相關規範,投信投顧公會應進行查證,對於涉有違反規範之情事者將提公會自律委員會審議。

- 金融消費者保護法所指稱的金融服務業是指銀行業、信託業、保險業、證券業、期貨業、投信業、投顧業。

本章分類題庫 ···

(4) 20 依證券交易法規定，證券商非加入同業公會不得開業，而加入證券商同業公會必須簽屬會員自律公約，下列何者是屬於證券商會員應共同信守的基本要求？

(1)不得有破壞同業共同利益之情事

(2)不得有破壞同業信譽之情事

(3)不得以不當之方法直接或間接阻礙其他會員之業務發展或參與公平之競爭

(4)以上皆是。

> **解析** 中華民國證券商業同業公會會員自律公約第4條：本公會會員應共同信守下列基本要求：……
> 三、不得有破壞同業信譽之情事。
> 四、不得有破壞同業共同利益之情事。
> 五、不得有破壞同業和諧、合理競爭秩序或其他不當競爭之情事。
> 六、不得以不當之方法直接或間接阻礙其他會員之業務發展或參與公平之競爭。……
> 故本題(4)為正確。

(1) 22 依證券交易法規定，證券商非加入同業公會不得開業，而加入證券商同業公會必須簽屬會員自律公約，下列何者是屬於證券商會員應共同信守的基本要求

(1)不得以脅迫、利誘或其他不正當方法，獲取其他會員之行銷機密或其交易相對人之資料

(2)為取得競爭優勢，不擇手段向同業大量挖角

(3)為爭取業績，採取不合理、不正當之價格競爭行為

(4)以自有資金與市場大戶聯合炒作股票。

> **解析** 中華民國證券商業同業公會會員自律公約第4條：本公會會員應共同信守下列基本要求：……七、**不得以脅迫、利誘或其他不正當方法，獲取其他會員之行銷機密或其交易相對人之資料**。……
> 故本題(1)為正確。

(1) | **23** 證券商之從業人員應該如何充實讓自己，以建立「證券專業」的形象，並以專業服務客戶？

(1)藉由培養閱讀專業報章雜誌的習慣、參加相關專業的教育訓練、取得專業證照，以充實自己的專業知識

(2)多加利用自己本身獲取的內線消息，幫助客戶賺錢

(3)以贈品來博取客戶對自己的好感

(4)善用自己本身的人情攻勢，來行銷商品

> **解析** 證券商負責人與業務人員管理規則第18條：證券商負責人及業務人員執行業務應本誠實及信用原則。
> 證券商之負責人及業務人員，除其他法令另有規定外，不得有下列行為：
> 一、為獲取投機利益之目的，以職務上所知悉之消息，從事上市或上櫃有價證券買賣之交易活動。……
> 中華民國證券商業同業公會會員自律公約第4條：本公會會員應共同信守下列基本要求：……七、不得以脅迫、利誘或其他不正當方法，獲取其他會員之行銷機密或其交易相對人之資料。……
> 故本題(1)為正確。

(2) | **90** 下列何者為不當的私募基金業務行為？

(1)向銀行業者進行私募

(2)向一般投資人進行私募

(3)不得進行一般型廣告

(4)向金融控股公司進行私募。

> **解析** 私募基金是指投信公司在國內向特定對象募集投資資金而成立之基金，所謂特定對象是指：**銀行業、票券業、信託業、保險業、證券業或其他經主管機關核准之法人或機構**。
> 故本題(2)為非。

(1) | **91** 下列何者不是證券投信公司的基金銷售機構？
(1)票券業　　　　　　　(2)證券經紀商
(3)人身保險業　　　　　(4)銀行。

> **解析** 目前可以銷售境內基金的機構有投信公司、投顧公司、證券經紀商、信託業、銀行、人身保險業及其他經主管機關核定的機構，如郵局、信用合作社、期貨經紀商；可以銷售境外基金的機構則有投信公司、投顧公司、證券經紀商、信託業、銀行及其他經主管機關核定的機構。
> 本題(1)票券業不包含在內。

(4) | **188** 金融從業人員有下列哪種情況之一時，不可登錄為保險業務員；如果已登錄者，所屬公司應通知各有關公會註銷其登錄？
(1)申請登錄之文件有虛偽之記載者
(2)曾犯偽造文書、侵占、詐欺、背信罪，經宣告有期徒刑以上之刑確定，尚未執行完畢，或執行完畢、緩刑期滿或赦免後尚未逾三年者
(3)受破產之宣告，尚未復權者
(4)以上皆是。

> **解析** 保險業務員管理規則第7條規定：申請登錄之業務員有下列情事之一，應不予登錄；已登錄者，所屬公司應通知各有關公會註銷登錄：
> 一、無行為能力、限制行為能力或輔助宣告尚未撤銷者。
> 二、申請登錄之文件有虛偽之記載者。
> 三、曾犯組織犯罪防制條例規定之罪，經有罪判決確定，尚未執行完畢，或執行完畢、緩刑期滿或赦免後尚未逾五年者。
> 四、曾犯偽造文書、侵佔、詐欺、背信罪，經宣告有期徒刑以上之刑確定，尚未執行完畢，或執行完畢、緩刑期滿或赦免後尚未逾三年者。

五、違反保險法、銀行法、金融控股公司法、信託業法、票券
　　金融管理法、金融資產證券化條例、不動產證券化條例、
　　證券交易法、期貨交易法、證券投資信託及顧問法、管理
　　外匯條例、信用合作社法、洗錢防制法或其他金融管理法
　　律，受刑之宣告確定，尚未執行完畢，或執行完畢、緩刑
　　期滿或赦免後尚未逾三年者。

六、受破產之宣告，尚未復權者。

七、有重大喪失債信情事尚未了結或了結後尚未逾三年者。

八、依第十九條規定在受停止招攬行為期限內或受撤銷業務員
　　登錄處分尚未逾三年者。

九、依第十九條規定在受停止招攬行為期限內或受撤銷業務員
　　登錄處分尚未逾三年者。

十、已登錄為其他經營同類保險業務之保險業、保險代理人公
　　司、保險經紀人公司或銀行之業務員未予註銷，而重複登
　　錄者。

十一、已領得保險代理人或保險經紀人執業證照，或充任其他保
　　　險代理人公司、保險經紀人公司或保險公證人公司之負責
　　　人者。

故本題(4)為正確。

(4)　283 下列何者是證券商之業務人員於執行業務時本於職業道德
　　　　應避免的行為？

(1)以職務上所知悉之消息，從事上市或上櫃有價證券買賣
　　之交易活動

(2)使用人頭戶買賣有價證券獲取不正當利益

(3)私下將公司所有設備提供客戶使用

(4)以上皆是。

解析 證券商負責人與業務人員管理規則第18條：證券商負責人
及業務人員執行業務應本誠實及信用原則。
證券商之負責人及業務人員，除其他法令另有規定外，不得有
下列行為：

一、為獲取投機利益之目的，以職務上所知悉之消息，從事上市或上櫃有價證券買賣之交易活動。……八、以他人或親屬名義供客戶申購、買賣有價證券。……

故本題(4)為正確。

(4) 298 下列何者為金融從業人員應有之行為？
(1)私自從事未經主管機關核准之業務
(2)故意隱瞞有重大喪失債信情事
(3)隱匿尚有未執行完畢之刑事責任
(4)不得私自於同業兼任相關職務。

解析 證券商負責人與業務人員管理規則第4條：證券商業務人員，**不得兼任國內外其他證券商任何職務**。

故本題(4)為正確。

(4) 322 金融從業人員不宜參與下列行為或交易？
(1)利用短線操作參與投機性之證券交易
(2)與其他非個人財力所及之有關投機性之交易
(3)藉親友之名義從事交易
(4)以上皆是。

(1) 324 金融從業人員辦理全權委託業務應遵守事項，下列敘述何者為非？
(1)得向顧客收受不當佣金、酬金
(2)應避免不當銷售或推介之行為
(3)不得向他人出售、洩漏客戶資料
(4)應遵守相關法令規定。

(4) | 368 證券商為因應金融消費者客戶申訴問題，公司內部應該建制何種機制？
(1)成立客戶申訴中心
(2)加強對相關經辦及業務人員的教育宣導
(3)強化售後服務
(4)以上皆是。

> **解析** 財團法人中華民國證券櫃檯買賣中心證券商營業處所經營衍生性金融商品交易業務規則第20條：證券商應基於客戶權益保障之目的，以公平、合理、有效之方式處理客戶申訴案件。
> 證券商與一般客戶承作衍生性金融商品交易，應訂定客戶申訴案件之處理程序，其內容應包含：
> 一、設立客戶意見反映與申訴管道。
> 二、訂定適當的申訴案調查之方式及流程。
> 三、訂定負責調查之單位或人員之權責。
> 四、建立回應申訴之方式、流程及追蹤管理程序，並應符合金融消費者保護法之規定。……
> 故本題(4)為正確。

(3) | 475 金融從業人員依財產保險損害補償原則，下列何者處理方式才屬正確？
(1)一分損失可獲二分補償　　(2)二分損失只獲一分補償
(3)一分損失只獲一分補償　　(4)以上皆是。

(4) | 476 金融從業人員銷售保險商品之招攬廣告，應遵守下列那些法令？
(1)個人資料保護法　　　　　(2)消費者保護法
(3)保險法等相關法令　　　　(4)以上皆是。

> **解析** 保險業招攬廣告自律規範第2條：保險業銷售商品之招攬廣告，應遵守公平交易法、消費者保護法、金融消費者保護法及保險法等相關法令，並恪遵本自律規範。
> 故本題(4)為正確。

(4) 477 金融從業人員從事保險業務招攬時，主張保險利益原則，主要是防止什麼危險發生？

(1)政治危險　　　　　　　　(2)倫理危險

(3)職業危險　　　　　　　　(4)道德危險。

> **解析** 保險利益原則要求投保人或被保險人對保險標的具有保險利益，保險人的賠付以被保險人遭受損失為前提，這就可以防止投保人或被保險人放任或促使其不具有保險利益的保險標的發生保險事故，以謀取保險賠償，可以減少道德風險的發生。
> 故本題(4)為正確。

(2) 478 金融從業人員於保險業務招攬時，可否於保險契約中免除或減輕保險公司依保險法應負義務者？

(1)可以　　　　　　　　　　(2)不可以

(3)可以，但需要保人同意　　(4)以上皆非。

(1) 479 金融從業人員登錄為保險業務員後，依法令規定應如何加強教育訓練？

(1)每年參加所屬公司辦理的教育訓練

(2)自我進修即可

(3)閱讀其他業務員撰寫的行銷書籍

(4)以上皆是。

> **解析** 保險業務員管理規則第12條：**業務員應自登錄後每年參加所屬公司辦理之教育訓練**。
> 故本題(1)為正確。

(4) 480 金融從業人員行為準則下列何者正確？

(1)在法律範圍內自由經營　　(2)在道德範圍內自由經營

(3)不影響公眾利益自由經營　(4)以上皆是。

(4) | 481 保險契約簽訂後，契約雙方應遵守規範下列何者正確？
(1)遵守簽訂條件和條款
(2)切實履行各自的義務和責任
(3)明確被保險人利益受到法律保護
(4)以上皆是。

(2) | 482 無行為能力或限制行為能力之人申請登錄保險業務員下列
處理何者正確？
(1)可予登錄　　　　　(2)不予登錄
(3)經特准可予登錄　　(4)可自由決定登錄。

> **解析** 依保險業務員管理規則第7條規定，申請登錄之業務員有
> 無行為能力、限制行為能力或受輔助宣告尚未撤銷者情形者，
> 各有關公會應**不予登錄**；已登錄者，應予撤銷。
> 故本題(2)為正確。

(2) | 483 有重大喪失債信情事尚未了結或了結後尚未逾三年之已登
錄保險業務員，應作何處置？
(1)維持登錄
(2)若申請登錄，應不予登錄；已登錄者，所屬公司應通知
各有關公會註銷登錄
(3)撤銷或維持登錄均可
(4)經允許可維持登錄。

> **解析** 保險業務員管理規則第7條規定：申請登錄之業務員有重
> 大喪失債信情事尚未了結或了結後尚未逾三年者情形者，**各有
> 關公會應不予登錄；已登錄者，應予撤銷**。
> 故本題(2)為正確。

(3) | 484 金融從業人員銷售保險商品之招攬廣告，除應遵守相關法
令外，並應遵守什麼規定？
(1)商場守則　　　　　(2)商場資訊
(3)保險業相關自律規範　(4)以上皆是。

(3) 486 金融從業人員從事保險業務招攬，主張損害補償原則，主要理由為何？
(1)預防道德危險發生　　(2)預防損害發生
(3)預防不當得利發生　　(4)以上皆是。

解析 損害補償原則是指當保險事故發生使被保險人遭受損失時，保險人在其責任範圍內對被保險人所遭受的實際損失進行補償。保險法上所指代位權是一種保險人享有的權利，是指因保險人已履行了給付保險金的合同義務，為防止被保險人獲得不當得利，而將對於殘存物和對第三者請求權利轉移給保險人的一種法定權利。
故本題(3)為正確。

(4) 487 金融服務業及其受僱人員不得有下列何者行為？
(1)違反法令或相關規章之情事
(2)違反會員自律公約之情事
(3)破壞同業和諧及公共利益之情事
(4)以上皆是。

(1) 489 金融從業人員為了吸引並留住客戶：
(1)應自我充實，提供專業服務
(2)可以毀損其他同業商譽
(3)可以惡性殺價，與同業競爭
(4)可以幫客戶代墊款項。

(1) 491 下列何者為金融從業人員應有的職業道德？
(1)對於內部業務人員之違規事件，應主動向主管報告
(2)對於內部業務人員之違規事件，應代為掩護以維持同事情誼
(3)對於內部業務人員之違規事發暗自竊喜並落井下石
(4)對於同業之違規應大加韃伐，自家公司違規則無所謂。

(2) | **492** 關於金融服務業之敘述，下列何者為非？
(1)得秉持誠信公平原則，儘速處理交易糾紛
(2)得從事地下金融活動以牟取客戶及公司之最大利益
(3)得確實遵守洗錢防制法及相關規定
(4)得建立完備的內控內稽制度並確實執行。

(4) | **493** 金融服務業及其受僱人員不應以業績為優先考量，對於下列何者應拒絕其交易？
(1)未完成開戶手續者
(2)經評估逾越其交易能力而無法提供適當擔保者
(3)不適合該金融商品交易者
(4)以上皆是。

(2) | **494** 金融從業人員應確實遵守法令規範，如有觸法經主管機關發函要求暫停職務者，則下列行為何者適當？
(1)為不影響客戶權益，照常執行業務
(2)依法暫停執行業務並自我改進
(3)借用其他業務人員之名義執行業務
(4)以未收到發函為藉口，拒絕暫停執行業務。

(1) | **495** 金融從業人員於執行工作時，如發現其他人員有不法情事，何者敘述適當？
(1)應向主管報告，不得直接處理
(2)基於保密原則，假裝若無其事
(3)當機立斷，直接請其改正
(4)與其交換條件，牟取自身利益。

(4) **496** 從事證券及金融相關專門職業，有那些特性？
(1)維持高度職業倫理道德的承諾
(2)強制性再教育訓練的專業要求
(3)利他主義態度的普及
(4)以上皆是。

> **解析** 證券商負責人與業務人員管理規則
> 第15條：證券商之業務人員，應參加本會或本會所指定機構辦理之職前訓練與在職訓練。
> 初任及離職滿三年再任之證券商業務人員應於到職後半年內參加職前訓練；在職人員應每三年參加在職訓練。……
> 第18條：證券商負責人及業務人員執行業務應本誠實及信用原則。
> 證券商之負責人及業務人員，除其他法令另有規定外，不得有下列行為：……
> 中華民國證券商業同業公會會員自律公約第9條本公會會員經營自營業務，應共同信守下列基本要求：一、以健全證券市場發展為己任，建立正確之投資觀念，提昇自營商之形象。……六、注意勿損及公司及客戶之權益。
> 故本題(4)以上皆是。

(2) **497** 對於一個證券或金融從業人員而言，下列何者為最重要的因素？　(1)服裝儀容　(2)職業道德　(3)人脈　(4)家世背景。

(4) **499** 下列何者為證券主管機關對於證券商負責人與業務人員管理的規範事項？
(1)證券商之業務人員應參加證券主管機關或其指定機構辦理之職前訓練與在職訓練
(2)禁止證券商負責人與業務人員利用職務之機會，從事虛偽、詐欺或其他足致他人誤信之活動
(3)執行業務之人員應符合主管機關規定之資格條件
(4)以上皆是。

解析 證券商負責人與業務人員管理規則
1.第15條：證券商之業務人員，應參加本會或本會所指定機構
辦理之職前訓練與在職訓練。
初任及離職滿三年再任之證券商業務人員應於到職後半年內
參加職前訓練；在職人員應每三年參加在職訓練。……
2.第12條：證券商負責人及業務人員於執行職務前，應由所屬
證券商向證券交易所、證券商同業公會或證券櫃檯買賣中心
辦理登記，非經登記不得執行業務。……
3.第18條：證券商負責人及業務人員執行業務應本誠實及信用
原則。
證券商之負責人及業務人員，除其他法令另有規定外，不得
有下列行為：……
十、辦理承銷、自行或受託買賣有價證券時，有隱瞞、詐欺
或其他足以致人誤信之行為。
故本題(4)以上皆是。

(4) 500 為促進證券業遵守法規及落實金融消費者保護，證券商業
務人銷售衍生性金融商品不得有下列何者行為？
(1)與客戶約定分享利益或承擔損失，直接或間接要求、期
約或收受不當之金錢、財物或其他利益
(2)擅自修改或製作相關標準文件交付予客戶
(3)擅自為客戶進行交易，或私自挪用客戶款項
(4)以上皆是。

解析 證券商管理規則第37條：證券商經營證券業務，除法令另
有規定外，不得有下列行為：……二、約定或提供特定利益或
負擔損失，以勸誘客戶買賣。……十、受理未經辦妥受託契約
之客戶，買賣有價證券。……十七、挪用屬於客戶所有或因業
務關係而暫時留存於證券商之有價證券或款項。
故本題(4)為正確。

(4) | **501** 為促進證券業遵循法規及落實金融消費者保護，證券商業
務人員銷售衍生性金融商品不得有下列何種行為？
(1)引用之資訊有不實、虛偽、隱匿、誇大致客戶誤信之情事
(2)對所銷售之商品為特定結果之保證
(3)其他違反法令或自律規章之情事
(4)以上皆是。

> **解析** 證券商管理規則第37條：證券商經營證券業務，除法令另
> 有規定外，不得有下列行為：……
> 四、對客戶提供有價證券之資訊，有虛偽、詐騙或其他足致他
> 　　人誤信之行為。……
> 二十一、利用非證券商人員招攬業務或給付不合理之佣金。
> 二十二、其他違反證券管理法令或經本會規定應為或不得為之
> 　　　　行為。
> 故本題(4)為正確。

(4) | **502** 為促進證券業遵循法規及落實金融消費者保護之公平對待
客戶原則，證券商從事結構型商品之銷售或提供相關資訊
及行銷文件不得有下列何種情形？
(1)使人誤信能保證本金之安全或保證獲利
(2)提供贈品或以其他利益勸誘他人購買結構型商品
(3)誇大過去之業績或攻訐同業之陳述
(4)以上皆是。

> **解析**
> (1)證券商負責人與業務人員管理規則第18條：證券商負責人及
> 　業務人員執行業務應本誠實及信用原則。證券商之負責人及
> 　業務人員，除其他法令另有規定外，不得有下列行為：……
> 　四、對客戶作贏利之保證或分享利益之證券買賣。
> (2)證券商管理規則第37條：約定或提供特定利益或負擔損失，
> 　以勸誘客戶買賣。
> (3)中華民國證券商業同業公會會員自律公約第8條：……四、
> 　爭取承銷業務時，不得有下列不當之同業競爭行為：……
> 　(二)對同業為惡意之攻訐。……
> 故本題(4)為正確。

(4) | **503** 下列何者是證券商及其從業人員執行業務關於職業道德的行為規範？
(1)對客戶提供金融商品與服務應注意誠信與公平交易
(2)保護並適當使用公司資產
(3)執行業務必須遵循法令規章
(4)以上皆是。

解析
(1)證券商負責人與業務人員管理規則第18條：證券商負責人及業務人員執行業務應本誠實及信用原則。
(2)證券商風險管理實務守則：
　A.資產控制
　　證券商應建立資產控制系統，以保護資產（包括證券商與客戶）之安全。
　B.法規遵循
　　證券商宜設立專職之法規遵循相關部門，負責規範證券商整體財務與營運活動之相關法規，並評估與管理公司之法律風險。
故本題(4)為正確。

(2) | **504** 下列何者不是證券商及其從業人員執行業務關於職業道德的行為規範？
(1)執行業務避免利益衝突
(2)下班後與親朋好友或同學餐敘
(3)不洩露公司及客戶的機密資料
(4)遵照法令及公司管理規章的規定執行業務。

解析 中華民國證券投資信託暨顧問商業同業公會證券投資顧問事業從業人員行為準則第3條：負責人、業務人員及所有受僱人員應秉持下列之業務經營原則，共同為維護證券投資顧問公司之聲譽與發展而努力：一、忠實誠信原則：應遵守並奉行高標準的誠實、清廉和公正原則，確實掌握客戶之資力、投資經驗與投資目的，據以提供適當之服務，並謀求客戶之最大

利益，不得有誤導、詐欺、利益衝突或內線交易之行為。⋯⋯。
選項(3)證券商負責人與業務人員管理規則第18條：證券商負責人
及業務人員執行業務應本誠實及信用原則。⋯⋯證券商之負責人
及業務人員，除其他法令另有規定外，不得有下列行為：⋯⋯
二、非應依法令所為之查詢，洩漏客戶委託事項及其他職務上所
獲悉之秘密。選項(4)證券商負責人與業務人員管理規則第18條：
證券商負責人及業務人員執行業務應本誠實及信用原則。⋯⋯
故本題(2)為非。

(4) 505 下列關於職業道德的敘述何者正確？
(1)消極的職業道德指的是，若有社會大眾或同事監督時能
　　履行職業道德，無人監督或個人獨自承擔工作任務時就
　　放鬆對自己職業道德的約束
(2)被動地遵從職業道德，指的是在客觀行為人的思想深處
　　或個人意識中有職業道德的約束，能夠在關鍵時候體現
　　職業道德精神
(3)主動地遵從職業道德，將職業道德作為自己的一種人生
　　境界，一種人生價值，一種靈魂深處的「剛性」約束
(4)以上皆是。

(2) 506 如何判斷證券商的業務人員是否具有職業道德？
(1)持有多種證券、期貨、或銀行、保險的專業證照
(2)不論是否執行業務或在何時何地，均能遵守法規與自律原則
(3)擁有高額的營業業績並領取高額的營業獎金
(4)擁有廣闊的政商及人際關係。

解析 中華民國證券商業同業公會會員自律公約：本公會為督促
會員發揚自律精神，提高商業道德，確實遵守法令，加強團結
合作，共謀發展證券市場，特依據本公會委員會組織簡則第三
條第五款第一目規定訂定本公約，由本公會全體會員分別簽
署，並承諾共同信守之。
故本題(2)為正確。

(4) 507 下列何者屬於證券商及其從業人員執行業務應遵守的執業道德規範？
(1)忠實執行工作，並以事實為根據
(2)以政府的法令及公司內部管理規章的規定為準則，嚴明紀律，保守機密
(3)公司與員工、員工與員工、公司與客戶、員工與客戶間互相尊重，相互配合
(4)以上皆是。

> **解析** 法律規範與道德的基本原則包括：忠實執行工作，並以事實為根據，以公司規定的條款為準則，嚴明紀律，保守秘密，互相尊重，相互配合。
> 故本題(4)為正確。

(4) 508 證券商之從業人員日常執行業務應該遵守何種規定？
(1)遵守政府相關法令規定
(2)若遇到利益衝突事項，應主動向上級報告
(3)遵守公司所制訂的內部管理規章制度
(4)以上皆是。

> **解析** 中華民國證券商業同業公會會員自律公約第4條：本公會會員應共同信守下列基本要求：
> 一、不得有違反法令規章或其公司「業務章則」之情事。
> 二、不得有違反本公會發布之自律規則及其他規定之情事。……
> 故本題(4)為正確。

(3) 509 資本市場是信用市場，市場參與者相互間的信用是市場存在的基礎及價值，因此，證券交易法對於破壞市場信用的行為，通常會處以最嚴厲的處分，下列何者不屬於破壞市場信用的行為？　(1)內線交易　(2)人為操縱股價　(3)員工加班不依法給加班費　(4)有價證券之募集、發行、私募或買賣有虛偽、詐欺或其他足致他人誤信之行為。

(1) 510 下列何者非為充實與增進證券及金融業務人員專業的作法？

(1)參加軍事訓練

(2)參加公司內部舉辦或外部專業機構辦理之職前訓練

(3)持續定期參加公司內部舉辦及外部專業機構辦理之在職訓練

(4)各種相關證券及金融業專業證照之取得。

> **解析** 證券商負責人與業務人員管理規則第15條：證券商之業務人員，應參加本會或本會所指定機構辦理之職前訓練與在職訓練。……初任及離職滿三年再任之證券商業務人員應於到職後半年內參加職前訓練；在職人員應每三年參加在職訓練。
>
> 故本題(1)為非。

(4) 511 下列何者為確保證券商從業人員在公司遵守法令執行業務的作法？

(1)設置法令遵循單位專責負責推動

(2)對公司員工施以適當合宜的法規訓練

(3)內部稽核單位將公司法令遵循制度執行情形列入查核

(4)以上皆是。

> **解析** 證券暨期貨市場各服務事業建立內部控制制度處理準則第28條：負責法令遵循之單位應辦理下列事項：
>
> 一、建立清楚適當之法令傳達、諮詢、協調與溝通系統。
>
> 二、確認各項作業及管理規章均配合相關法規適時更新，使各項營運活動符合法令規定。
>
> 三、訂定法令遵循之評估內容與程序，並督導各單位定期自行評估執行情形。
>
> 四、對各單位人員施以適當合宜之法規訓練。
>
> 五、督導國內外分公司遵循其所在地國家之法令。
>
> 六、其他經主管機關規定應辦理之事項。……
>
> 故本題(4)為正確。

(3) | **512** 以下敘述何者為是？
(1)法規過於專業，經辦人員毋須了解法規
(2)公司主管要求時，經辦再更新法規即可
(3)經辦人員應隨時注意業務相關法規之更新
(4)以上皆非。

(4) | **513** 下列何者須符合法定之人員資格條件？
(1)信託業務人員　　　　(2)信託管理人員
(3)信託督導人員　　　　(4)以上皆是。

> **解析** 依據信託業負責人應具備資格條件暨經營與管理人員應具備信託專門學識或經驗準則：
> 第14條：信託業督導人員應符合下列信託專門學識或經驗之一：一、曾於初任前一年內參加信託業商業同業公會（以下簡稱同業公會）或其認可之金融專業訓練機構舉辦之信託業高階主管研習課程，累計三小時以上，持有結業證書。……
> 第15條：信託業管理人員應符合下列信託專門學識或經驗之一：一、曾於初任前一年內參加同業公會或其認可之金融專業訓練機構舉辦之信託業務訓練課程，累計十八小時以上，持有結業證書。……
> 第16條：信託業業務人員應符合下列信託專門學識或經驗之一：一、參加同業公會或其認可之金融專業訓練機構舉辦之信託業務專業測，持有合格證書。……
> 故本題(4)為正確。

(1) | **514** 有關人員資格之規定，以下所述何者為錯誤的？
(1)信託業僱用業務人員雖未符合資格得予試用
(2)信託業僱用新員工時應考量是否具有資格
(3)信託業應取得新進員工符合資格證明文件
(4)未符合相關資格不得調派擔任信託業務人員。

(1) | **515** 以下何者非屬自律範圍？
(1)核准營業項目　　(2)廣告自律規範
(3)客戶申訴調處辦法　(4)訂定各業自律公約。

(1) | **516** 違反會員自律公約之處置，下列何者為非？
(1)先請示主管機關，核准後再處置
(2)由各業公會依規定辦理
(3)依自律公約規定處分
(4)處分報經各公會理事會決議後執行並報知主管機關。

(4) | **517** 違反會員自律公約之處分，以下何者為非？
(1)處以違約金
(2)停止其應享有之部分或全部權益
(3)責令會員對其所屬人員為適當之處分
(4)終止會員營業執照。

解析 依中華民國證券商業同業公會會員自律公約第12條規定：本公會會員違反本公約，經紀律委員會依第13條之規定提報理事會決議，通知改善、予以警告或責令會員對其負責人或受僱人、業務自為適當之自律處置，並得視情節輕重為下列部分或全部之處分，及函報目的事業主管機關：
一、處以新台幣三十萬元以上一千萬元以下之違約金；並得按次連續各處以每次提高一倍金額之違約金，至補正改善或配合辦理為止。
二、停止會員應享有之部分或全部權益。
三、陳報主管機關為適當之處分。
故本題(4)為非。

(3) | **518** 金融從業人員基於職務關係而獲悉與業務相關，但尚未公開之重大消息時，應如何處理？
　　(1)可事前散發消息給客戶
　　(2)只洩露給親朋好友
　　(3)不得為自己、客戶、其他第三人利用該未公開之重大消息獲利
　　(4)自己私下獲利。

(2) | **519** 金融從業人員應遵守守法原則，故：
　　(1)可從事內線交易
　　(2)不得有違反或幫助他人違反法令之行為
　　(3)可洩露客戶資料
　　(4)可違反相關規定。

(4) | **520** 下列何者不得擔任票券金融公司之董事或經理人？
　　(1)該票券金融公司監察人二親等以內之血親
　　(2)該票券金融公司監察人一親等以內之姻親
　　(3)該票券金融公司監察人之配偶
　　(4)以上皆是。

> **解析** 票券商負責人及業務人員管理規則第10條規定：票券金融公司監察人之配偶、二親等以內之血親或一親等姻親，不得擔任同一票券金融公司之董事或經理人。
> 故本題(4)以上皆是。

(3) | **521** 下列何者不屬於洗錢防制法所稱金融機構？
　　(1)票券金融公司　　　　(2)證券集中保管事業
　　(3)人力銀行　　　　　　(4)信用卡公司。

> **解析** 洗錢防制法第5條規定：本法所稱金融機構，包括銀行、信託投資公司、信用合作社、農會信用部、漁會信用部、全國農業金庫、辦理儲金匯兌、簡易人壽保險業務之郵政機構、票券

金融公司、信用卡公司、保險公司、證券商、證券投資信託事業、證券金融事業、證券投資顧問事業、證券集中保管事業、期貨商、信託業及其他經金融目的事業主管機關指定之金融機構。故本題(3)為非。

(2) 522 金融從業人員在工作場所，下列何者行為不在限制範圍內？
(1)恐嚇 　　　　　　(2)合作
(3)歧視 　　　　　　(4)騷擾。

(3) 523 金融從業人員之職業道德不包含下列何者？
(1)保護公司資產 　　(2)保守客戶秘密
(3)個人利益至上 　　(4)誠信、客觀。

(1) 524 何者為金融從業人員應有之表現？
(1)知悉公司有重大舞弊案件，應循正當管道向上級通報
(2)從事不當授信、涉及嚴重違反授信原則之業務
(3)知悉公司財務及業務重大缺失，未向公司內部稽核部門報告
(4)為自己或第三人不法之利益，損害公司之利益。

解析 金融從業人員應有之表現：
1.不可從事不當授信、涉及嚴重違反授信原則之業務。
2.知悉公司財務及業務重大缺失，應向公司內部稽核部門報告。
3.不可為自己或第三人不法之利益，損害公司之利益。
故本題(1)為正確。

(3) 525 身為金融從業人員應共同信守基本之職業道德不包括下列何者？
(1)守法原則 　　　　(2)誠實原則
(3)主觀性原則 　　　(4)保密原則。

(4) **526** 金融從業人員依據洗錢防制法之規定，不得有下列何種行為？
(1)掩飾或隱匿因自己或他人重大犯罪所得財物或財產上利益者
(2)收受、搬運、寄藏或收買他人因重大犯罪所得財物或財產上利益者
(3)洩露或交付關於申報疑似洗錢交易或洗錢犯罪嫌疑之文書、圖畫、消息或物品者
(4)以上皆是。

> **解析** 洗錢防制法第2條：（112/6/14更新）
> 本法所稱洗錢，指下列行為：
> 一、意圖掩飾或隱匿特定犯罪所得來源，或使他人逃避刑事追訴，而移轉或變更特定犯罪所得。
> 二、掩飾或隱匿特定犯罪所得之本質、來源、去向、所在、所有權、處分權或其他權益者。
> 三、收受、持有或使用他人之特定犯罪所得。

(4) **527** 金融從業人員應如何強化自身之法律知識且養成自律精神？
(1)不定期檢視相關法令之規定，留意是否有更改與增訂之法律規範
(2)參與職業公會所舉辦之在職訓練
(3)秉持守法、誠信原則，在所從事之業務行為上建立誠信與專業精神
(4)以上皆是。

(2) **528** 金融從業人員之自律行為何者為非？
(1)未經許可，不得在公司工作時間內，兼任公司以外之任何職務
(2)對於公司各項文件、函電、簿冊、圖表、典章制度、公物等，得以攜出並對外談論

(3)對職務上所獲悉之任何未經公司同意公開之營業資訊負有絕對保密義務

(4)非經主管許可，不得擅自對外發表任何有關公司業務之意見。

(1) 529 金融服務業內部應加強宣導職業道德觀念，並且鼓勵員工於懷疑或發現有人違反法令規章或道德行為準則時之處理，下列何者不適當？

(1)隱忍不報　　　　　　(2)向監察人報告

(3)向經理人報告　　　　(4)向內部稽核主管報告。

(3) 530 金融從業人員為發揚自律精神，應共同信守之規範，下列何者除外？

(1)董監事對與本人有利害關係之交易，自行迴避

(2)對客戶之資料，除基於法令規定外，應保守秘密

(3)爭取業務時，與相關公司或人員間有不當利益之約定或收受

(4)不以脅迫、利誘或其他不正當方式，獲取其他同業之行銷機密或其交易人相對資料。

(4) 531 關於金融服務業從事授信業務之規範，下列敘述何者有誤？

(1)對於授信客戶，應本公平誠信及權利義務對等原則，將有關約定事項訂明於契約並告知之

(2)對授信案件應力求公正客觀並兼顧自身利益與社會公益

(3)對人員之晉用應循正當途徑延攬，並長期有計畫培訓，以充實專業知識，並提高素質

(4)為保障自身利益，對授信客戶重大不良訊息不宜互相通報。

(4)｜**532** 欲從事未經主管機關核定之業務時，應如何辦理？
(1)報請公會備查後辦理
(2)俟呈報董事會通過後辦理
(3)經股東大會通過後即可辦理
(4)經主管機關核准後方得辦理。

(4)｜**533** 金融相關從業人員之資格條件，下列何項不在優先考慮範圍之內？
(1)品德　　　　　　　　(2)專業
(3)相關經驗　　　　　　(4)性別。

> **解析** 性別工作平等法第1條規定：為保障性別工作權之平等，貫徹憲法消除性別歧視、促進性別地位實質平等之精神，爰制定本法。
> 故本題(4)為正確。

(3)｜**534** 金融從業人員於尚未符合相關人員資格時：
(1)可經辦各項業務
(2)代理經辦相關業務
(3)不得經辦相關業務
(4)於能力範圍內，仍可執行相關業務。

(4)｜**535** 關於金融從業人員之道德規範，下列敘述何者為正確？
(1)因為自身的安危，即使知道直屬主管違反法規也不能越級報告
(2)為了同事間和諧的氣氛，我應該將同事私下向客戶收受回扣的事保密
(3)雖然金融從業人員必須保守客戶的秘密，但若家人需要，可以透露一些無所謂
(4)對於客戶的無禮要求，仍然必須依公司規定辦理。

(3) | 536 金融從業人員基於職務之故而獲悉與業務相關尚未公開之
重大消息時，應如何處理？
(1)利用所得之資訊為自己取得最佳之利益
(2)將該未公開資訊提供給自己的客戶，以牟取利益
(3)基於職業道德規範，重大消息未公開之前不應利用該資
訊獲取利益，且資訊之運用須符合法令規定
(4)利用此未公開資訊為自己、客戶或自己的親友作內線交
易以獲取利益。

(4) | 537 金融從業人員發現公司內部有涉嫌違反法紀活動時，需透
過正當管道向主管機關舉發，下列何者為非法活動？
(1)內線交易　　　　　　(2)盜用資金
(3)洗錢　　　　　　　　(4)以上皆是。

(1) | 538 近年來隨著對公眾利益的保護增加，從業人員除應遵守相
關法律規範外，另有何種規範相應而生並隨之增加，其旨
在藉由本業自我約束力量使市場秩序更臻完善？
(1)自律規範　　　　　　(2)作業標準
(3)罰款　　　　　　　　(4)擔保。

(4) | 539 金融從業人員得遵守下列單位所訂規範？
(1)從業人員自律規範　　(2)政府機關命令
(3)公司規章　　　　　　(4)以上皆是。

(3) | 540 懲戒違反道德行為準則之員工時，應有下列何者考量？
(1)逕行公開譴責
(2)逕行吊銷或撤銷相關資格者，不得於媒體公告之，以保
障其工作權及隱私權
(3)應給予申復機會及救濟管道
(4)以上皆是。

(4) | **541** 道德行為規範應包括何種原則？
(1)守法原則、誠信原則、自律原則
(2)保密原則、能力原則、資訊公開原則
(3)客戶利益優先原則、利益衝突原則、禁止不當得利原則
(4)以上皆是。

(3) | **542** 金融從業人員在自己的工作領域中，應：
(1)專注自己及他人之升遷
(2)不參加公司的教育訓練
(3)不斷加強自己的專業知識
(4)不涉獵本業以外之相關知識。

(4) | **543** 道德行為規範適用之事業體為何？
(1)限於上市櫃公司　　(2)限於金融產業
(3)限於營利事業　　　(4)各種事業體均得適用。

(4) | **544** 各公司道德行為準則規範之適用層級何者正確？
(1)董事長
(2)總經理層級以上
(3)部門主管以上
(4)有為公司管理事務及簽名權利之人。

(4) | **545** 對於一個真正專業人員的特質，下列敘述何者正確？
(1)具有專業才識
(2)遵守最高執業倫理道德標準
(3)具備「慈善」的基本優點及「愛」的觀點
(4)以上皆是。

(4) 547 若僅通過金融市場常識與職業道德考試，則可銷售下列何種金融商品？
(1)保險商品　　　　　(2)基金
(3)推介股票　　　　　(4)以上皆非。

(4) 548 有關金融從業人員辦理投資型金融商品推介或銷售業務時，下列敘述何者正確？
(1)應保護投資者合法權益
(2)應遵守相關法令規定
(3)推廣文宣應清楚、公正及不誤導投資人
(4)以上皆是。

(2) 549 對於金融從業人員之行為，下列何者為非？
(1)不應利用公司內部資訊為自己謀取利益
(2)可與客戶約定分享利益或共同承擔損失
(3)不可利用客戶帳戶或名義為自己從事交易
(4)不可將他人或自己帳戶供客戶從事交易。

(4) 550 對於金融從業人員之行為規範，下列何者正確？
(1)不得涉及賭博情事　(2)應避免不當的交際應酬
(3)應避免不當的餽贈　(4)以上皆是。

(4) 551 金融從業人員對於往來客戶，於符合法令規定之範圍內，下列作為何者為是？
(1)提供客戶充足之資訊，以便其充分瞭解公司業務
(2)當客戶合法權益受到侵害時，應正面回應，並作妥適之處理
(3)確實依據相關法令、公司章程之規定，忠實履行職務
(4)以上皆是。

(4) | **552** 信用卡發卡機構辦理催收欠款業務時，下列何項為應遵守
之事項？
(1)不得違反公共利益
(2)僅能對債務人本人及其保證人催收
(3)不得對非債務之第三人之干擾或催討
(4)以上皆是。

(4) | **554** 銀行辦理催收業務時，下列敘述何項為非？
(1)不得違反公共利益
(2)僅能對債務人本人及其保證人催收
(3)應有保密之義務
(4)得對非債務之第三人干擾或催討。

> **解析** 依金融機構作業委託他人處理內部作業制度及程序辦法第
> 14條規定：金融機構應定期及不定期對受委託辦理應收債權催
> 收作業之機構進行查核及監督，確保無違反下列各款規
> 定：……
> 四、**不得以任何方式透過對第三人之干擾或催討為之**。……
> 故本題(4)為正確。

(4) | **555** 有關金融從業人員辦理衍生性金融商品業務應遵守事項，
下列敘述何者有誤？
(1)應提供客戶有關商品之產品內容、交易條件及特性
(2)應說明客戶投資本商品可能之預期收益
(3)應於交易契約中揭示可能發生之風險，對客戶善盡風險
告知義務
(4)可與客戶約定分享利益或共同承擔損失。

(2) | 559 金融從業人員辦理徵信工作，以下敘述何者有誤？
(1)徵信人員應依誠信公正原則，辦理徵信工作
(2)為謀徵信工作迅速完成，徵信單位對於經常往來客戶，毋需再辦理徵信
(3)徵信人員對徵信資料應依法嚴守秘密
(4)辦理徵信，除另有規定外，應以直接調查為主，間接調查為輔。

(4) | 561 金融從業人員遇客戶結購外幣現鈔或旅行支票時，以下敘述何者正確？
(1)結購外幣現鈔或旅行支票後，請客戶當面點清
(2)提醒客戶妥為保管，以免被竊或遺失
(3)請客戶將旅行支票與購買合約書分開保管，避免兩者同時被竊或遺失而無法申請掛失
(4)以上皆是。

解析 依結購（售）旅行支票應注意事項摘要規定：
1.結購外幣現鈔或旅行支票後，請當面點清。
2.旅行支票收妥後，請立刻在支票上指定簽名處簽名，以免支票不慎被竊或遺失時，遭致發行機構拒絕受理掛失及理賠。……
3.以旅行支票支付消費時，請當著收受者之面前在支票上另一指定處簽名，其樣式須與結購時支票上所留之簽名相同。
4.請將旅行支票與「購買合約書」分開保管，避免兩者同時被竊或遺失而無法申請掛失及理賠。
5.結購外幣現鈔或旅行支票時，銀行所製發之「賣匯水單」、結購旅行支票之「購買合約書」，請妥為保管。
6.未用盡之外幣現鈔或旅行支票，若想結售回新台幣或作其它處理時請攜帶「賣匯水單」及「購買合約書」連同未用盡之外幣現鈔或旅行支票向銀行接洽辦理。
故本題(4)為正確。

(4) 562 證券投信投顧公會會員自律公約，適用於：
(1)投信投顧業務人員　　(2)投顧事業負責人
(3)證券投資信託事業　　(4)以上皆是。

(4) 563 金融服務業應共同信守的基本業務經營原則是：　(1)專業
原則　(2)保密原則　(3)公平競爭原則　(4)以上皆是。

(4) 564 下列何者不得接受上市、上櫃公司、證券承銷商所提供利
益或其它利益？
(1)各金融事業公會會員 (2)金融事業負責人
(3)金融從業人員　　　　(4)以上皆是。

(4) 565 投顧事業業務廣告如違反相關規範，投信投顧公會應進行
查證，對於涉有違反規範之情事者將如何處理？
(1)提證期局審議　　　　(2)提消保會議處
(3)直接報金管會　　　　(4)提公會自律委員會審議。

(3) 566 金融從業人員懷疑公司同事涉及違法情事，應採取以下哪
些行動？
(1)瞭解相關法令的規定避免自己涉及該違法情事
(2)依公司規定報告，防阻非法行為發生
(3)選項(1)及(2)
(4)以上皆非。

(4) 567 以下哪一行為不違反投信投顧會員自律公約？
(1)基金經理人接受客戶旅遊招待
(2)證券分析人員根據未公開訊息做出投資建議
(3)新進的全權委託經理人依據報載及從友人同事處所得訊
息管理代操資金
(4)以在投信投顧公會登記的名稱進行業務招攬，並提供公
司經主管機關核准之營業執照字號。

(2) | 568 下列何者不違反投信投顧公會會員自律公約？
(1)向上市公司募集基金，並將經理之基金投資於該上市公司股票
(2)不洩露所管理的基金委任事項的相關資訊
(3)向上櫃公司募集基金，且承諾將該資金投資於該上櫃公司股票
(4)在未經核准前，接受客戶預約認購基金。

(4) | 569 金融從業人員自律規範中，有關個人交易須申報的帳戶規範對象為：
(1)以自己名義開立之帳戶
(2)利害關係人開立之帳戶
(3)直接或間接受有利益之配偶帳戶
(4)以上皆是。

(1) | 570 吳自強是一位證券分析人員，他從上市公司ABC的員工處得知ABC產品設計發生重大瑕疵，並且主要客戶因此已經取消大部分的訂單。吳自強發現該消息尚未公佈，吳自強應該：
(1)立即向公司指定人員或部門提出書面報告
(2)透露消息給報章雜誌媒體
(3)依據公平公正原則通知所有客戶
(4)通知親朋好友放空該ABC公司股票。

(1) | 571 為了保護金融消費者權益，讓金融消費爭議能公平、合理、有效的處理，下列何者是最重要且為金融業務整合性的專業法律？
(1)金融消費者保護法
(2)消費者保護法
(3)個人資料保護法
(4)證券投資人及期貨交易人保護法。

> 解析 金融消費者保護法第1條：為保護金融消費者權益，公平、合理、有效處理金融消費爭議事件，以增進金融消費者對市場之信心，並促進金融市場之健全發展，特制定本法。
> 故本題(1)為正確。

(2) | **572** 下列何者是屬於金融消費者保護法所謂的金融消費爭議，而受金融消費者保護法的保護？
(1)金融消費者與金融服務業間因商品或服務所生之刑事爭議
(2)金融消費者與金融服務業間因商品或服務所生之民事爭議
(3)金融消費者與金融服務業間因商品或服務所生之刑事及民事爭議
(4)金融消費者與金融服務業間所生之任何爭議。

> 解析 金融消費者保護法第5條：本法所稱金融消費爭議，指金融消費者與金融服務業間因商品或服務所生之民事爭議。
> 故本題(2)為正確。

(3) | **573** 下列何者為受金融消費者保護法保護之接受金融服務業提供金融商品或服務的金融消費者？
(1)專業投資機構
(2)符合一定財力或專業能力之自然人或法人
(3)前述兩項以外的一般自然人或法人
(4)任何接受金融服務業提供金融商品或服務之金融消費者。

> 解析 金融消費者保護法第4條：本法所稱金融消費者，指接受金融服務業提供金融商品或服務者。但不包括下列對象：
> 一、專業投資機構。
> 二、符合一定財力或專業能力之自然人或法人。
> 前項專業投資機構之範圍及一定財力或專業能力之條件，由主管機關定之。
> 金融服務業對自然人或法人未符合前項所定之條件，而協助其創造符合形式上之外觀條件者，該自然人或法人仍為本法所稱金融消費者。
> 故本題(3)為正確。

(1)│574 證券商接受法人、其他機構或特定自然人授權買賣有價證券，為避免交易紛爭及業務人員操縱舞弊，下列何者不是證券商應注意的事項？
(1)應提供特別資訊與服務
(2)應確保客戶委託係依公平及衡平方式予以執行
(3)應注意依相關規定適當保存完善之執行委託紀錄及交易憑證
(4)應確定經紀部門及自營部門間應有適當之防火牆。

> **解析** 中華民國證券商業同業公會會員接受客戶授權委託買賣有價證券自律規則第3條：為避免交易紛爭及業務人員操縱舞弊，會員應確保客戶委託係依公平及衡平之方式予以執行。會員尤應注意依相關規定適當保存完善之委託紀錄及交易憑證。
> 第4條：期貨商或期貨交易輔助人接受授權委託，應確定經紀部門及自營部門間應有適當之防火牆，俾使自營部門無法利用受託買賣之資訊為自行買賣之參考依據。
> 故本題(1)為非。

(4)│575 依證券交易法規定，證券商非加入證券商同業公會不得開業，而加入證券商同業公會必須簽署會員自律公約並承諾共同信守之。證券商經營有價證券經紀業務，下列何者不是應共同信守的基本要求？
(1)不得散布不實資訊，誤導投資大眾
(2)不得策動他人聯手炒作股票
(3)不得從事非法之股票仲介交易
(4)散播不實言論，中傷其他會員。

> **解析** 中華民國期貨業商業同業公會期貨顧問事業對委任人以外之不特定人提供期貨交易分析管理辦法第2條：期貨顧問事業對委任人以外之不特定人提供期貨交易分析，除不得有期貨顧問事業管理規則第26條所禁止之行為外，並應遵守下列事項：

一、不得涉及個別期貨交易契約未來交易價位之研判、建議或
　　提供交易策略之建議。

二、不得於傳播媒體從事期貨交易分析之同時，有以任何方式
　　招攬客戶之廣告行為。

三、不得涉有利益衝突、詐欺、虛偽不實或意圖影響市場行情
　　之行為。

四、不得對市場之行情研判或分析，未列合理研判依據。

五、不得以業務人員或內部研究單位等非公司名義，從事期貨
　　交易分析或製發書面文件。

六、除須取得合法營業資格外，並須加入本公會並遵守本公會
　　訂定之相關自律規範。

七、不得以詐欺、脅迫或其他不正當方式簽訂期貨顧問委任契約。

八、於傳播媒體提供期貨交易分析之人員應具備目的事業主管
　　機關規定之資格。

九、不得於傳播媒體做保證獲利、誇大績效或負擔損失之宣傳。

十、引述過去績效時，不得僅使用對其有利之資料。

十一、不得引用各種推薦書、感謝函、過去績效或其他易使人
　　　認為確可獲利之類似文字或表示。

十二、不得散布不實資訊，誤導投資大眾。

十三、不得散播不實言論，中傷本公會之其他會員。

十四、業務人員以已向本公會登記者為限，並應揭示本名不得
　　　以化名為之。

故本題(4)為非。

(2) 576 為公平合理、迅速有效處理金融消費爭議，以保護金融消
費者權益，下列何者為依金融消費者保護法設立之金融消
費爭議處理機構？
(1)財團法人證券投資人及期貨交易人保護中心
(2)財團法人金融消費評議中心
(3)財團法人中華民國證券暨期貨市場發展基金會
(4)行政院消費者保護會。

解析 財團法人金融消費評議中心依據該法由政府捐助成立，藉此建立金融消費爭議處理機制，落實強化金融消費者保護各項措施，以期達成保護金融消費者權益、增進金融消費者對市場之信心及促進金融市場健全發展之立法目標。
故本題(2)為正確。

(4) 577 金融服務業從事廣告、業務招攬及營業促銷活動，不得有下列何種情事？
(1)違反法令、主管機關之規定或自律規範
(2)虛偽、不實、隱匿、或其他足致他人誤信
(3)損害金融服務業或他人營業信譽
(4)以上皆是。

解析 金融服務業從事廣告業務招攬及營業促銷活動辦法第5條：金融服務業從事廣告、業務招攬及營業促銷活動，不得有下列各款之情事：
一、違反法令、主管機關之規定或自律規範。
二、虛偽不實、詐欺、隱匿、或其他足致他人誤信。
三、損害金融服務業或他人營業信譽。……
故本題(4)為正確。

(1) 578 依證券交易法規定，證券商非加入證券商同業公會不得開業，而加入證券商同業公會必須簽署會員自律公約並承諾共同信守之。證券商經營有價證券經紀業務，下列何者不是應共同信守的基本要求？
(1)對客戶提供、揭露之資訊可依客戶之重要程度而有特殊不同之待遇
(2)應主動發掘或舉發內部業務人員之違規事件；對同業之違規行為，若知情者，亦應主動檢舉
(3)應盡協助維護市場交易秩序及防杜不法交易之義務
(4)應落實洗錢防制注意事項及徵信制度。

> **解析** 中華民國證券商業同業公會會員自律公約第10條：本公會會員經營經紀業務，應共同信守下列基本要求：
> 一、不得散布不實資訊，誤導投資大眾。
> 二、不得策動他人聯手炒作股票。
> 三、不得從事非法之股票仲介交易。
> 四、不得違法提供資金或股票借予他人，以牟取利益。
> 五、不得散播不實言論，中傷其他會員。
> 六、不得為業務之招攬，而有於傳播媒體上為手續費之不當廣告宣傳，或其他具爭議性、有礙整體證券市場健全發展之廣行為。
> 七、應主動發掘或舉發內部業務人員之違規事件；對同業之違規行為，若知情者，亦應主動檢舉。
> 八、**對客戶提供、揭露之資訊應守均等、公平原則。**
> 九、應盡協助維護市場交易秩序及防杜不法交易之義務。
> 十、應落實洗錢防制注意事項及徵信制度。
> 故本題(1)為非。

(2) | 580　證券商業務人員辦理衍生性金融商品交易業務，於交易相對人要求確認其身分時，應如何處理？
(1)請客戶自行打電話給公司確認
(2)應配合出示身分證明文件或識別證件
(3)立刻報警處理
(4)不予理會，要辦不辦隨客戶便。

(4) | 581　金融消費者向財團法人金融消費評議中心申請金融消費爭議之評議，下述何種情形將會被決定不受理？
(1)未先向金融服務業申訴　(2)非屬金融消費爭議
(3)申請已逾法定期限　　　(4)以上皆是。

> **解析** 金融消費者保護法第24條：金融消費者申請評議有下列各款情形之一者，爭議處理機構應決定不受理，並以書面通知金融消費者及金融服務業。但其情形可以補正者，爭議處理機構應通知金融消費者於合理期限內補正：……

二、非屬金融消費爭議。

三、未先向金融服務業申訴。……

五、申請已逾法定期限。

故本題(4)為正確。

(1) | **582** 財團法人金融消費評議中心對金融服務業與金融消費者間之金融消費爭議所作出的評議決定書，經送經法院核可者，其法律效力如何？

(1)與民事確定判決有同一之效力

(2)金融服務業與金融消費者事後可再進行協商

(3)金融服務業得就該事件再次申請評議

(4)金融服務業事後後悔，可不接受評議決定。

> **解析** 金融消費者保護法第30條：……評議書依第二項規定經法院核可者，**與民事確定判決有同一之效力**，當事人就該事件不得再行起訴或依本法申訴、申請評議。……
> 故本題(1)為正確。

(4) | **584** 證券商為證券市場的重要專業中介機構，是受高度監理的行業，基於公平、誠實、守信、透明原則從事證券商業活動。為落實誠信經營，並防範不誠信行為，下列何者屬於證券商規範從業人員執行業務時應注意的事項？

(1)保密機制之組織與責任

(2)禁止從事不公正競爭行為及內線交易

(3)防範所提供之產品或服務損害利害關係人

(4)以上皆是。

(4) | **585** 金融消費爭議當事人、爭議處理機構及其人員，對於金融消費爭議事件所提出之申請、各種資料、協商讓步事項或評議過程之保密義務，只有在何種狀況下，才可予以公開？

(1)已經公開者　　　　(2)依法規規定可公開者

(3)經當事人同意者　　(4)以上皆是。

> **解析** 金融消費者保護法第19條：金融消費爭議當事人，就他方當
> 事人於爭議過程所提出之申請及各種說明資料或協商讓步事項，
> 除已公開、依法規規定或經該他方當事人同意者外，不得公開。
> 爭議處理機構及其人員對所知悉金融消費爭議之資料及評議過
> 程，除法規另有規定或經爭議雙方之同意外，應保守秘密。
> 故本題(4)為正確。

(2) | **586** 下列何者是證券商之業務人員執行業務符合法令規定之行為？
(1)與客戶約定替其操作股票，且每獲利達特定額度即可進
　　行分潤
(2)不代客戶保管存摺、印鑑、蓋妥章之空白取款條
(3)辦理上市承銷案之詢價圈購配售作業，利用他人帳戶認
　　購上閘股票，並於上市首5日賣出
(4)為避免客戶發生違約交割，代為媒介他人借貸所需款
　　項，以便交割。

(4) | **587** 財團法人金融消費評議中心對於金融消費者申請評議之金
融消費爭議案件，有那些處理機制？
(1)未先向該金融服務業申訴的申請案，先移請該金融服務
　　業先行處理
(2)試行調處
(3)進行評議
(4)以上皆是。

> **解析** 金融消費者保護法第13條：為公平合理、迅速有效處理金
> 融消費爭議，以保護金融消費者權益，應依本法設立爭議處理
> 機構。
> 金融消費者就金融消費爭議事件應先向金融服務業提出申訴，
> 金融服務業應於收受申訴之日起三十日內為適當之處理，並將
> 處理結果回覆提出申訴之金融消費者；……

第23條：金融消費者申請評議後，爭議處理機構得試行調處；當事人任一方不同意調處或經調處不成立者，爭議處理機構應續行評議。
故本題(4)為正確。

(4) **590** 金融服務業從事廣告、業務招攬及營業促銷活動，依法皆受到主管機關的監督管理，下列利用何種傳播媒體、宣傳工具或方式屬之？
(1)電腦及傳真
(2)宣傳單、布條及招牌
(3)與公共領域相關之網際網路、電子郵件及電子視訊等
(4)以上皆是。

解析 金融服務業從事廣告業務招攬及營業促銷活動辦法第3條：本辦法所稱廣告、業務招攬及營業促銷活動，指以促進業務為目的，利用下列傳播媒體、宣傳工具或方式，就業務及相關事務為傳遞、散布、宣傳、推廣、招攬或促銷者：……
二、宣傳單、海報、廣告稿、新聞稿、信函、簡報、投資說明書、保險建議書、公開說明書、貼紙、日（月）曆、電話簿或其他印刷物。三、電視、電影、電話、電腦、傳真、手機簡訊、廣播、廣播電臺、幻燈片、跑馬燈或其他通訊傳播媒體。……五、與公共領域相關之網際網路、電子看板、電子郵件、電子視訊、電子語音或其他電子通訊傳播設備。……
故本題(4)為正確。

(2) **596** 政府為更積極保護證券投資人，訂定多種專業法律，請問下列何者不屬於此種專業法律？
(1)證券交易法
(2)組織犯罪防制條例
(3)金融消費者保護法
(4)證券投資人及期貨交易人保護法。

組織犯罪防制條例第1條：為防制組織犯罪，以維護社會秩序，保障人民權益，特制定本條例。
本條例未規定者，適用其他法律之規定。
故本題(2)為非。

(4)｜598 依金融消費者保護法之規定，金融服務業提供金融商品或服務前說明契約重要內容及揭露風險之金融消費者，是指下列何者？
(1)與金融服務業訂定金融商品或服務契約之契約相對人
(2)契約相對人為無行為能力人者，其法定代理人
(3)契約相對人為限制行為能力人、受輔助宣告人者，其法定代理人、輔助人。
(4)以上皆正確。

解析 金融服務業提供金融商品或服務前說明契約重要內容及揭露風險辦法第4條：金融服務業依本辦法應予揭露及說明之金融消費者，指與金融服務業訂定金融商品或服務契約之契約相對人。
前項金融消費者為無行為能力人、限制行為能力人、受輔助宣告人或授與締約代理權之本人者，金融服務業依本辦法應為之說明或揭露事項應向其法定代理人、輔助人或意定代理人為之。
故本題(4)為正確。

(3)｜599 證券商經營證券業務，應由何人執行業務？
(1)公司職員
(2)公司董事或監察人
(3)依證券商負責人及業務人員管理規則規定登記合格之業務人員
(4)以上人員皆可。

解析 證券商負責人與業務人員管理規則證券商業務員應具備下列資格條件之一：
一、符合證券投資顧問事業負責人與業務人員管理規則所定證券投資分析人員資格者。

二、經中華民國證券商業同業公會委託證基會舉辦之證券商業務員測驗合格者。

三、曾依本規則登記為證券商業務員，或已取得本會核發之證券商業務員測驗合格證書者。

故本題(3)為正確。

(4) | **601** 老李至公務機關接洽業務時，下列敘述何者正確？

(1)花錢要求加快申請案件審理，沒有要求公務員違背職務，並不違法

(2)唆使公務機關承辦採購人員配合浮報價額，僅屬偽造文書行為

(3)口頭允諾行賄金額但還沒送錢，尚不構成犯罪

(4)與公務員同謀之共犯，即便不具公務員身分，仍會依據貪污治罪條例處刑。

(2) | **602** 公司在申請案件本身合乎規定之情形下，僅為縮短辦理時程而對公家機關承辦公務員贈送高價禮品，是否合法？

(1)基於人情世故不構成違法

(2)構成不違背職務行賄罪

(3)構成違背職務行賄罪

(4)送禮均不構成違法送錢才違法。

(1) | **603** 與公務機關有業務往來構成職務利害關係者，下列敘述何者正確？

(1)將餽贈之財物請公務員配偶代轉，該公務員亦已違反規定

(2)與公務機關承辦人飲宴應酬為增進基本關係的必要方法

(3)高級咖啡豆低價售予有利害關係之承辦公務員，有價購行為就不算違反法規

(4)機關公務員藉子女婚宴廣邀業務往來廠商之行為，並無不妥。

(4) **604** 行（受）賄罪成立要素之一為具有對價關係，而作為公務員職務之對價有「賄賂」或「不正利益」，下列何者不屬於「賄賂」或「不正利益」？
(1)招待至溫泉飯店住宿泡溫泉　　(2)介紹工作
(3)免除債務　　　　　　　　　　(4)開工邀請觀禮。

(2) **605** 小張因案件申請業務至主管機關洽公，下列敘述何者正確？
(1)適逢農曆春節前夕，基於傳統禮俗應購買高價禮品贈與承辦人員
(2)應備妥相關文件，依主管機關規定程序申請
(3)洽公時間延誤承辦人員午休時間，為避免失禮，應請承辦人吃飯
(4)事前送禮是違法行賄，但事後餽贈是為表達感謝，並無不可。

(3) **606** 有關向公務機關「請託關說」行為之敘述，下列何者不正確？
(1)請託關說是指其內容涉及機關業務具體事項之決定或執行，且因該事項之決定或執行致有不當影響特定權利義務之虞者
(2)要求制訂徇私之特殊規格，以利取得獨家議價權利，進而藉機獲取利益是違法之請託關說
(3)請民意代表向機關爭取採購標案，是選民服務的一種，並非請託關說
(4)不當請託關說有可能涉及刑事責任。

(3) 607 下列何者不屬公務員廉政倫理規範禁止公務員收受之「財物」？
(1)高爾夫球場會員證　　　(2)旅宿業者公關票
(3)公司印製之月（年）曆　(4)農特產禮品。

> **解析** 公務員廉政倫理規範第2條：正常社交禮俗標準，指一般人社交往來，市價不超過新臺幣三千元者。……
> 故本題(3)為正確。

(4) 608 貪污治罪條例所稱之「賄賂或不正利益」與公務員廉政倫理規範所稱之「餽贈財物」，其最大差異在於下列何者之有無？
(1)競合關係　　　(2)吸收關係
(3)隸屬關係　　　(4)對價關係。

(2) 609 客觀上有行求、期約或交付賄賂之行為，主觀上有賄賂使公務員為不違背職務行為之意思，即所謂：
(1)違背職務行賄罪　(2)不違背職務行賄罪
(3)圖利罪　　　　　(4)使公務員登載不實罪。

(4) 610 請問下列有關受理檢舉機關對於檢舉人保護之說明，何者不正確？
(1)政府訂有「獎勵保護檢舉貪污瀆職辦法」，明訂對檢舉人之保護
(2)受理檢舉之機關對於檢舉人之姓名、年齡、住所或居所有保密義務
(3)對於檢舉人之檢舉書、筆錄或其他資料，除有絕對必要者外，應另行保存，不附於偵查案卷內
(4)如有洩密情事，洩密人員雖不涉刑事責任，但有民事損害賠償責任。

(2) | **611** 檢舉人向有偵查權機關或政風機構檢舉貪污瀆職，必須於何時為之始可能給與獎金？
(1)犯罪未起訴前　　　(2)犯罪未發覺前
(3)犯罪未遂前　　　(4)預備犯罪前。

(2) | **612** 為建立良好之公司治理制度，公司內部宜納入何種檢舉人制度？
(1)告訴乃論制度
(2)吹哨者（whistleblower）管道及保護制度
(3)不告不理制度
(4)一事不兩罰制度。

(4) 613 因檢舉同一貪污瀆職案件，最高獎金以新臺幣多少元為限？
(1)100萬　　　　　　　(2)300萬
(3)500萬　　　　　　　(4)1000萬。

> **解析** 獎勵保護檢舉貪污瀆職辦法第5條：因檢舉同一貪污瀆職
> 案件之犯罪人數，經法院判決有罪確定逾五人者，增給二分之
> 一獎金。最高以新臺幣一千萬元為限。
> 故本題(4)為正確。

(3) 614 檢舉人應以何種方式檢舉貪污瀆職始能核給獎金？
(1)匿名　　　　　　　(2)委託配偶檢舉
(3)以真實姓名檢舉　　(4)以他人名義檢舉。

> **解析** 獎勵保護檢舉貪污瀆職辦法第4條：有下列情事之一者，
> 不給與獎金：
> 一、檢舉事實與判決書所載之事實不符。
> 二、公務員執行職務知有貪污瀆職嫌疑而檢舉。
> 三、共同實行或教唆、幫助他人犯貪污瀆職案件。
> 四、對於公務員期約或交付賄賂或不正利益後再行檢舉。
> 五、匿名或不以真實姓名檢舉、檢舉而未提出具體事證或拒絕
> 　　製作筆錄。
> 六、委託他人檢舉、以他人名義檢舉或受委託而檢舉。
> 前項第二款情形，法令另有規定者，從其規定。
> 故本題(3)為正確。

(2) 615 受理檢舉機關之承辦公務員，洩漏貪污瀆職案件檢舉人之
資料，最可能觸犯何罪？
(1)背信罪　　　　　　(2)洩漏國防以外秘密罪
(3)公務員登載不實罪　(4)湮滅刑事證據罪。

信託業務｜銀行內控｜
初階授信｜初階外匯｜
理財規劃｜保險人員推薦用書

暢銷上榜好書

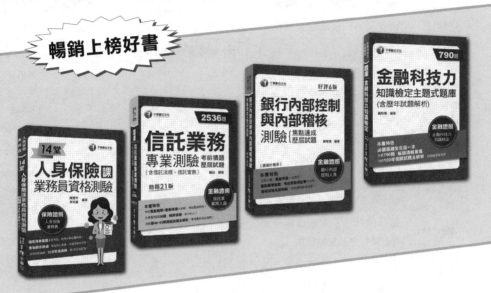

書號	書名	作者	定價
2F021141	初階外匯人員專業測驗重點整理+模擬試題	蘇育群	530元
2F031111	債權委外催收人員專業能力測驗重點整理+模擬試題 👑榮登金石堂暢銷榜	王文宏 邱雯瑄	470元
2F041101	外幣保單證照 7日速成	陳宣仲	430元
2F051131	無形資產評價管理師(初級、中級)能力鑑定速成(含無形資產評價概論、智慧財產概論及評價職業道德) 👑榮登博客來、金石堂暢銷榜	陳善	550元
2F061131	證券商高級業務員(重點整理+試題演練)	蘇育群	670元
2F071121	證券商業務員(重點整理+試題演練) 👑榮登金石堂暢銷榜	金永瑩	590元
2F081101	金融科技力知識檢定(重點整理+模擬試題)	李宗翰	390元
2F091121	風險管理基本能力測驗一次過關	金善英	470元
2F101131	理財規劃人員專業證照10日速成	楊昊軒	390元
2F111101	外匯交易專業能力測驗一次過關	蘇育群	390元

2F141121	防制洗錢與打擊資恐(重點整理+試題演練)	成琳	630元
2F151131	金融科技力知識檢定主題式題庫(含歷年試題解析) 👑 榮登博客來、金石堂暢銷榜	黃秋樺	470元
2F161121	防制洗錢與打擊資恐7日速成　👑 榮登金石堂暢銷榜	艾辰	550元
2F171131	14堂人身保險業務員資格測驗課 👑 榮登博客來、金石堂暢銷榜	陳宣仲 李元富	490元
2F181111	證券交易相關法規與實務	尹安	590元
2F191121	投資學與財務分析　👑 榮登金石堂暢銷榜	王志成	570元
2F201121	證券投資與財務分析	王志成	460元
2F211121	高齡金融規劃顧問師資格測驗一次過關 👑 榮登博客來暢銷榜	黃素慧	450元
2F621131	信託業務專業測驗考前猜題及歷屆試題 👑 榮登金石堂暢銷榜	龍田	590元
2F791141	圖解式金融市場常識與職業道德 👑 榮登博客來、金石堂暢銷榜	金融編輯小組	550元
2F811131	銀行內部控制與內部稽核測驗焦點速成+歷屆試題 👑 榮登金石堂暢銷榜	薛常湧	590元
2F851121	信託業務人員專業測驗一次過關	蔡季霖	670元
2F861121	衍生性金融商品銷售人員資格測驗一次過關 👑 榮登金石堂暢銷榜	可樂	470元
2F881121	理財規劃人員專業能力測驗一次過關 👑 榮登金石堂暢銷榜	可樂	600元
2F901131	初階授信人員專業能力測驗重點整理+歷年試題解析 二合一過關寶典　👑 榮登金石堂暢銷榜	艾帕斯	590元
2F911131	投信投顧相關法規(含自律規範)重點統整+歷年試題 解析二合一過關寶典	陳怡如	480元
2F951131	財產保險業務員資格測驗(重點整理+試題演練)	楊昊軒	530元
2F121121	投資型保險商品第一科7日速成	葉佳洺	590元
2F131121	投資型保險商品第二科7日速成	葉佳洺	570元
2F991081	企業內部控制基本能力測驗(重點統整+歷年試題) 👑 榮登金石堂暢銷榜	高瀅	450元

千華數位文化股份有限公司

■新北市中和區中山路三段136巷10弄17號　■千華公職資訊網 http://www.chienhua.com.tw
■TEL: 02-22289070　FAX: 02-22289076

千華會員享有最值優惠!

立即加入會員

會員等級	一般會員	VIP 會員	上榜考生
條件	免費加入	1. 直接付費 1500 元 2. 單筆購物滿 5000 元 3. 一年內購物金額累計 滿 8000 元	提供國考、證照 相關考試上榜及 教材使用證明
折價券	200 元	500 元	
購物折扣	·平時購書 9 折 ·新書 79 折 (兩周)	·書籍 75 折 · 函授 5 折	
生日驚喜		●	●
任選書籍三本		●	●
學習診斷測驗(5科)		●	●
電子書(1本)		●	●
名師面對面		●	

學習方法 系列

如何有效率地準備並順利上榜，學習方法正是關鍵！

榮登新書快銷榜
連三金榜 黃禕

翻轉思考 破解道聽塗說	適合的最好 調整習慣來應考	一定學得會 萬用邏輯訓練

三次上榜的國考達人經驗分享！
運用邏輯記憶訓練，教你背得有效率！
記得快也記得牢，從方法變成心法！

作者線上分享

網路書店

作者在投入國考的初期也曾遭遇過書中所提到類似的問題，因此在第一次上榜後積極投入記憶術的研究，並自創一套完整且適用於國考的記憶術架構，此後憑藉這套記憶術架構，在不被看好的情況下先後考取司法特考監所管理員及移民特考三等，印證這套記憶術的實用性。期待透過此書，能幫助同樣面臨記憶困擾的國考生早日金榜題名。

最強校長 謝龍卿

榮登博客來暢銷榜

作者線上分享

經驗分享＋考題破解
帶你讀懂考題的know-how！

open your mind！
讓大腦全面啟動，做你的防彈少年！

108課綱是什麼？考題怎麼出？試卷怎麼考？書中針對學測、統測、分科測驗做統整與歸納。並包括大學入學管道介紹、課內外學習資源應用、專題研究技巧、自主學習方法，以及學習歷程檔案製作等。書籍內容編寫的目的主要是幫助中學階段後期的學生與家長，涵蓋普高、技高、綜高與單高。也非常適合國中學生超前學習、五專學生自修之用，或是學校老師與社會賢達了解中學階段學習內容與政策變化的參考。

千華影音函授

打破傳統學習模式，結合多元媒體元素，利用影片、聲音、動畫及文字，達到更有效的影音學習模式。

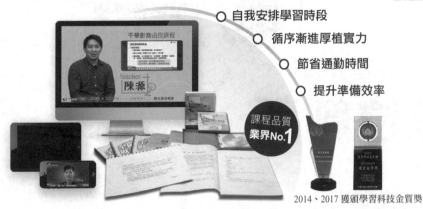

○ 自我安排學習時段
○ 循序漸進厚植實力
○ 節省通勤時間
○ 提升準備效率

課程品質
業界No.1

2014、2017 獲頒學習科技金質獎

 自主學習彈性佳
・時間、地點可依個人需求好選擇
・個人化需求選取進修課程

 補強教學效果好
・獨立學習主題　・區塊化補強學習
・一對一教師親臨教學

 嶄新的影片設計
・名師講解重點　　・簡單操作模式
・趣味生動教學動畫　・圖像式重點學習

 優質的售後服務
・FB粉絲團、Line@生活圈
・專業客服專線

系統化學習流程

04 STEP 考前衝刺期
實力養成期
01 STEP
02 STEP 專業強化期
03 STEP 能力檢驗期

四大關鍵階段
學習安排，
突破國考重重難關！

超越傳統教材限制，
系統化學習進度安排。

推薦課程

■ 公職考試　　■ 特種考試
■ 國民營考試　■ 教甄考試
■ 證照考試　　■ 金融證照
■ 學習方法　　■ 升學考試

影音函授包含：
・名師指定用書+板書筆記
・授課光碟・學習診斷測驗

頂尖名師精編紙本教材

超強編審團隊特邀頂尖名師編撰，
最適合學生自修、教師教學選用！

千華影音課程

超高畫質，清晰音效環
繞猶如教師親臨！

多元教育培訓
數位創新

現在考生們可以在「Line」、「Facebook」
粉絲團、「YouTube」三大平台上，搜尋【千
華數位文化】。即可獲得最新考訊、書
籍、電子書及線上線下課程。千華數位
文化精心打造數位學習生活圈，與考生
一同為備考加油！

TTQS 銅牌獎

實戰面授課程

不定期規劃辦理各類超完美
考前衝刺班、密集班與猜題
班，完整的培訓系統，提供
多種好康講座陪您應戰！

遍布全國的經銷網絡

實體書店：全國各大書店通路

電子書城：

▶ Google play、 Hami 書城 …
P³ Pube 電子書城

網路書店：

千華網路書店、 博客來
MO MOMO 網路書店…

書籍及數位內容委製
服務方案

課程製作顧問服務、局部委外製
作、全課程委外製作，為單位與教
師打造最適切的課程樣貌，共創
1+1= 無限大的合作曝光機會！

多元服務專屬社群 @ f YouTube

千華官方網站、FB 公職證照粉絲團、Line@ 專屬服務、YouTube、
考情資訊、新書簡介、課程預覽，隨觸可及！

國家圖書館出版品預行編目(CIP)資料

圖解式金融市場常識與職業道德/金融編輯小組編著. --
第十八版. -- 新北市：千華數位文化股份有限公司,
2024.07
面； 公分

金融證照

ISBN 978-626-380-583-5 (平裝)

1.CST: 金融市場 2.CST: 職業倫理

561.7 113010463

[金融證照] **圖解式金融市場常識與職業道德**

編　著　者：金融編輯小組

發　行　人：廖　雪　鳳
登　記　證：行政院新聞局局版台業字第 3388 號
出　版　者：千華數位文化股份有限公司
　　　　　　地址：新北市中和區中山路三段 136 巷 10 弄 17 號
　　　　　　電話：(02)2228-9070　　傳真：(02)2228-9076
　　　　　　客服信箱：chienhua@chienhua.com.tw

法律顧問：永然聯合法律事務所
編輯經理：甯開遠
主　　編：甯開遠
執行編輯：廖信凱
校　　對：千華資深編輯群
設計主任：陳春花
編排設計：翁以倢

千華官網／購書　　千華蝦皮

出版日期：2024 年 7 月 30 日　　第十八版／第一刷

本書如有勘誤或其他補充資料，
將刊於千華官網，歡迎前往下載。